高等学校交通运输与工程类专业教材建设委员会规划教材

# Design of Traffic Operation
# 交通组织设计

(第2版)

张水潮　宛　岩　季彦婕　施斌峰　编　著

人民交通出版社股份有限公司

北京

## 内 容 提 要

本书总结并吸收了近年来与交通组织设计工作相关的研究成果和实践经验。本书共有九章，内容包括绪论、交通管理设施的分类及设置原则、交通调查与分析、道路交通组织设计、常规公交交通组织设计、交通枢纽交通组织设计、停车交通组织设计、指路系统设计、交通组织设计方案评价。

本书是交通工程专业本科生的必修专业课教材，也可作为其他相近专业的交通设计类课程教材，亦可供从事交通组织设计与管理工作的人员参考使用。

**图书在版编目(CIP)数据**

交通组织设计／张水潮等编著. — 2 版. — 北京：
人民交通出版社股份有限公司，2022.8
 ISBN 978-7-114-18109-2

Ⅰ.①交… Ⅱ.①张… Ⅲ.①交通运输管理—高等学校—教材 Ⅳ.①F502

中国版本图书馆 CIP 数据核字(2022)第 127658 号

高等学校交通运输与工程类专业教材建设委员会规划教材
Jiaotong Zuzhi Sheji

| | |
|---|---|
| 书　　名： | 交通组织设计(第 2 版) |
| 著 作 者： | 张水潮　宛　岩　季彦婕　施斌峰 |
| 责任编辑： | 李　晴 |
| 责任校对： | 孙国靖　宋佳时 |
| 责任印制： | 张　凯 |
| 出版发行： | 人民交通出版社股份有限公司 |
| 地　　址： | (100011)北京市朝阳区安定门外外馆斜街 3 号 |
| 网　　址： | http://www.ccpcl.com.cn |
| 销售电话： | (010)59757973 |
| 总 经 销： | 人民交通出版社股份有限公司发行部 |
| 经　　销： | 各地新华书店 |
| 印　　刷： | 北京虎彩文化传播有限公司 |
| 开　　本： | 787×1092　1/16 |
| 印　　张： | 16.75 |
| 字　　数： | 411 千 |
| 版　　次： | 2016 年 7 月　第 1 版<br>2022 年 8 月　第 2 版 |
| 印　　次： | 2023 年 6 月　第 2 版　第 2 次印刷　总第 4 次印刷 |
| 书　　号： | ISBN 978-7-114-18109-2 |
| 定　　价： | 49.00 元 |

(有印刷、装订质量问题的图书，由本公司负责调换)

# 第2版前言

交通组织设计主要是指根据国家相关法律法规、政策和规范标准,综合运用交通工程技术,用以改善道路交通秩序、保障道路交通安全、提高道路交通运行效率的设计工作。为有效缓解"行车难"和"停车难"问题,需要采取"堵"与"疏"两方面相结合的措施。"堵"是指采取各类调控措施,减少交通需求的总量;"疏"则是指在建设和管理两个层面提高交通设施供给的总量。建设层面主要为新建或扩建各类道路、枢纽和停车设施,管理层面则主要为采取各种交通组织优化措施,提高交通设施的承载能力和服务水平。近年来,随着交通管理工作科学化、精细化和规范化的要求越来越高,交通组织设计工作也越来越受到重视。

相对而言,交通组织设计在交通工程专业领域是一个较新的概念,该概念于20世纪80年代中期进入我国,但其理论与方法体系形成并逐步普及始于21世纪初,随着《城市道路交通设计指南》《交通设计》《道路交通组织优化》《道路交通实战案例》等相关专著和教材的出版,国内部分专家和学者开始系统总结交通组织设计方面的相关理论和技术方法,并在国内城市开展了相关应用。尤其是随着《城市道路交通组织设计规范》(GB/T 36670—2018)的发布,交通组织设计工作的原则、内容、流程、主要方法和实施要求等均有了较为明确的界定,极大地促进了国内交通组织设计工作的快速发展,交通工程专业学生学习交通组织设计的相关专业知识也变得日益重要。

交通组织设计是一项实践性与应用性极强的设计工作。近年来,国内交通工程相关专业普遍开设了交通设计课程,但有关交通组织设计的教材还比较缺乏。为丰富国内交通组织设计方面的教材,便于不同层面的教学使用,本书作者在多年交通组织设计课程教学和工程实践的基础上,充分融入相关研究工作和工程实践的成果、经验和案例,于 2016 年出版了《交通组织设计》教材。该书因教学内容切合工程实际、实践案例资源丰富、原理讲解深入浅出等特色而受到广大教师和学生的充分认可,已在不少高校中作为教材或教辅书进行使用,也成为不少交通工程与交通管理从业者的案头书籍。本次再版,主要是进一步整合目前国内外有关交通组织设计的最新研究成果,借鉴并更新现行规范和标准中有关交通组织设计的内容和要求,尤其是进一步充实相关图片和案例资源,便于读者掌握交通组织设计的相关原理与方法。

  本书的章节设置和内容选择由宁波工程学院建筑与交通工程学院张水潮教授负责,主要编著人员为宁波工程学院建筑与交通工程学院张水潮、宛岩、周明妮,东南大学交通学院季彦婕教授,宁波市公安局交通警察局施斌峰高级工程师、李贤达高级工程师,具体分工如下:第一、二章由张水潮编著,第三章由季彦婕编著,第四章由张水潮、施斌峰、李贤达编著,第五章由张水潮、宛岩、周明妮编著,第六章由宛岩编著,第七章由张水潮、季彦婕编著,第八章由张水潮、施斌峰编著,第九章由季彦婕编著。

  在本教材编著过程中,编著者参考了大量国内外书籍、文献,在此谨向各位作者表示衷心的感谢!东南大学任刚教授和宁波工程学院杨仁法教授认真审阅了本书初稿,并提出了许多中肯的意见和建议,在此表示感谢!

  由于交通组织设计在我国仍是一个较新的研究和应用领域,加之作者水平有限,书中定有不足之处,恳请广大读者批评指正!电子邮箱:zhangshuichao@ nubt. edu. cn。

张水潮<br>2022 年 2 月于宁波

# 目录

第一章　绪论 ································································· 1
　　第一节　交通组织设计的概念 ············································ 1
　　第二节　交通组织设计的发展历程 ········································ 2
　　第三节　交通组织设计的相关规范及标准 ·································· 2
　　第四节　交通组织设计的主要内容及工作流程 ······························ 5
　　习题 ···································································· 6
第二章　交通管理设施的分类及设置原则 ······································ 7
　　第一节　概述 ···························································· 7
　　第二节　常规交通管理设施 ··············································· 8
　　第三节　智慧交通设施 ··················································· 52
　　习题 ···································································· 56
第三章　交通调查与分析 ···················································· 57
　　第一节　概述 ··························································· 57
　　第二节　基础资料调查与分析 ············································ 57
　　第三节　交通信息调查与分析 ············································ 59
　　第四节　道路停车信息调查与分析 ········································ 65
　　习题 ···································································· 67
第四章　道路交通组织设计 ·················································· 68
　　第一节　概述 ··························································· 68
　　第二节　区域交通组织设计 ·············································· 69
　　第三节　路段交通组织设计 ·············································· 78

第四节　平面交叉口交通组织设计 99
　　第五节　交通组织专项设计 139
　　习题 143
第五章　常规公交交通组织设计 144
　　第一节　概述 144
　　第二节　公交停靠站交通组织设计 146
　　第三节　公交专用道交通组织设计 154
　　第四节　公交优先信号控制策略 160
　　习题 166
第六章　交通枢纽交通组织设计 167
　　第一节　概述 167
　　第二节　对外交通枢纽交通组织设计 170
　　第三节　轨道交通枢纽交通组织设计 174
　　习题 183
第七章　停车交通组织设计 184
　　第一节　概述 184
　　第二节　路外停车场交通组织设计 187
　　第三节　路内停车交通组织设计 195
　　第四节　道路智慧停车 209
　　习题 213
第八章　指路系统设计 214
　　第一节　概述 214
　　第二节　一般城市道路指路系统设计 219
　　第三节　车道行驶方向标志设计 228
　　第四节　快速路指路系统设计 231
　　第五节　高速公路指路系统设计 238
　　第六节　旅游指引系统设计 250
　　习题 254
第九章　交通组织设计方案评价 255
　　第一节　评价工作流程 255
　　第二节　评价重点 257
　　第三节　评价方法 257
参考文献 259

# 第一章

# 绪论

【本章主要内容与学习目的】

本章主要内容包括交通组织设计的概念、交通组织设计的发展历程、交通组织设计的相关规范及标准、交通组织设计的主要内容及工作流程。学习本章的主要目的为掌握交通组织设计的基础内涵和主要内容。

## 第一节 交通组织设计的概念

什么是交通组织设计

随着机动车保有量的快速增长，大城市中交通设施的供给与交通需求之间的矛盾日益突出，由此导致的是"行车难"和"停车难"问题越来越严重，已经成为困扰大城市可持续发展的重大民生问题。解决城市交通问题，需要采取"堵"与"疏"两方面相结合的方式。"堵"是指采取各类调控措施，减少交通需求的总量；"疏"则是指在建设和管理两个层面提高交通设施供给的总量。建设层面主要为新建或扩建各类道路、枢纽和停车设施，管理层面则主要为采取各种交通组织优化措施，提高交通设施的承载能力和服务水平。由此可见，交通组织设计工作在解决城市交通问题中具有极为重要的作用。随着交通问题的日益严重，大城市对交通组织设计工作的重视程度也在逐渐提高。本书所要介绍的交通组织设计即是以城市交通为主要研究对象。

交通组织设计是指运用系统工程原理和交通工程技术,从工程设计和运行组织两个层面,对各级道路、交通枢纽、停车场库等交通设施的交通流向、功能布局、管理控制等内容进行优化设计,实现人、车、设施的融合,在保证安全的前提下,最大程度地发挥各类交通设施的承载能力和服务水平。

工程设计层面的交通组织设计主要针对新建交通设施而言,是指在交通设施的工程设计阶段,便引入交通组织设计的理念,使得交通设施在建成使用后能更为安全、有序、高效地运行;运行组织层面的交通组织设计主要针对既有交通设施而言,是指对于某些已经建成使用但交通问题较为突出的设施,通过交通组织的优化设计,必要时辅以相关工程改造,以此提高既有设施的利用率。由此可见,交通设施中的交通组织设计犹如建筑工程中的结构设计,是交通设施的灵魂。

## 第二节 交通组织设计的发展历程

国外城市较早就开始利用交通组织优化来缓解交通拥堵现象,法国巴黎在1906年时就有实施单向交通的实例,20世纪初,在巴黎当时的4333条道路中有1400多条道路实施了单向交通;在日本,大阪市有38%的道路实施了单向交通,而伦敦的中心区几乎全部是单行线,苏联、新加坡、泰国等地也都大量实施单行交通。自20世纪70年代起,国外城市开始采取车辆限行的办法来管理交叉口,如在英国,处理右转(注:英国的通行规则为左侧行驶)车流的方式是采用"T"转弯、"Q"转弯和"G"转弯;在法国,在一些主要交叉口处,只允许直行,严禁左转,为了保证主干道的通畅,甚至封闭和主干道相连接的交叉口,以形成一条完全密封式的干道。

相对而言,交通组织设计工作在国内开展得比较晚。20世纪80年代中期,随着城市汽车保有量的迅速增加,道路通行能力逐渐不能适应小汽车的增长,开始出现交通拥堵现象,这种情况下,相关城市开始采用一些交通组织的方法来缓解局部的交通拥堵。20世纪90年代以后,国内开始逐步研究相关交通组织方法来解决城市问题。但交通组织设计的相关理念和方法真正形成系统并开始普及还是在21世纪初,特别是"畅通工程"实施以来,交通组织设计工作开始影响我国城市交通系统的建设与改造。近年来,随着城市交通问题的日益严重,交通组织设计工作受到了前所未有的重视,交通组织设计在城市交通发展中也正在发挥更为重要的作用。

## 第三节 交通组织设计的相关规范及标准

为了进一步科学化、精细化、规范化地进行交通组织设计,经国家标准化管理委员会批准,国家标准《城市道路交通组织设计规范》(GB/T 36670—2018)在2018年10月10日发布,并于2019年5月1日正式实施,它是城市道路交通组织设计规范方面的首个较为全面、系统的国家标准。

《城市道路交通组织设计规范》(GB/T 36670—2018)中对交通组织设计的解释是"根据国家相关法律法规、政策和标准规范,综合运用交通工程技术,以改善道路交通秩序、保障道路交通安全、提高道路交通运行效率的设计工作",其中主要内容包括交叉口交通组织设计、路段交通组织设计、区域交通组织设计、交通组织专项设计、交通组织方案的评价等。该规范对不同交通组织场景中所采用的交通组织形式的适用条件、实施要求、设计要点等进行规定,并提出了设计方案的评价方法、评价内容等要求。

除此之外,交通组织设计还有三类可供参考的规范,具体如下:规划建设类,包括《城市综合交通体系规划标准》(GB/T 51328—2018)、《城市道路交叉口规划规范》(GB 50647—2011)、《城市道路交通工程项目规范》(GB 55011—2021)等;设施设计类,包括《城市道路交通标志和标线设置规范》(GB/T 51038—2015)、《道路交通标志和标线》(GB 5768)、《LED 主动发光道路交通标志》(GB/T 31446—2015)等;其他专项类,包括《公交专用车道设置》(GA/T 507—2004)、《公路工程技术标准》(JTG B01—2014)、《城市道路路内停车位设置规范》(GA/T 850—2021)等。交通组织设计相关规范及标准总结如图1-1和表1-1所示。

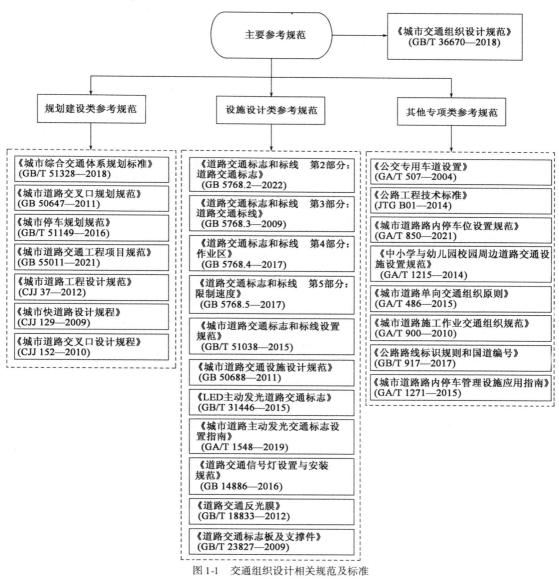

图 1-1 交通组织设计相关规范及标准

相关的主要参考规范及标准  表1-1

| | 规范及标准 | 主要内容 |
|---|---|---|
| 规划建设类 | 《城市道路交通工程项目规范》（GB 55011—2021） | 规范了城市道路交通工程建设、运营及养护，为强制性工程建设规范 |
| | 《城市道路交通组织设计规范》（GB/T 36670—2018） | 规范了城市道路交通组织设计的原则、内容、流程、主要方法和实施要求 |
| | 《城市综合交通体系规划标准》（GB/T 51328—2018） | 规范了关于城市总体规划中城市综合交通体系规划编制和单独的城市综合交通体系规划编制 |
| | 《城市停车规划规范》（GB/T 51149—2016） | 规范了城市总体规划、详细规划以及相关专项规划所涵盖的停车规划 |
| | 《城市道路工程设计规范》（CJJ 37—2012） | 规范了城市范围内新建和改建的各级城市道路设计 |
| | 《城市道路交叉口规划规范》（GB 50647—2011） | 规范了城市规划各阶段相应的道路交叉口规划，以及城市道路平面交叉口或立体交叉的新建、改建与交通治理专项规划 |
| | 《城市道路交叉口设计规程》（CJJ 152—2010） | 规范了新建和改建城市道路交叉口设计 |
| | 《城市快速路设计规程》（CJJ 129—2009） | 规范了新建和改建城市快速路工程的设计 |
| 设施设计类 | 《道路交通标志和标线 第1部分：总则》（GB 5768.1—2009） | 明确了道路交通标志和标线的原则和一般规定。适用于公路、城市道路和虽在单位管辖范围但允许社会机动车通行的地方等各类道路上设置的交通标志和标线 |
| | 《道路交通标志和标线 第2部分：道路交通标志》（GB 5768.2—2022） | 规范了道路交通标志的分类、颜色、形状、字符、图形、尺寸等一般要求，以及设计、设置的要求 |
| | 《道路交通标志和标线 第3部分：道路交通标线》（GB 5768.3—2009） | 规范了道路交通标线的分类、颜色、形状、字符、图形、尺寸等一般要求，以及设计、设置的要求 |
| | 《道路交通标志和标线 第4部分：作业区》（GB 5768.4—2017） | 规范了道路作业区标志和标线设置的要求 |
| | 《道路交通标志和标线 第5部分：限制速度》（GB 5768.5—2017） | 规范了道路上限制速度标志和标线的一般要求和使用 |
| | 《城市道路交通标志和标线设置规范》（GB/T 51038—2015） | 规范了城市范围内新建和改建的各级城市道路的交通标志和标线的设置 |
| | 《城市道路交通设施设计规范》（GB 50688—2011） | 规范了城市新建、改建、扩建道路的交通设施设计 |
| | 《城市道路主动发光交通标志设置指南》（GA/T 1548—2019） | 规范了城市道路主动发光交通标志的设置要求、施工、验收、检查及维护等 |
| | 《道路交通信号灯设置与安装规范》（GB 14886—2016） | 规范了道路交通信号灯的设置条件、信号灯组合形式、信号灯安装、设计和施工资质等方面的要求 |
| | 《LED 主动发光道路交通标志》（GB/T 31446—2015） | 规范了半导体发光二极管（LED）主动发光道路交通标志产品的分类及组成、技术要求、试验方法、检验规则及标识等 |

续上表

| | 规范及标准 | 主要内容 |
|---|---|---|
| 设施设计类 | 《道路交通反光膜》(GB/T 18833—2012) | 规范了道路交通用反光膜的分类、技术要求、测试方法、检验规则及标志、包装、运输、储存的要求 |
| | 《道路交通标志板及支撑件》(GB/T 23827—2009) | 规范了道路交通标志板及支撑件的产品分类、技术要求、试验方法、检验规则以及标志、包装、运输和储存要求 |
| 其他专项类 | 《城市道路路内停车位设置规范》(GA/T 850—2021) | 规范了城市道路路内停车泊位设置的选址和设计 |
| | 《城市道路单向交通组织原则》(GA/T 486—2015) | 规范了城市道路单向交通的实施条件、实施要求和实施流程 |
| | 《城市道路路内停车管理设施应用指南》(GA/T 1271—2015) | 规范了城市道路路内汽车停车管理设施应用的术语和定义、一般规定及应用要求 |
| | 《中小学与幼儿园校园周边道路交通设施设置规范》(GA/T 1215—2014) | 规范了中小学、幼儿园校园周边道路交通设施的设置原则、要求和方法 |
| | 《城市道路施工作业交通组织规范》(GA/T 900—2010) | 规范了城市道路施工作业交通组织原则、要求、交通管理设施设置要求、施工方案要求、方案编制和设计流程等 |
| | 《公交专用车道设置》(GA/T 507—2004) | 规范了公交专用车道的设置条件及设置方法 |
| | 《公路路线标识规则和国道编号》(GB/T 917—2017) | 规范了公路的分级、命名规则、编号规则,以及公路技术等级代码、公路路段代码和公共信息标识与处理的要求 |
| | 《公路工程技术标准》(JTG B01—2014) | 规范了新建和改扩建公路的技术标准 |

## 第四节 交通组织设计的主要内容及工作流程

### 一、交通组织设计的主要内容

交通组织设计通过对道路资源时间和空间两个维度的整合利用,明确规范交通秩序、合理分配路权、保障通行安全,对于改善道路通行条件、缓解交通拥堵问题有着重要意义。交通组织设计主要包括道路交通组织设计、常规公交交通组织设计、交通枢纽交通组织设计、停车场库交通组织设计、指路系统设计。

1.道路交通组织设计

道路交通组织设计主要从区域、路段和交叉口三个由宏观到微观的层面,对各车种、各流向的交通流优化分配通行权,达到道路交通安全、有序、畅通的目的。

2.常规公交交通组织设计

常规公交交通组织设计主要包括公交中途停靠站交通组织设计、公交专用车道交通组织设计和公交信号优先控制策略设计等三方面的内容。

3.交通枢纽交通组织设计

交通枢纽交通组织设计主要包括对外交通枢纽交通组织设计和城市内部公共交通枢纽交

通组织设计两方面的内容。

4.停车场库交通组织设计

停车场库交通组织设计可提高停车场库的使用效率、减少静态交通对动态交通的影响,主要包括路外停车场交通组织设计、路内停车场交通组织设计和停车诱导系统设计等内容。

5.指路系统设计

指路系统设计的目的是让交通参与者能更方便地找到出行的目的地,包括各级道路、重要场所、交通枢纽、停车设施等,主要包括一般城市道路指路系统设计、高速公路指路系统设计、城市快速路指路系统设计和旅游指路系统设计。

## 二、交通组织设计工作的一般流程

与一般的城市交通规划设计工作类似,交通组织设计工作在实际运用中可分为交通组织设计项目、现状交通调查与分析、交通组织方案设计、多种交通组织设计方案比较、择优选用交通组织设计方案五部分内容与流程,其基本工作流程如图1-2所示。

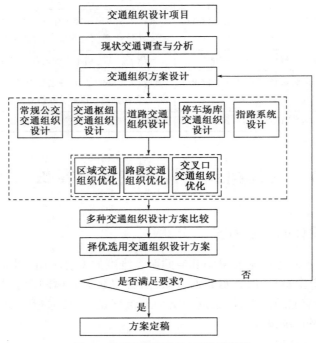

图1-2 交通组织设计基本工作流程图

# 习 题

1-1 试从影响道路安全畅通的人、车、路等因素的角度,分析交通组织设计与交通设施设计之间的区别与联系。

1-2 试分析交通组织设计在城市建设与管理过程中的重要性。

1-3 简述交通组织设计的目的和作用。

# 第二章 交通管理设施的分类及设置原则

**【本章主要内容与学习目的】**

本章主要内容包括常规交通管理设施和智慧交通设施两部分。第一部分介绍了交通标志标线的组成、分类及设置原则,详述了交通信号灯的分类、功能、设置条件及组合形式等内容,并对隔离护栏、电子警察、交通诱导系统及停车诱导系统进行了分类总结;第二部分简要概括了智慧停车、多功能智慧杆、主动发光标志等内容。学习本章的主要目的为掌握交通管理设施的分类及设置原则。

## 第一节 概 述

交通管理设施是指在既有的道路上,为保障道路交通的安全、有序、畅通,设立的诸如交通标志、交通标线、隔离栏、信号灯、电子警察监控系统、交通诱导系统等设施,具有维护交通秩序、保证道路畅通安全、减少减轻交通事故发生等作用。

城市道路交通标志有哪些功能

交通管理设施是交通管理部门进行交通管理和控制的主要手段,也是交通组织设计方案得以实施的主要载体。根据设置方法和使用特征的不同,交通管理设施总体上可以分为常规交通设施和智能交通设施两大类。其中,常规交通管理设施主要包括交通标志、交通标线、隔离栏、警示桩等设施;智能交通管理设施主要包括信号灯、电子警察、交通诱导屏等设施。

交通管理设施以其本身的功能在现代道路交通中发挥着独特的作用,各种设施的作用既相对独立,又相互关联,共同构成道路交通管理的网络体系,是道路交通体系中不可缺少的重要部分。科学、合理地设置交通管理设施,不仅能够充分利用有限的道路空间,缓解交通压力,减少交通事故,亦能提升道路空间的美观程度。各种交通管理设施在规划时应注意相互之间的配合、协调,并按照相应规范选择合适的位置进行设置,确定其合理规模及施工工艺。

考虑到交通组织设计方案的具体落实往往需要借助相关交通管理设施来实现,因此,本书在对交通调查与分析的内容介绍之前,增加了第二章交通管理设施的分类与设置原则,使读者全面了解交通管理设施的分类及设置的原则与方法,以便在具体的交通组织设计工作中得到更为有效的应用。

## 第二节　常规交通管理设施

### 一、交通标志和标线

交通标志和标线用于告知道路使用者道路通行权力,明示道路交通禁止、限制、遵行状况,告示道路状况和交通状况等信息,是引导道路使用者有秩序地使用道路,以促进道路交通安全、提高道路运行效率的重要交通基础设施。

交通标志和标线是为交通参与者及时提供道路有关情况的无声语言,是交通管理部门传递规范化信息并用以管理和疏导交通的重要设施,对提高道路通行能力、改善车流行驶条件、减少交通事故、保护人身和车辆安全具有十分重要的作用。只有依据国家标准,科学规范地设置交通标志、标线才能有效充分发挥交通标志标线的交通控制作用。目前,我国施行的有关道路交通标志和标线的国家规范主要有现行《道路交通标志和标线》(GB 5768)、《城市道路交通标志和标线设置规范》(GB 51038—2015)和《城市道路交通设施设计规范》(GB 50688—2011)等。

1. 交通标志和标线设置的总体原则

道路交通标志标线设置的主要目的是为交通参与者特别是机动车驾驶人提供及时、完善和清晰的道路信息,加强对车辆的合理引导,以使车辆能顺利、快捷地抵达目的地,保证交通畅通和行车安全。根据以上目的,交通标志标线的设置应遵循以下原则:

(1)合理性原则。交通标志和标线应根据道路基础设施条件、交通流条件、交通环境、道路使用者需求及交通管理的需要进行设置。当设置条件发生变化时,应及时增减、调换、更新交通标志和标线。

(2)易见性原则。要求标志标线在道路空间环境中给道路使用者的视觉产生直接而醒目的影响,不仅能够通过视觉来实现信息的传递,而且在视觉上产生强烈的冲击效果,即能够在第一时间里快速"抓住"道路使用者的眼球和注意力。

(3)易读性原则。要求标志标线能够快速、明了地传递相关信息,能够很快让交通参与者读懂,即要求交通标志标线使用的文字和图形符号必须规范、简单、直接,易于理解和接受,并具有合理、科学的信息量。

(4)协调性原则。一方面,要求交通标志提供的信息与交通标线提供的信息保持协调一致,能够真实、客观地反映道路交通环境情况,不能互相矛盾。例如,车道变化标线与相应的交通标志上提供的信息应保持一致。另一方面,要求交通标志和标线的设置应与交通管理措施及其他交通管理设施协调一致。

(5)规范性原则。交通标志标线作为公众信息载体,必须使用国家规范的语言、文字、图形、符号等,不能随心所欲地独立创造出一些使人产生歧义的特殊符号。只有符合规范性设计要求,才能保证交通参与者对标志标线所传递的信息予以接受和理解。

2. 交通标志的组成

道路交通标志是以颜色、形状、字符、图形等向道路使用者传递信息,用于管理交通的设施。其基本要素由颜色、形状、字符、图形等部分内容组成,其中颜色和形状表示标志的种类,字符和图形则直接表示标志的具体内容。

如何设置城市道路交通标志

1)颜色

交通标志的颜色统一采用安全色。安全色是表达安全信息的颜色,表示禁止、警告、指令、提示等意义。

根据现行《道路交通标志和标线》(GB 5768),交通标志颜色主要包括红色、蓝色、黄色/荧光黄色、荧光黄绿色、绿色、棕色、橙色/荧光橙色、粉红色/荧光粉红色、黑色、白色。各种颜色的具体含义及用途如表2-1所示。

标志颜色的基本含义　　　　　　　　表2-1

| 颜　色 | 基　本　含　义 |
|---|---|
| 红色 | 表示停止、禁止、限制 |
| 蓝色 | 表示指令、遵循 |
| | 表示一般道路(除高速公路和城市快速路之外的道路)指路信息 |
| 黄色/荧光黄色 | 表示警告 |
| 荧光黄绿色 | 表示与行人有关的警告 |
| 绿色 | 表示高速公路和城市快速路指路信息 |
| 棕色 | 表示旅游区指路信息 |
| 橙色/荧光橙色 | 表示因作业引起的道路或车道使用发生变化 |
| 粉红色/荧光粉红色 | 表示因交通事故处理引起的道路或车道使用发生变化 |
| 黑色 | 用于标志的文字、图形符号和部分标志边框 |
| 白色 | 用于标志的底色、文字和图形符号以及部分标志的边框 |

注:红色为标志底板、红圈及红杠的颜色。

交通标志中还涉及对比色的使用,以此衬托交通标志中的主要信息和内容。交通标志中相关安全色的对比色使用规定如表2-2所示。

对比色使用规定　　　　　　　　表2-2

| 安　全　色 | 相应的对比色 | 安　全　色 | 相应的对比色 |
|---|---|---|---|
| 红色 | 白色 | 黄色 | 黑色 |
| 蓝色 | 白色 | 绿色 | 白色 |

2）形状

现行《道路交通标志和标线》（GB 5768）对交通标志的形状具有严格的规定，不同的形状代表着不同的含义，基本规定如表2-3所示。

交通标志形状及其含义　　表2-3

| 形　状 | 含　义 | 形　状 | 含　义 |
|---|---|---|---|
| 正八边形 | 用于禁令标志中的停车让行标志 | 正等边三角形 | 用于警告标志 |
| 倒等边三角形 | 用于禁令标志中的减速让行标志 | 叉形 | 用于“叉形符号”警告标志 |
| 圆形 | 用于禁令标志和指示标志 | 矩形（包括正方形和长方形） | 用于指路标志、旅游区标志、告示标志和辅助标志，以及部分禁令标志、指示标志和警告标志等 |

3）字符

交通标志中的字符直接传递着标志的信息。交通标志中的字符应规范、无歧义，并按从左至右、从上至下顺序排列。一般一个地名不写成两行或两列。一块标志上文字不应既有横排又有竖排。

根据需要，可并用汉字和其他少数民族文字。标志上文字不应超过2种。除有特殊规定之外，汉字应排在其他文字上方。

如果标志上使用英文，地名用汉语拼音，相关规定按照《地名 标志》（GB 17733—2008）执行，第一个字母大写，其余小写；交通标志专用名词宜全部大写，如“EXIT”。出口标志上的字母应大写。汉字、字母、阿拉伯数字等应采用道路交通标志字体，如图2-1所示。

通途路东南西北

ABCDEFGHIJK

abcdefghijk

1234567890

图2-1　交通标志专用字体

4）图形

图形也是交通标志信息内容的主要组成部分。现行《道路交通标志和标线》（GB 5768）对交通标志的基本图形做了详细的说明和规定，相关交通标志就是通过基本图形的组合设计而成。一般在交通标志的设置中，不应超出现行《道路交通标志和标线》（GB 5768）中列举的基本图形而自行创作图形。

现行《道路交通标志和标线》（GB 5768）中列举的相关基本图形信息如表2-4所示。

交通标志基本图形举例　　表2-4

| 序号 | 图　形 | 说　明 |
|---|---|---|
| 1 | 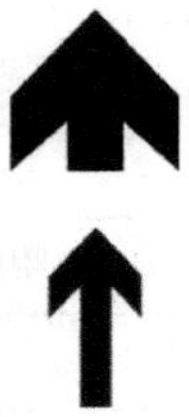 | 直行，车道或道路的行驶方向 |

续上表

| 序号 | 图 形 | 说 明 |
|---|---|---|
| 2 |  ← | 向左转弯方向,车道或道路的行驶方向,可反向 |
| 3 |  ↩ | 掉头 |
| 4 |  🚗 | 机动车 |
| 5 |  🚙 | 小客车 |

3. 交通标志的分类

交通标志按其作用分类,可分为主标志和辅助标志两大类。其中,主标志包括:警告标志、禁令标志、指示标志、指路标志、旅游区标志、告示标志;辅助标志附设在主标志下,起辅助说明作用。

交通标志按显示位置分类,分为路侧标志和路上方标志。交通标志按版面内容显示方式分类,分为静态标志和可变信息标志。交通标志按光学特性分类,分为逆反射标志、照明标志和发光标志三种,其中照明标志按光源安装位置又分为内部照明标志和外部照明标志。交通标志按设置的时效分类,分为永久性标志和临时性标志,由于施工作业或交通事故管理导致道路使用条件改变的区域,所使用的的道路交通标志是临时性标志。

交通标志按标志传递信息的强制性程度分类,分为必须遵守标志和非必须遵守标志。禁令标志和指示标志为道路使用者必须遵守标志;其他标志仅提供信息,如指路标志、旅游区标志;禁令标志中的停车让行标志、减速让行标志不应套用。其他禁令标志、指示标志不宜套用、除停车让行标志与减速让行标志外的禁令标志、指示标志套用于白色无边框的底板上,为必须遵守标志。禁令标志、指示标志套用于其他标志上,仅表示提供相关禁止、限制和遵行信息,作为补充说明或预告,为非必须遵守标志。

1) 警告标志

警告标志是警告驾驶人、行人注意危险地点的标志。警告标志的形状是顶角朝上的等边三角形;颜色是黄底、黑边、黑图案,也有白底红图案的。路途中,一旦看到这种黄色标志,驾驶人和行人就要提高警觉,注意前方危险的状况,并做好应变的准备,如图2-2所示的"窄路标志""陡坡标志"与"交叉路口标志",都是提醒前方有影响行车安全的状况。

图2-2 警告标志示例

2)禁令标志

禁令标志是禁止或限制车辆、行人交通行为的标志,道路使用者应严格遵守。按照国际惯例,禁令标志以红色线条表示,且最为显眼。禁令标志的形状一般为圆形,个别是顶角朝下的等边三角形,颜色为白底、红圈、黑图案,图案压杠。禁令标志用来禁止或限制驾驶人及行人的交通行为,要求严格遵守禁令标志所表示的内容,如图2-3所示的"减速让行""禁止停车"与"限制速度"标志,都有着必须遵守的强制性要求。

图2-3 禁令标志示例

3)指示标志

指示标志是用来指示驾驶人、行人行进方向的标志,道路使用者必须遵守。其颜色除个别标志外,均为蓝底、白图案,形状分为圆形、长方形和正方形,如图2-4所示的"向左转弯""直行和向右转弯"与"单行路"标志,都是指示驾驶人如何行驶。

图2-4 指示标志示例

4)指路标志

指路标志表示道路信息的指示与引导,为驾驶人提供去往目的地所经过的道路、沿途相关城镇、重要公共设施、服务设施、地点、距离和行车方向等信息。指路标志的颜色,除特别说明外,一般道路指路标志为蓝底、白图形、白边框、蓝色衬边,高速公路和城市快速路指路标志为绿底、白图形、白边框、绿色衬边。指路标志示例如图2-5所示。

图2-5　指路标志示例

5)旅游区标志

旅游区标志是为吸引和指示人们从高速公路或其他道路上前往邻近的旅游区,在通往旅游景点的交叉路口处设置的标志,使旅游者能方便地识别通往旅游区的方向和距离,了解旅游项目的类别。旅游区标志的颜色为棕底、白字(图形)、白边框、棕色衬边,旅游符号标志的颜色为棕底、白图形(字),如图2-6所示。

图2-6　旅游区标志示例

6)告示标志

用以解释、指引道路设施、路外设施,或者告示有关《中华人民共和国道路交通安全法》和《中华人民共和国道路交通安全法实施条例》的内容。告示标志的设置有助于道路设施、路外设施的使用和指引,取消其设置不影响现有标志的设置和使用。告示标志一般为白底、黑字、黑图形、黑边框,版面中的图形标识如果需要可采用彩色图案,如图2-7所示。

图2-7　告示标志示例

7)辅助标志

辅助标志主要是对主标志起辅助说明的作用。辅助标志的颜色使用黑色和白色,有时也用多种标志的组合来表达较为复杂的意思,这时在标志上就会有各种颜色组合,如图2-8所示。

图 2-8　辅助标志示例

**4. 交通标志设置原则**

交通标志应为道路使用者提供适时、准确、充足的诱导信息，使道路出行快速、舒适、安全。其布设应结合道路线形、交通状况、沿线设施等情况，根据交通标志的不同种类来设置，标志结构形式设计及标志设置位置应与道路线形及周围环境协调一致，满足美观及视觉的要求。

（1）一般情况下，交通标志设置在道路右侧，也可根据具体情况在车辆行进方向道路左侧、两侧同时设置或设置在路上方。

（2）为保证视认性，同一地点需要设置两个以上标志时，宜安装在一个支撑结构上，但最多不应超过 4 个。

（3）原则上应避免不同种类的主标志并设，如禁令标志与指路标志。

（4）停车让行标志、减速让行标志、解除限制速度标志、禁止超车标志、解除禁止超车标志、会车先行标志、会车让行标志宜单独设置。如条件受限制无法单独设置时，一个支撑结构上不应超过两个标志，辅助标志不计。

（5）警告标志不应与停车让行标志、减速让行标志设在一个支撑结构上。警告标志不宜多设。同一地点需要设置两个以上警告标志时，原则上只设置其中最需要的一个。

（6）一个支撑结构上并设的标志应按禁令标志、指示标志和警告标志的顺序从上往下、从左往右设置。

（7）禁令标志和指示标志应设置在禁止、限制或遵循开始的位置。部分禁令标志开始路段的路口前适当位置宜设置相应的指路标志提示，使被禁止、限制车辆能够提前采取行动。

驾驶人在读取标识信息时要经过发现、认读、理解和行动等过程，在判读标志并采取相应行动的过程中需要花费一定的时间，行驶一定的距离。以路侧标志为例的识读过程如图 2-9 所示。

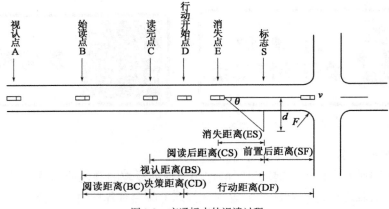

图 2-9　交通标志的识读过程

警告标志的前置距离一般根据道路的设计速度按表 2-5 确定,也可考虑所处路段的限制速度或自由流第 85 位速度($v_{85}$)按表 2-5 进行适当地调整。

**警告标志前置距离一般值** 表 2-5

| 速度(km/h) | 条件A | 减速到下列速度(km/h) 条件B | | | | | | | | | | |
|---|---|---|---|---|---|---|---|---|---|---|---|---|
| | | 0 | 10 | 20 | 30 | 40 | 50 | 60 | 70 | 80 | 90 | 100 | 110 |
| 40 | 100 | 30 | * | * | * | | | | | | | | |
| 50 | 150 | 30 | * | * | * | * | | | | | | | |
| 60 | 190 | 30 | 30 | * | * | * | | | | | | | |
| 70 | 230 | 50 | 40 | 30 | 30 | * | * | | | | | | |
| 80 | 270 | 80 | 60 | 55 | 50 | 40 | 30 | * | * | | | | |
| 90 | 300 | 110 | 90 | 80 | 70 | 60 | 40 | * | * | * | | | |
| 100 | 350 | 130 | 120 | 115 | 110 | 100 | 90 | 70 | 60 | 40 | * | | |
| 110 | 380 | 170 | 160 | 150 | 140 | 130 | 120 | 110 | 90 | 70 | 50 | * | |
| 120 | 410 | 200 | 190 | 185 | 180 | 170 | 160 | 140 | 130 | 110 | 90 | 60 | 40 |

注:条件 A-交通量较大时,道路使用者有可能减速,同时伴随变换车道等操作通过警告地点,典型的标志如注意车道数变少标志。

条件 B-道路使用者减速到限速值或建议速度值,或停车后通过警告地点,典型的标志如急弯路标志、连续弯路标志、陡坡标志、注意信号灯标志、交叉路口标志、铁路道口标志等。

*-不提供具体建议值,可视当地具体条件确定。

(8)交通标志的设置位置应保证标志与标志之间互不影响,而且没有其他结构物阻挡视线。

标志的设置不能影响和妨碍交通安全和相互遮挡,间距不能太小。同一部位前后标志间的最小间距不能影响对后一个标志的视认距离(BS)。如图 2-10 所示,图中前一个标志如若设置于影响区内,将影响后一个标志的视认距离。

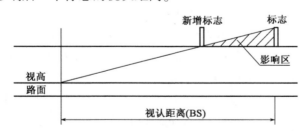

图 2-10 道路上方标志

(9)路侧标志内边缘不应侵入道路建筑限界,距车行道、人行道、渠化岛的外侧边缘或土路肩应不小于 25 cm。除临时性标志外,没有路缘石的道路,路侧标志下边缘距路面的高度符合以下要求,有路缘石的道路,路侧标志下边缘距路缘石顶面的高度符合以下要求:

①一般为 150~250cm。
②小型车比例较大的道路,可根据实际情况降低,但不宜小于 120cm。
③路侧有行人时,应不小于 210cm;有非机动车时,应不小于 230cm。
④线形诱导标的高度宜降低,在不影响非机动车和行人的情况下应不小于 120cm。

(10)除另有规定外,标志安装时板面垂直于行车方向,视实际情况调整其水平或俯仰角度:

①标志安装应避免标志板面对驾驶人造成的眩光。

②路侧标志应与道路中线垂直,或与垂直方向成一定角度。其中,禁令标志、指示标志为0°~10°或30°~45°;其他标志为0°~10°。

③路上方标志的板面宜面向来车俯仰0°~15°。

(11)标志牌的支撑结构应保证安全、外形美观、经久耐用,支撑结构形式主要有单柱式、双柱式、单悬臂式、双悬臂式、门架式、附着式等几种形式,如图2-11所示。

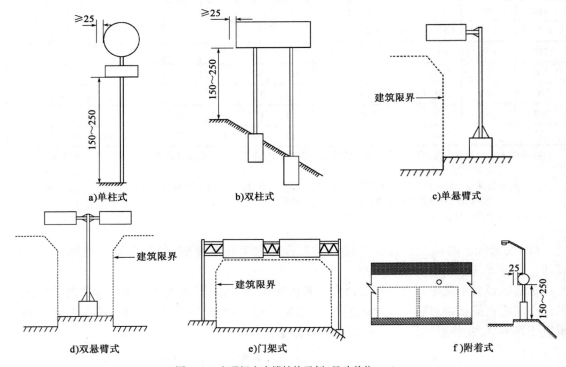

图2-11 交通标志支撑结构示例(尺寸单位:cm)

(12)标志支撑位于路侧净区内时,应使其不对驶离道路的车辆构成危害,如不能满足,宜采用解体消能结构或设置相应的防护、警告设施。

(13)除少数交通标志仅在白天起作用外,大部分标志在昼夜起作用。因此,交通标志必须设置在照明条件比较好的位置,或者有发光或反光装置。夜间交通量较大的道路,应尽量采用反光标志。

用于标志面的逆反射材料主要为反光膜。反光膜的逆反射性能应符合《道路交通反光膜》(GB/T 18833—2012)的规定。

反光膜按其逆反射原理,可分为玻璃珠型和微棱镜型。按其光度性能、结构和用途,可分为以下7种类型:

Ⅰ类——通常为透镜埋入式玻璃珠型结构,称为工程级反光膜,使用寿命一般为7年,可用于永久性交通标志和作业区设施;

Ⅱ类——通常为透镜埋入式玻璃珠型结构,称为超工程级反光膜,使用寿命一般为10年,可用于永久性交通标志和作业区设施；

Ⅲ类——通常为密封胶囊式玻璃珠型结构，称为高强级反光膜，使用寿命一般为 10 年,可用于永久性交通标志和作业区设施；

Ⅳ类——通常为微棱镜型结构，称为超强级反光膜，使用寿命一般为 10 年,可用于永久性交通标志、作业区设施和轮廓标；

Ⅴ类——通常为微棱镜型结构，称为大角度反光膜，使用寿命一般为 10 年,可用于永久性交通标志、作业区设施和轮廓标；

Ⅵ类——通常为微棱镜型结构，有金属镀层，使用寿命一般为 3 年，可用于轮廓标和交通柱，无金属镀层时也可用于作业区设施和字符较少的交通标志；

Ⅶ类——通常为微棱镜型结构，柔性材质，使用寿命一般为 3 年,可用于临时性交通标志和作业区设施。

注1：各类反光膜结构为通常使用的典型结构，不排除会有其他结构存在。如棱镜型工程级反光膜为Ⅰ类反光膜。

注2：各类反光膜使用寿命为制造商一般承诺的期限，实际使用寿命与其材质和用途有关。如荧光反光膜以及用于临时性交通标志和作业区设施的反光膜，使用寿命一般为 3 年。

5. 交通标线的组成

交通标线是由施划或安装于道路上的各种线条、箭头、文字、图案及立面标记、实体标记、突起路标和轮廓标等所构成的交通设施，它的作用是向道路使用者传递有关道路交通的规则、警告、指引等信息，可以与标志配合使用，也可以单独使用。

如何设置城市道路交通标线

交通标线的颜色为白色、黄色、蓝色或橙色，路面图形标记中可出现红色或黑色的图案或文字。道路交通标线的形式、颜色及含义如表2-6 所示。

**交通标线的形式、颜色及含义**　　　　　表 2-6

| 编号 | 名　称 | 图　例 | 含　义 |
|---|---|---|---|
| 1 | 白色虚线 |  | 划于路段中时,用以分隔同向行驶的交通流；划于路口时,用以引导车辆行进 |
| 2 | 白色实线 |  | 划于路段中时,用以分隔同向行驶的机动车、机动车和非机动车,或指示车道的边缘；划于路口时,用作导向车道线或停止线,或用以引导车辆行驶轨迹；划为停车位标线时,指示收费停车位 |
| 3 | 黄色虚线 |  | 划于路段中时,用以分隔对向行驶的交通流或作为公交车专用车道线；划于交叉路口时,用以告示非机动车禁止驶入的范围或用于连接相邻道路中心线的路口导向线；划于路侧或缘石上时,表示禁止路边长时停放车辆 |
| 4 | 黄色实线 |  | 划于路段中时,用以分隔对向行驶的交通流或作为公交车、校车专用停靠站标线；划于路侧或缘石上时,表示禁止路边停放车辆；划为网格线时,表示禁止停车的区域；划为停车位标线时,表示专属停车位 |

续上表

| 编号 | 名称 | 图例 | 含义 |
|---|---|---|---|
| 5 | 双白虚线 |  | 划于路口,作为减速让行线 |
| 6 | 双白实线 | | 划于路口,作为停车让行线 |
| 7 | 白色虚、实线 | 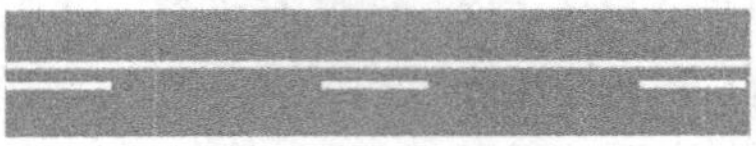 | 用于指示车辆可临时跨线行驶的车行道边缘,虚线侧允许车辆临时跨越,实线侧禁止车辆跨越 |
| 8 | 双黄实线 | | 划于路段中,用以分隔对向行驶的交通流 |
| 9 | 双黄虚线 | | 划于城市道路路段中,用于指示潮汐车道 |
| 10 | 黄色虚、实线 | | 划于路段中时,用以分隔对向行驶的交通流。实线侧禁止车辆越线,虚线侧准许车辆临时越线 |
| 11 | 橙色虚、实线 | | 用于作业区标线 |
| 12 | 蓝色虚、实线 | | 作为非机动车专用道标线;作为停车位标线时,指示免费停车位 |

6. 交通标线的分类及设置方法

交通标线按功能可分为以下三类：

①指示标线：指示车行道、行车方向、路面边缘、人行道、停车位、停靠站及减速丘等的标线。

②禁止标线：告示道路交通的遵行、禁止、限制等特殊规定的标线。

③警告标线：促使道路使用者了解道路上的特殊情况,提高警觉,准备应变防范措施的标线。

交通标线按设置方式可分为以下三类：

①纵向标线：沿道路行车方向设置的标线。

②横向标线：与道路行车方向交叉设置的标线。

③其他标线：字符标记或其他形式标线。

交通标线按形态可分为以下四类：

①线条:施划于路面、缘石或立面上的实线或虚线。
②字符:施划于路面上的文字、数字及各种图形、符号。
③突起路标:安装于路面上用于标示车道分界、边缘、分合流、弯道、危险路段、路宽变化、路面障碍物位置等的反光体或不反光体。
④轮廓标:安装于道路两侧,用以指示道路边界轮廓、道路的前进方向的反光柱(或反光片)。

1)指示标线

在指示标线中,纵向指示标线包括可跨越对向车行道分界线、可跨越同向车行道分界线、潮汐车道线、车行道边缘线、左弯待转区线、路口导向线和导向车道线;横向指示标线包括人行横道线和车距确认线;其他指示标线包括道路出入口标线、停车位标线、停靠站标线、减速丘标线、导向箭头、路面文字标记、路面图形标记等。

因篇幅限制,本书主要对可跨越对向车行道分界线、可跨越同向车行道分界线和人行横道线、路面文字标记的基本内容进行介绍,其他指示标线可参考现行《道路交通标志和标线》(GB 5768)和《城市道路交通标志和标线设置规范》(GB 51038—2015)中的相关内容。

(1)可跨越对向车行道分界线。

可跨越对向车行道分界线(也可称为可跨越道路中心线)为黄色虚线,用于分隔对向行驶的交通流。一般设在道路中线上,但不限于一定设在道路的几何中心线上。车辆在保证安全的情况下,可以越线超车或转弯。

凡路面宽度可划两条及以上机动车道的双向行驶的道路,在允许车辆越线超车或转弯时,应划可跨越对向车行道分界线。

可跨越对向车行道分界线为单黄虚线,线段及间隔长分别为400cm和600cm,一般线宽为15cm,在交通量非常小的农村公路、专属专用道路等特殊应用情况下,线宽可采用10cm。可跨越对向车行道分界线划法如图2-12所示(图中箭头仅表示车流行驶方向)。

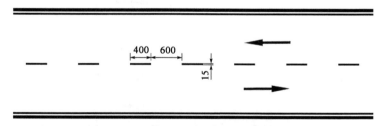

图2-12 可跨越对向车行道分界线(尺寸单位:cm)

(2)可跨越同向车行道分界线。

可跨越同向车行道分界线为白色虚线,用来分隔同向行驶的交通流,设在同向行驶的车行道分界上。在保证安全的情况下,允许车辆短时越线行驶。

同一行驶方向有两条或两条以上车行道,并允许车辆变换车道或短时跨越车行道分界线行驶时,应划可跨越同向车行道分界线。

可跨越同向车行道分界线一般线宽为10cm或15cm,在交通量非常小的农村公路、专属专用道路等特殊应用情况下,线宽可采用8cm。设计车速不小于60km/h的道路,可跨越同向车行道分界线线段及间隔长分别为600cm和900cm,如图2-13所示(图中箭头仅表示车流行驶方向);设计车速小于60km/h的道路,可跨越同向车行道分界线线段及间隔长分别为200cm和400cm,如图2-14所示(图中箭头仅表示车流行驶方向)。

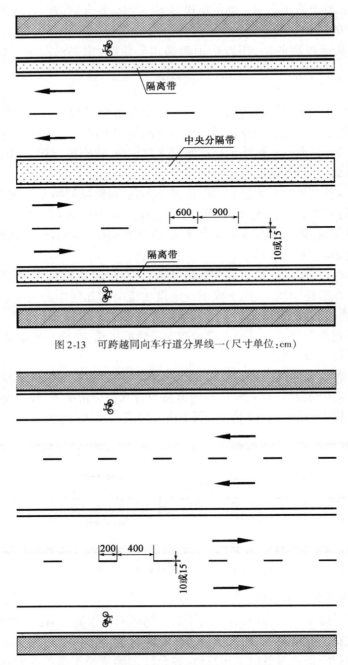

图 2-13　可跨越同向车行道分界线一(尺寸单位:cm)

图 2-14　可跨越同向车行道分界线二(尺寸单位:cm)

(3)人行横道线。

人行横道线为白色平行粗实线(又称为斑马线),既标示一定条件下准许行人横穿道路的路径,又警示机动车驾驶人注意行人及非机动车过街。

道路交叉口和行人横过道路较为集中的路段中无过街天桥、地下通道等过街设施时,应施划人行横道线;学校、幼儿园、医院、养老院门前的道路没有行人过街设施的,应施划人行横道线,设置指示标志。

人行横道线的最小宽度为 300cm,并可根据行人交通量以 100cm 为一级加宽。人行横道线的线宽为 40cm 或 45cm,线间隔一般为 60cm,可根据车行道宽度进行调整,但最大不应超过 80cm,如图 2-15 所示。

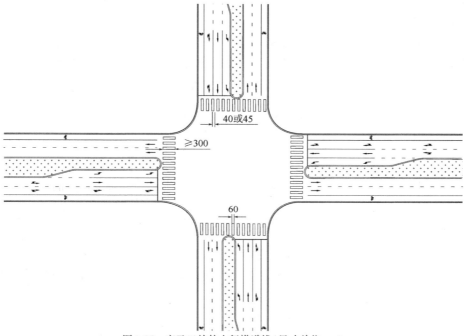

图 2-15　交叉口处的人行横道线(尺寸单位:cm)

在无信号灯控制的路段中设置人行横道线时,应在到达人行横道线前的路面上设置停止线和人行横道线预告标识,并配合设置人行横道指示标志,视需要也可增设人行横道警告标志,如图 2-16 所示。人行横道预告标识为白色菱形图案,尺寸如图 2-17 所示。

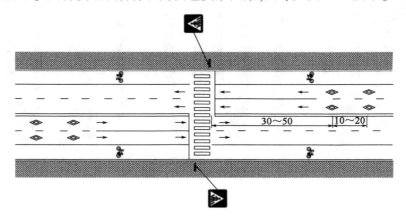

图 2-16　路段人行横道线设置示例(尺寸单位:m)

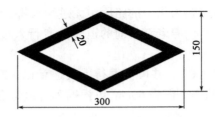

图 2-17 人行横道预告标识线(尺寸单位:cm)

(4)路面文字标记。

路面文字标记是利用路面文字指示或限制车辆行驶的标记。路面文字标记的高度应根据道路设计车速确定,除特殊规定外,路面文字标记的规格应符合表 2-7 的规定。

路面文字标记规格　　　　　　　　　　　　　表 2-7

| 设计车速<br>(km/h) | 公　路 | | | 城市道路 |
| --- | --- | --- | --- | --- |
| | 字高[a]<br>(cm) | 字宽<br>(cm) | 纵向间距[a]<br>(cm) | |
| ≥100 | 900 | 300 | 600 | 可取公路相应值的 0.5~0.7 倍 |
| 40~100 | 600 | 200 | 400 | |
| ≤40 | 300 | 100 | 200 | |

注:a 表示专用时间段的数字,相应值可取正常值的一半,字宽及横向间距视路面情况可适当调整。

路面文字标记可包括道路行驶方向的指示信息、特定时间段指示信息、出口提示信息等内容。汉字标记应沿车辆行驶方向由近及远竖向排列,数字标记沿车辆行驶方向横向排列,如图 2-18 所示。

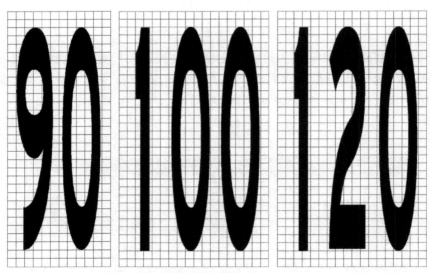

图 2-18 路面限速标记字符

2)禁止标线

在禁止标线中,纵向禁止标线包括禁止跨越对向车行道分界线、禁止跨越同向车行道分界线、禁止停车线;横向禁止标线包括、停止线、停车让行线、减速让行线;其他禁止标线包括、非机动车禁驶区标线、导流线、网状线、专用车道线、禁止掉头(转向)线。

因篇幅限制,本书主要对禁止跨越对向车行道分界线、禁止跨越同向车行道分界线、停止线、让行线和网状线的基本内容进行介绍,其他禁止标线可参考现行《道路交通标志和标线》(GB 5768)中的相关内容。

(1)禁止跨越对向车行道分界线。

禁止跨越对向车行道分界线(也可称为禁止跨越道路中心线)有双黄实线、黄色虚实线和单黄实线三种类型,用于分隔对向行驶的交通流,并禁止双方向或一个方向车辆越线或压线行驶。一般设在道路中线上,但不限于一定设在道路的几何中心线上。

双黄实线作为禁止跨越对向车行道分界线时,禁止双方向车辆越线或压线行驶。一般施划于单方向有两条或两条以上机动车道而没有设置实体中央分隔带的道路上,除交叉路口或允许车辆左转(或掉头)路段外,均应连续设置,可采用振动标线的形式。

黄色实线线宽一般为15cm,特殊情况下可降低至10cm,两标线的间隔一般为10~30cm,如图2-19所示(图中箭头仅表示车流行驶方向)。

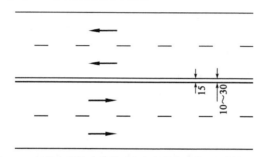

图2-19 双黄实线禁止跨越对向车行道分界线(尺寸单位:cm)

黄色虚实线作为禁止跨越对向车行道分界线时,实线一侧禁止车辆越线或压线行驶,虚线一侧准许车辆暂时越线或转弯。越线行驶的车辆应避让正常行驶的车辆。

中心黄色虚实线可用作双向通行的三条机动车道道路的对向车行道分界线,以及需要实行单侧禁止超车的其他道路的对向车行道分界线。标线线宽一般为15cm,特殊情况下可降低至10cm,两标线的间隔一般为10~30cm,虚线段与间隔长分别为400cm和600cm,如图2-20所示(图中箭头仅表示车流行驶方向)。

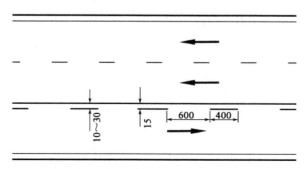

图2-20 黄色虚实线禁止跨越对向车行道分界线(尺寸单位:cm)

黄色单实线作为禁止跨越对向车行道分界线时,禁止双方向车辆越线或压线行驶。一般施划于单方向只有一条车道或一条机动车道和一条非机动车道道路、视距受限制的竖曲线、平曲线路段及有其他危险需要禁止超车的路段,可采用振动标线的形式。

标线线宽15cm,在路面较宽时,为保证车行道宽度不大于3.75m,黄色单实线线宽可以适当增加,最大为30cm,如图2-21所示(图中箭头仅表示车流行驶方向)。

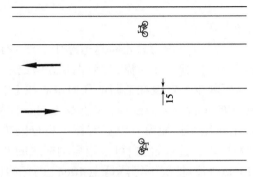

图2-21 黄色单实线禁止跨越对向车行道分界线(尺寸单位:cm)

(2)禁止跨越同向车行道分界线。

禁止跨越同向车行道分界线用于禁止车辆跨越车行道分界线进行变换车道和借道超车,多设于交通繁杂而同向有多条车行道的桥梁、隧道、弯道、坡道、车行道宽度渐变路段、交叉口驶入段、接近人行横道线的路段或其他认为需要禁止变换车道的路段,如图2-16中交叉口驶入段设置的车道分界线。

本标线为白色实线,一般线宽为10cm或15cm。

(3)停止线。

停止线表示车辆让行、等候放行等情况下的停车位置,可施划于交叉路口、铁路平交道口、左弯待转区的前端、人行横道线前及其他需要车辆停止的位置。

停止线为白色实线。双向行驶的路口,停止线应与对向车行道分界线连接;单向行驶的路口,其长度应横跨整个路面。停止线的宽度可根据道路等级、交通量、行驶速度的不同选用20cm、30cm或40cm。

停止线应设置在有利于驾驶人观察路况的位置。设有人行横道时,停止线应距人行横道100~300cm,如图2-22所示。

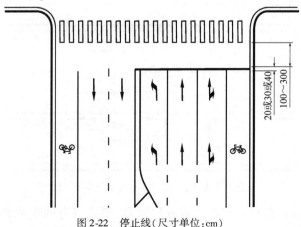

图2-22 停止线(尺寸单位:cm)

(4) 让行线。

停车让行线表示车辆在此路口应停车让干道车辆先行，设有"停车让行"标志的路口，除路面条件无法施划标线外均应设置停车让行标线。

停车让行线为两条平行白色实线和一个白色"停"字。双向行驶的路口，白色双实线长度应与对向车行道分界线连接；单向行驶的路口，白色双实线长度应横跨整个路面。白色实线宽度20cm，间隔20cm，"停"字宽100cm，高250cm。

停车让行标线应设在有利于驾驶人观察路况的位置。如有人行横道线时，停车让行线应距人行横道线100~300cm，如图2-23所示。

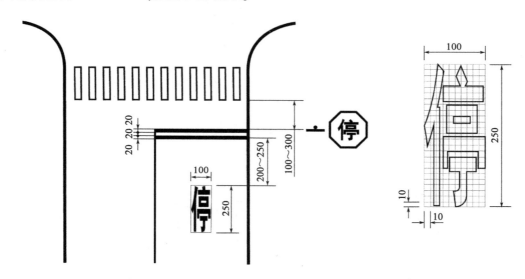

图2-23 停车让行线(尺寸单位：cm)

减速让行线表示车辆在此路口应减速让干道车辆先行。设有"减速让行"标志的路口，除路面条件无法施划标线外，均应设置减速让行标线。

减速让行线为两条平行的虚线和一个倒三角形，颜色为白色。双向行驶的路口，白色虚线长度应与对向车行道分界线连接；单向行驶的路口，白色虚线长度应横跨整个路面。虚线宽20cm，两条虚线间隔20cm。倒三角形底宽120cm，高300cm。

减速让行标线应设在有利于驾驶人观察路况的位置。当有人行横道线时，减速让行线应距人行横道线100~300cm，如图2-24所示。

(5) 网状线。

网状线用以标示禁止以任何原因停车的区域，视需要划设于易发生临时停车造成堵塞的交叉路口、出入口及其他需要设置的位置。

标线颜色为黄色，外围线宽20cm，内部网格线与外边框夹角为45°，内部网格线宽10cm，斜线间隔100~500cm，如图2-25所示。

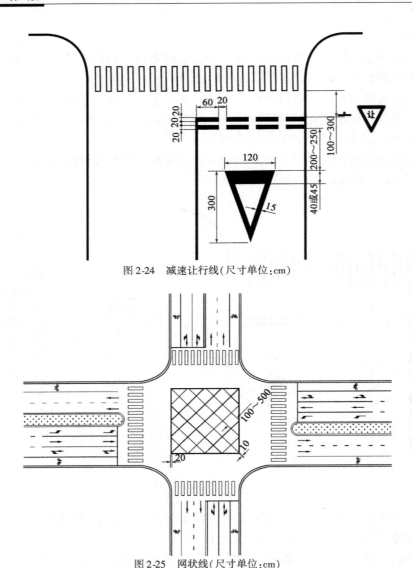

图 2-24 减速让行线(尺寸单位:cm)

图 2-25 网状线(尺寸单位:cm)

3）警告标线

在警告标线中，纵向标线包括路面(车行道)宽度渐变段标线、接近障碍物标线、铁路平交道口标线；横向标线包括减速标线；其他标线包括立面标记、实体标记。

因篇幅限制，本书主要对路面(车行道)宽度渐变段标线、立面标记的基本内容进行介绍，其他警告标线可参考现行《道路交通标志和标线》(GB 5768)中的相关内容。

(1)路面(车行道)宽度渐变段标线。

路面(车行道)宽度渐变段标线(图 2-26)用以警告车辆驾驶人路宽或车道数变化，应谨慎行车，并禁止超车，标线颜色为黄色。在路宽缩窄的一侧应配合设置窄路标志。

图 2-27 中，渐变段的长度 $L$ 按下式确定。

$$L = \begin{cases} \dfrac{V^2 W}{155} & (V \leq 60 \mathrm{km/h}) \\ 0.625 VW & (V > 60 \mathrm{km/h}) \end{cases}$$

式中:$L$——渐变段的长度(m);
$V$——设计车速(km/h);
$W$——变化宽度(m)。

$M_1$ 为安全停车视距,不同车速下其取值如表2-8所示。

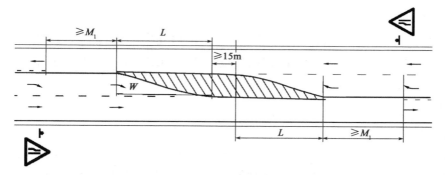

图2-26 车行道宽度渐变段标线

**安全停车视距取值表** 表2-8

| 速度(km/h) | 停车视距 $M_1$(m) |
|---|---|
| 120 | 210 |
| 100 | 160 |
| 80 | 110 |
| 60 | 75 |
| 50 | 55 |
| 40 | 40 |
| 30 | 30 |

注:表中没有包括的速度的视距值,可用内插或外插法求算。

(2)立面标记。

立面标记用以提醒驾驶人注意,在车行道或近旁有高出路面的构造物。可设在靠近道路净空范围的跨线桥、渡槽等的墩柱立面、隧道洞口侧墙端面及其他障碍物立面上,一般应涂至距路面2.5m以上的高度。标线为黄黑相间的倾斜线条,斜线倾角为45°,线宽均为15cm。设置时应把向下倾斜的一边朝向车行道,如图2-27所示。

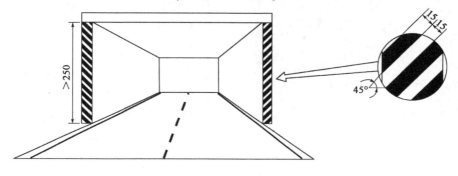

图2-27 立面标记(尺寸单位:cm)

## 二、隔离护栏

隔离护栏是沿着的路基边缘或中央隔离带设置的交通安全设施,是用物体对交通流进行强制性分离的交通安全设施,具有隔离、保护、导向和美化等作用。

1. 护栏的分类

护栏按照其安装的道路属性分类,可分为公路护栏和城市道路护栏;按照护栏的强度分类,可分为刚性护栏、半刚性护栏和柔性护栏;按照护栏的结构分类,可分为型钢护栏、钢缆护栏和混凝土护栏等。

2. 公路护栏

1)波形钢护栏

波形钢护栏(图2-28)是目前公路中最为常用的护栏形式,属于半刚性结构,具有较强的吸收碰撞能量的能力和较好的视线诱导功能,能与道路线形相协调,外形美观,可在小半径弯道上使用,损坏处容易更换。在车辆越出道(桥)外有可能造成严重后果的路段,可选择加强波形钢护栏。

图 2-28　波形钢护栏示意图

2)混凝土护栏

混凝土护栏(图2-29)防止车辆越出路(桥)外的效果较好,适用于窄的中央分隔带及路侧非常危险的路段。由于混凝土护栏几乎不变形,因而维修费用很低。但当车辆与护栏的碰撞角度较大时,对车辆和乘员伤害较大。因此这种护栏使乘客的安全感和视觉的舒适性较差,并有较强的行驶压迫感。

图 2-29　混凝土护栏示意图

3. 城市道路护栏

相对于公路而言,一般城市道路的车速相对较低,重型车辆比例较小,因此城市道路护栏(图2-30)的防撞要求没有公路护栏高,城市道路护栏的功能更倾向于分隔不同方向、不同形式的交通流,起到维持交通秩序、分离交通作用。

根据分隔车流的不同,城市道路护栏整体可以分为中央隔离栏、机非隔离栏、人非隔离栏。

图 2-30　城市道路护栏示意图

## 三、交通信号灯

如何设置交通信号灯

交通信号灯用于道路平面交叉路口,由红灯、绿灯、黄灯组成。红灯表示禁止通行,绿灯表示准许通行,黄灯表示警示。通过对车辆、行人发出行进或停止的指令,使各同时到达的人、车交通流尽可能地减少相互干扰,从而提高路口的通行能力,保障路口的畅通和安全。

1.交通信号灯的分类以及功能作用

根据《道路交通信号灯设置与安装规范》(GB 14886—2016)中的相关规定,交通信号灯分为:机动车信号灯、非机动车信号灯、人行横道信号灯、车道信号灯、方向指示信号灯、闪光警告信号灯、道路与铁路平面交叉道口信号灯。

1)机动车信号灯和非机动车信号灯(图 2-31)

机动车信号灯由红色、黄色、绿色三个几何位置分立的无图案圆形单元组成,指导机动车通行。

非机动车信号灯由红色、黄色、绿色三个几何位置分立的内有自行车图案的圆形单元组成的一组信号灯,指导非机动车通行。

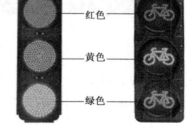

图 2-31　机动车信号灯和非机动车信号灯

基本通行规则如下:

(1)绿灯亮时,准许车辆通行,但转弯的车辆不得妨碍被放行的直行车辆、行人通行;

(2)黄灯亮时,已越过停止线的车辆可以继续通行;

(3)红灯亮时,禁止车辆通行。

在未设置非机动车信号灯和人行横道灯的路口,非机动车和行人应当按照机动车信号灯的表示通行。

红灯亮时,右转的车辆在不妨碍被放行的车辆、行人通行的情况下,可以通行。

2)人行横道信号灯(图 2-32)

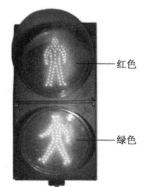

图 2-32　人行横道信号灯

人行横道信号灯每组由红、绿两个几何位置分立单元组成。红灯的透光面上有一个行人站立图案,绿灯则是一个行人行走图案。一般设在人流较多的重要交叉路口、路段。灯头面向车行道,与道路中心线垂直。

基本通行规则如下:

(1)绿灯亮时,准许行人通过人行横道;

(2)红灯亮时,禁止行人进入人行横道,但是已经进入人行横道的,可以继续通过或者在道路中心线处停留等候。

3)车道信号灯(图2-33)

车道信号灯由红色交叉形图案和绿色向下箭头图案组成。车道信号灯一般安装在需要单独指挥的车道上方,只对在该车道行驶的车辆起指挥作用,适用于交通信号区域控制或线控制的路口、路段以及收费站进入通道。

基本通行规则如下:

①绿色箭头灯亮时,准许本车道车辆按指示方向通行;

②红色叉形灯或者箭头灯亮时,禁止本车道车辆通行。

4)方向指示信号灯(图2-34)

同一方向红、黄、绿三色方向指示信号灯应由三个几何位置分立单元组成。方向指示信号灯的箭头方向向左、向上、向右分别表示左转、直行、右转。

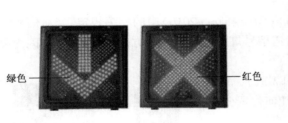

图2-33 车道信号灯

图2-34 方向指示信号灯

基本通行规则如下:

(1)方向指示信号灯的箭头方向向左、向上、向右分别表示左转、直行、右转。

(2)方向指示信号灯的颜色遵循机动车信号灯的通行原则。

5)闪光警告信号灯(图2-35)

闪光警告信号灯为单一的黄色显示单元。黄色、无图案,工作状态为持续闪烁。

图2-35 闪光警告信号灯

基本通行规则如下:

(1)提示车辆、行人通行时注意瞭望,确认安全后通过。

(2)只具有警示作用,不承担指挥功能。其设置地点应为没有灯控的路口或路段。

6)道路与铁路平面交叉道口信号灯(图2-36)

道路与铁路平面交叉道口信号灯,由两个红色单元或一个红色单元组成。

基本通行规则如下：
(1)有两个红灯交替闪烁或者一个红灯亮时，表示禁止车辆、行人通行；
(2)红灯熄灭时，表示允许车辆、行人通行。

2.交通信号灯控制的相关问题

(1)在道路上指挥交通的交通警察发出的信号是高于其他信号的行停规定。

(2)交通信号灯的含义与禁令交通标志、指示交通标志的含义不一致时，要遵守禁令交通标志、指示交通标志的规定。如绿灯亮时，准许车辆左转弯，但路口外设有禁止左转弯标志时，则以禁令标志为准；又如绿灯亮时，准许车辆直行，但路口外设有只准车辆左转弯的指示标志，则以指示标志为准，车辆不准直行。

(3)T形路口右边无横道的直行车辆，如遇到红灯，不管是否妨碍被放行车辆和行人通行，均不得通行。

图 2-36　道口信号灯

(4)绿灯亮时(机动车信号灯)，准许通行的直行车辆与转向车辆的路权优先问题。

绿灯表示准许通行，这是《中华人民共和国道路交通安全法》的规定。但是在没有设置专门的方向指示灯场合，转向的车辆和直行的车辆就会发生交叉冲突，《中华人民共和国道路交通安全法实施条例》实行了转向让直行的原则。

(5)绿灯亮时(机动车信号灯、两相位控制方式时)，准许通行的左转向车辆和红灯亮时可以通行的右转车辆，与被放行的行人的路权优先问题。针对上述场合，《中华人民共和国道路交通安全法实施条例》第三十八条，均做出"不得妨碍"行人的明确要求，即被放行的行人路权优先。

3.信号灯设置的判断条件

1)路口机动车信号灯设置的判断条件

路口机动车信号灯设置时主要考虑路口类型、交通流量和交通事故状况等条件，在设置信号灯时，应配套设置相应的道路交通标志、标线和交通技术监控设备。

(1)路口类型条件。

城市道路主干路与主干路或次干路平交的路口，应设置信号灯。其他符合《城市道路交叉口规划规范》(GB 50647—2011)规划、设计的平 A1 类、平 A2 类的路口，也应设置信号灯。

一级公路与一级公路平交的路口，应设置信号灯。其他符合《公路路线设计规范》(JTG D20—2017)采用信号交通管理方式设计的路口，也应设置信号灯。平面交叉路口的安全停车视距三角形限界内有妨碍机动车驾驶人视线的障碍物时，宜设置信号灯。

(2)交通流量条件。

交通流量条件1：当路口机动车高峰小时流量超过表 2-9 所列数值时，应设置信号灯。

路口机动车高峰小时流量　　　　　　　　　　　　表 2-9

| 主要道路单向车道数(条) | 次要道路单向车道数(条) | 主要道路双向高峰小时流量(pcu/h) | 流量较大次要道路单向高峰小时流量(pcu/h) |
|---|---|---|---|
| 1 | 1 | 750 | 300 |
|  |  | 900 | 230 |
|  |  | 1200 | 140 |

续上表

| 主要道路单向车道数(条) | 次要道路单向车道数(条) | 主要道路双向高峰小时流量(pcu/h) | 流量较大次要道路单向高峰小时流量(pcu/h) |
| --- | --- | --- | --- |
| 1 | ≥2 | 750 | 400 |
| 1 | ≥2 | 900 | 340 |
| 1 | ≥2 | 1200 | 220 |
| ≥2 | 1 | 900 | 340 |
| ≥2 | 1 | 1050 | 280 |
| ≥2 | 1 | 1400 | 160 |
| ≥2 | ≥2 | 900 | 420 |
| ≥2 | ≥2 | 1050 | 350 |
| ≥2 | ≥2 | 1400 | 200 |

注:1. 主要道路指两条相交道路中流量较大的道路。
  2. 次要道路指两条相交道路中流量较小的道路。
  3. 车道数以路口 50m 以上的渠化段或路段数计。
  4. 在统计次要道路单向流量时应取每一个流量统计时间段内两个进口的较大值累计。
  5. pcu 指当量小汽车。

交通流量条件2:当路口任意连续 8h 的机动车平均小时流量超过表 2-10 所列数值时,应设置信号灯。

**路口任意连续 8h 机动车平均小时流量**   表 2-10

| 主要道路单向车道数(条) | 次要道路单向车道数(条) | 主要道路双向任意连续8h平均小时流量(pcu/h) | 流量较大次要道路单向任意连续8h平均小时流量(pcu/h) |
| --- | --- | --- | --- |
| 1 | 1 | 750 | 75 |
| 1 | 1 | 500 | 150 |
| 1 | ≥2 | 750 | 100 |
| 1 | ≥2 | 500 | 200 |
| ≥2 | 1 | 900 | 75 |
| ≥2 | 1 | 600 | 150 |
| ≥2 | ≥2 | 900 | 100 |
| ≥2 | ≥2 | 600 | 200 |

(3)交通事故条件。

对 3 年内平均每年发生 5 次以上交通事故的路口,从事故原因分析通过设置信号灯可避免发生事故的,应设置信号灯。对 3 年内平均每年发生 1 次以上死亡交通事故的路口,也应设置信号灯。

在交通流量条件1、交通流量条件2 及交通事故条件这三个条件中,有两个或两个以上条件达到 80% 时,路口应设置信号灯。

对于畸形路口或多路交叉的路口,应进行合理交通渠化后设置信号灯。

在不满足交通流量条件1、交通流量条件2 及交通事故条件这三个条件中,有两个或两个以上条件达到80%的路口,但在交通信号控制系统协调控制范围内的或因行人和非机动车通行易造成路口拥堵或交通事故时,可设置信号灯。

2)路口非机动车信号灯设置的判断条件

非机动车驾驶人在路口距停车线25m范围内不能清晰视认用于指导机动车通行的信号灯的显示状态时,应设置非机动车信号灯。

对于机动车单行线上的路口,在与机动车交通流相关的进口应设置非机动车信号灯。

非机动车交通流与机动车交通流通行权有冲突的,可设置非机动车信号灯。

3)路口人行横道信号灯设置的判断条件

在采用信号控制的路口,已施划人行横道标线的,应设置人行横道信号灯。

行人与车辆交通流通行权有冲突的,可设置人行横道信号灯。

4)路段人行横道信号灯和机动车信号灯设置的条件

路段人行横道信号灯的设置需考虑交通流量和交通事故的条件。

交通流量条件:路段机动车和行人高峰小时流量超过表2-11所规定数值时,应设置人行横道信号灯和相应的机动车信号灯。

**路段机动车和行人高峰小时流量**　　　　表2-11

| 路段双向车道数(条) | 路段机动车高峰小时流量(pcu/h) | 行人高峰小时流量(人次/h) |
| --- | --- | --- |
| <3 | 600 | 460 |
|  | 750 | 390 |
|  | 1050 | 300 |
| ≥3 | 750 | 500 |
|  | 900 | 440 |
|  | 1250 | 320 |

路段任意连续8h的机动车和行人平均小时流量超过表2-12所规定数值时,应设置人行横道信号灯和相应的机动车信号灯。

**路段任意连续8h机动车和行人平均小时流量**　　　　表2-12

| 路段双向车道数(条) | 任意连续8h的机动车平均小时流量(pcu/h) | 任意连续8h的行人平均小时流量(人次/h) |
| --- | --- | --- |
| <3 | 520 | 45 |
|  | 270 | 90 |

交通事故条件:对3年内平均每年发生5次以上交通事故,从事故原因分析通过设置信号灯可避免发生事故的路段,应设置人行横道信号灯和相应的机动车信号灯。对3年内平均每年发生1次以上死亡交通事故的路段,也应设置人行横道信号灯和相应的机动车信号灯。

4. 信号灯组合形式

1)机动车信号灯和方向指示信号灯

机动车信号灯和方向指示信号灯的安装和排列有严格的规定,机动车信号灯、方向指示信号灯、非机动车信号灯竖向安装时,灯色排列顺序由上向下应为红、黄、绿;横向安装时,灯色排列顺序由左到右为红、黄、绿。人行横道信号灯应采用竖向安装,上红、下绿。

根据《道路交通信号灯设置与安装规范》(GB 14886—2016)中的相关规定,机动车信号灯和方向指示信号灯的各种排列顺序、说明如表 2-13 所示。

机动车信号灯和方向指示信号灯组合表　　　　表 2-13

| 组合名称 | 排列顺序 | 说　明 | 图　示 |
|---|---|---|---|
| 常规组合 1 | 竖向安装,从上向下应为红、黄、绿 | 常用组合。通常用于左转车辆较少、不需要设置左转控制相位的路口,或用于直行和左转车道共用的路口。<br>机动车信号灯中绿灯亮表示,准许车辆通行,但转弯的车辆不得妨碍被放行的直行车辆、行人通行;机动车信号灯的红灯亮表示,禁止车辆通行,但右转的车辆在不妨碍被放行的车辆和行人通行的情况下,可以通行。 | |
| | 横向安装,由左至右应为红、黄、绿 | | |
| 常规组合 2 | 竖向安装,分为两组;左边一组为左转方向指示信号灯,从上向下应为红、黄、绿;右边一组为机动车信号灯,从上向下应为红、黄、绿 | 常用组合。通常用于设有左转专用导向车道且左转车辆较多,需设置独立的左转控制相位的路口。<br>机动车信号灯的绿灯亮,左转方向指示信号灯的红灯亮表示:直行和右转方向可通行,左转禁行;<br>机动车信号灯中红灯亮,左转方向指示信号灯的绿灯亮表示:左转方向可通行,直行禁行,右转弯的车辆在不妨碍被放行的车辆、行人通行的情况下,可以通行;<br>方向指示信号灯的绿色发光单元不得与机动车信号灯的绿色发光单元同亮;<br>允许左转方向指示信号灯中所有发光单元均熄灭,此时相当于常规组合 1 | |
| | 横向安装,分为两组;左边一组为左转方向指示信号灯,从左到右应为红、黄、绿;右边一组为机动车信号灯,从左到右应为红、黄、绿 | | |
| 特殊组合 1 | 竖向安装,分为两组;左边一组为机动车信号灯,从上向下应为红、黄、绿;右边一组为右转方向指示信号灯,从上向下应为红、黄、绿 | 较少使用。仅用于城市中心区或商业区行人/非机动车较多,且设有右转专用车道的路口,用于单独控制右转车辆。<br>机动车信号灯的绿灯亮,右转方向指示信号灯的红灯亮表示:直行和左转方向可通行,右转禁行;<br>机动车信号灯中红灯亮,右转方向指示信号灯的绿灯亮表示:直行和左转禁行,右转方向可通行,方向指示信号灯中绿色发光单元不得与机动车信号灯中绿色发光单元同亮;<br>允许右转方向指示信号灯中所有发光单元均熄灭,此时相当于常规组合 1 | |
| | 横向安装,分为两组;左边一组为机动车信号灯,从左到右应为红、黄、绿;右边一组为右转方向指示信号灯,从左到右应为红、黄、绿 | | |

续上表

| 组合名称 | 排列顺序 | 说明 | 图示 |
|---|---|---|---|
| 特殊组合2 | 竖向安装,分为三组:左边一组为左转方向指示信号灯,从上向下应为红、黄、绿;中间一组为机动车信号灯,从上向下应为红、黄、绿;右边一组为右转方向指示信号灯,从上向下应为红、黄、绿 | 较少使用。仅用于城市中心区或商业区行人/非机动车较多,且独立设有左转专用车道和右转专用车道的路口,用于单独控制左转和右转车辆。<br>机动车信号灯的绿灯亮,左转和右转方向指示信号灯的红灯亮表示:直行方向可通行,左转右转禁行;<br>机动车信号灯和右转方向指示信号灯的红灯亮,左转方向指示信号灯的绿灯亮表示:左转方向可通行,直行和右转禁行;<br>方向指示信号灯的绿色发光单元不得与机动车信号灯的绿色发光单元同亮;<br>允许右转方向指示信号灯中所有发光单元均熄灭,此时相当于常规组合2;<br>允许左转方向指示信号灯中所有发光单元均熄灭,此时相当于特殊组合1;<br>允许左转和右转方向指示信号灯中所有发光单元均熄灭,此时相当于常规组合1 | |
| | 横向安装,分为三组:左边一组为左转方向指示信号灯,从左到右应为红、黄、绿;中间一组为机动车信号灯,从左到右应为红、黄、绿;右边一组为右转方向指示信号灯,从左到右应为红、黄、绿 | | |
| 特殊组合3 | 竖向安装,采用左、直、三组方向指示信号灯,信号灯排列顺序由上向下应为红、黄、绿 | 极少使用(一般特殊组合2可替代)。仅适用于独立设有左转专用车道和右转专用车道,需全天24h对左转、直行和右转进行多相位控制的路口,同时应设置非机动车信号灯和人行横道信号灯,确保方向指示信号灯所指挥的交通流与其他交通流的通行权不冲突。<br>禁止用于两相位控制。若夜间或其他时段需采用两相位的信号控制方式时,不宜采用此类特殊组合 | |
| | 横向安装,采用左、直、三组方向指示信号灯,信号灯排列顺序由左至右应为红、黄、绿 | | |

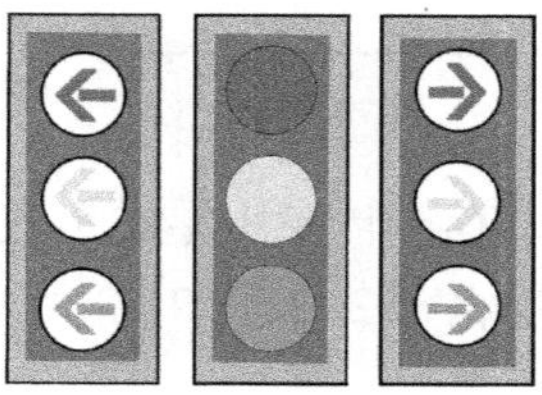

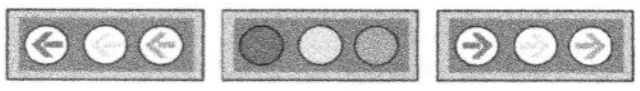

左转车辆较少、不需要设置左转相位的路口,或直行和左转车道共用的路口,应选择设置表 2-13 的常规组合 1,如图 2-37 所示。

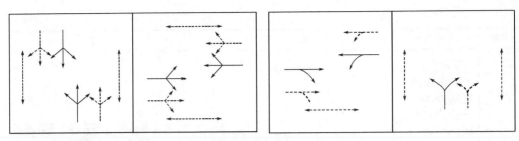

图 2-37 常规组合 1 应用示例

设有左转专用导向车道,且左转车流较大需设置左转相位单独放行的路口,应选择表 2-13 的常规组合 2,如图 2-38 所示。

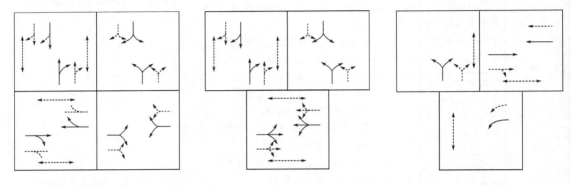

图 2-38 常规组合 2 应用示例

设有右转专用导向车道的路口,需通过控制右转车辆来减少对被放行的车辆、行人的影响时,宜选择表 2-13 的特殊组合 1,如图 2-39 所示。

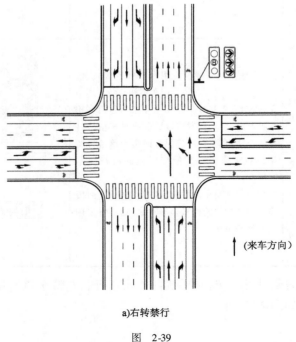

a)右转禁行

图 2-39

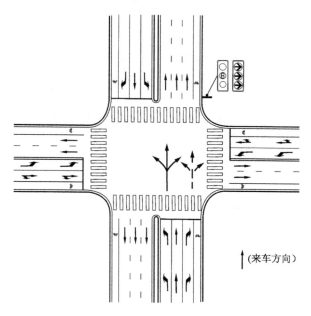

b) 右转允许通行（右转方向指示灯熄灭）

图 2-39　特殊组合 1 应用示例

在设有左转和右转专用导向车道，且需要单独放行左转和控制右转车辆的路口，可选择表 2-13 的特殊组合 2，如图 2-40 所示。

需全天 24h 均采用对左转、直行、右转分别控制的多相位控制方式的路口，可选择表 2-13 的特殊组合 2 和特殊组合 3，如图 2-41 所示。

在设置专用掉头机动车道的路口，需对掉头机动车进行控制时，可在表 2-13 所列组合基础上增设掉头信号灯。

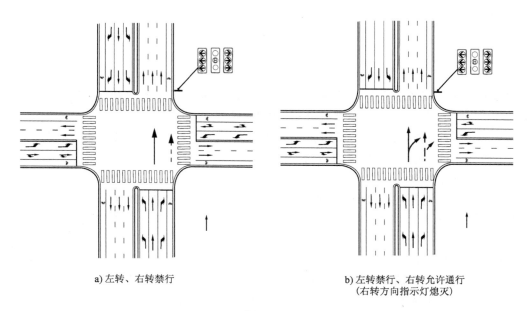

a) 左转、右转禁行　　　　　　　　b) 左转禁行、右转允许通行
　　　　　　　　　　　　　　　　　（右转方向指示灯熄灭）

图　2-40

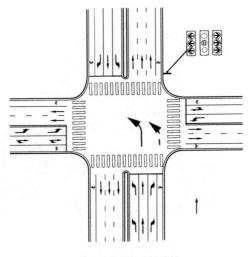

c) 左转通行、右转禁行

图 2-40　特殊组合 2 应用示例

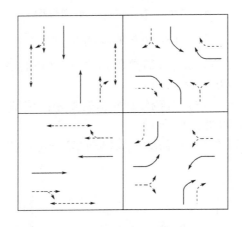

图 2-41　特殊组合 3 应用示例

  在设置公交车辆或快速公交系统（BRT）、有轨电车等专用车道的路口，需对公交车辆或 BRT、有轨电车等进行信号优先控制或单独控制时，可设置专用信号灯。

  在表 2-13 的常规组合 2 和特殊组合 1、特殊组合 2 中，当不需要单独控制转向时，方向指示信号灯可熄灭或切换为机动车信号灯，如图 2-42 所示。

2）非机动车信号灯

不需要单独控制左转非机动车交通流时，可设置一组非机动车信号灯。

需要单独控制左转非机动车交通流时，应同时设置两组，左边一组为左转非机动车信号灯。

3）匝道控制信号灯

在入口匝道的起始端设置信号灯时，应根据车道数设置车道信号灯。

在入口匝道的汇入端设置信号灯时，应设置机动车信号灯。

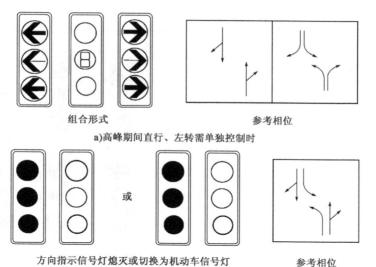

图 2-42 方向指示信号灯切换应用示例

## 5. 信号灯亮灯规则

根据《道路交通信号灯设置与安装规范》(GB 14886—2016)中的相关规定,信号灯灯色转换如表 2-14 所示。

信号灯灯色转换 表 2-14

| 信号灯类型 | 亮灯顺序 | 图 示 |
|---|---|---|
| 机动车信号灯 | 红→绿→黄→红 | |
| 方向指示信号灯 | 红→绿→黄→红 | |
| | 红→所有灯熄灭→黄→红 | |

续上表

| 信号灯类型 | 亮灯顺序 | 图　示 |
|---|---|---|
| 掉头信号灯 | 红→绿→黄→红 | |
| 非机动车信号灯 | 红→绿→黄→红 | |
| 人行横道信号灯 | 红→绿→绿灯闪烁→红 | （闪烁） |
| 车道信号灯 | 红色叉形→绿色向下箭头→红色叉形 | |

6. 信号灯安装数量和位置

1）基本原则

对应于路口某进口，可根据需要安装一个或多个信号灯组。一个信号灯组合应当设置在同一支撑杆件或固定设施上。路口信号灯采用悬臂式或柱式安装时，可安装在出口左侧、出口上方、出口右侧、进口左侧、进口上方和进口右侧。若只安装一个信号灯组，应安装在出口处。

安装在出口处的信号灯组合中某组信号灯指示车道较多，所指示车道从停车线至停车线后 50m 不在以下 3 种范围内时，应相应增加一组或多组信号灯：

(1) 无图案宽角度信号灯基准轴左右各 10°，如图 2-43 所示。

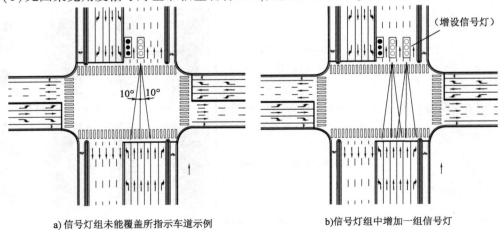

a) 信号灯组未能覆盖所指示车道示例　　　b) 信号灯组中增加一组信号灯

图 2-43　信号灯组中增设信号灯示例

(2)无图案窄角度信号灯基准轴左右各 5°。
(3)图案指示信号灯基准轴左右各 10°。

路口某个进口设置多个相同行进方向的车道但不相邻时,可增加一组或多组该方向的信号灯,如图 2-44 所示。

路段上设置的机动车信号灯距离停止线较近,不便于驾驶人观察时,宜在信号灯立杆上附着增加设置信号灯,如图 2-45 所示。

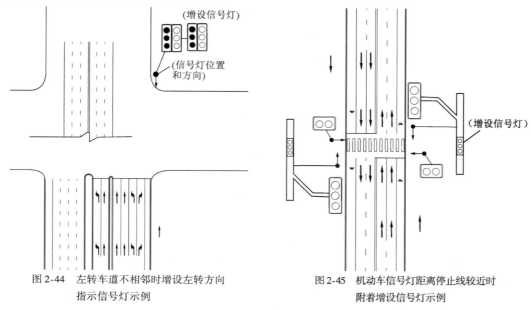

图 2-44 左转车道不相邻时增设左转方向指示信号灯示例

图 2-45 机动车信号灯距离停止线较近时附着增设信号灯示例

停止线与信号灯的距离大于 50m 的,或道路路段双向四车道的,宜增设信号灯组合,如图 2-46 所示。

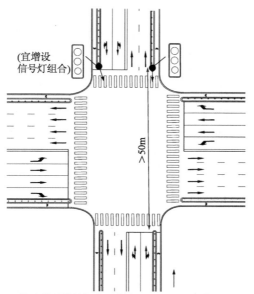

图 2-46 停止线距信号灯的距离大于 50m 时增设信号灯组合示例

道路路段为双向六车道及以上的,应增设至少一个信号灯组合,如图2-47所示。

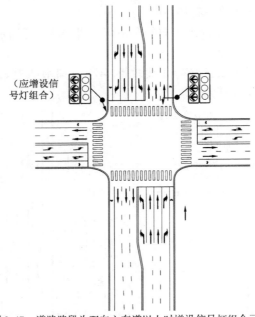

图2-47 道路路段为双向六车道以上时增设信号灯组合示例

2)机动车信号灯和方向指示信号灯安装位置

在未设置机动车道与非机动车道隔离带的路口,信号灯安装位置要求如下:

(1)信号灯灯杆宜安装在出口路缘线切点附近,如图2-48所示。

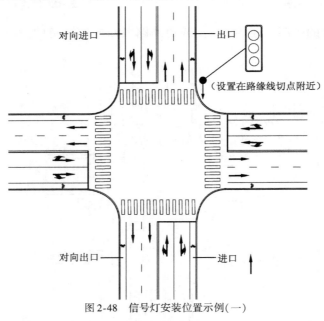

图2-48 信号灯安装位置示例(一)

(2)当道路较宽时,可根据需要在对向进口道右侧人行道上增设一个信号灯组合,如图2-49所示的2号位置;若设有中央隔离带,可根据需要在中央隔离带内增设一个信号灯组合,如图2-50所示的2号位置。

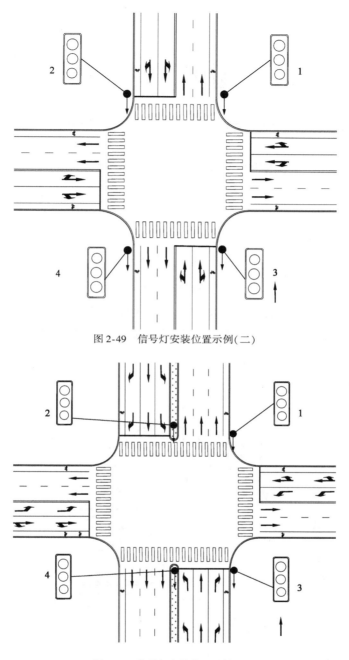

图 2-49 信号灯安装位置示例(二)

图 2-50 信号灯安装位置示例(三)

(3) 当停止线与信号灯的距离较远或路段限速 60km/h 以上时,可根据实际需要,在进口道右侧增设一个信号灯组合,如图 2-49 和图 2-50 所示的 3 号位置;必要时可在对向出口道人行道上或中央隔离带上再增设一个信号灯组合,如图 2-49 和图 2-50 所示的 4 号位置。

(4) 当道路较窄(机动车和非机动车道路总宽 12m 以下)、信号灯采用柱式安装时,应在道路出口两侧人行道上各安装一个信号灯组合,如图 2-51 所示。

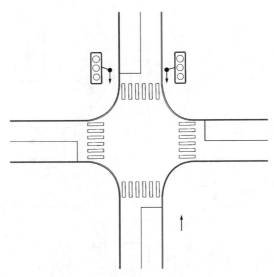

图 2-51　信号灯安装位置示例(四)

在设置有机动车道和非机动车道隔离带的路口,信号灯安装位置要求如下:

(1)在隔离带的宽度允许情况下,信号灯灯杆宜安装在出口机非隔离带缘头切点向后 2m 以内,如图 2-52 所示。

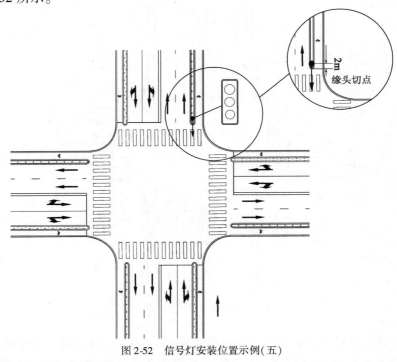

图 2-52　信号灯安装位置示例(五)

(2)当道路较宽时,可根据需要在对向进口道右侧机非隔离带内增设一个信号灯组合,如图 2-53 所示的 2 号位置;若设有中央隔离带,可根据需要在中央隔离带内增设一个信号灯组合,如图 2-54 所示的 2 号位置。

(3)当停止线与信号灯的距离较远或路段限速 60 km/h 以上时,可根据实际需要,在进口道右侧隔离带内增设一个信号灯组合,如图 2-53 和图 2-54 所示的 3 号位置;必要时可在对向出口道右侧隔离带或中央隔离带内再增设一个信号灯组合,如图 2-53 和图 2-54 所示的 4 号位置。

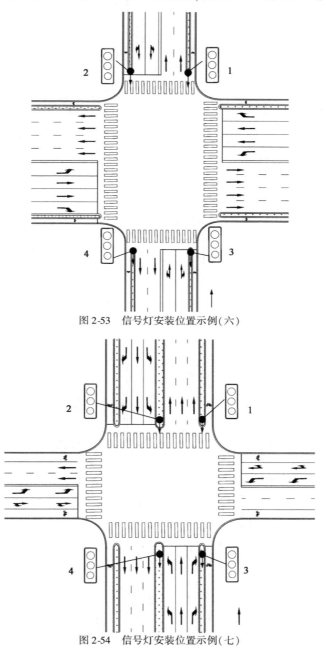

图 2-53　信号灯安装位置示例(六)

图 2-54　信号灯安装位置示例(七)

(4)当机动车行车道较窄(宽度 10 m 以下)、信号灯采用柱式安装时,可在出口道两侧机动车道和非机动车道隔离带内各安装一个信号灯组合,如图 2-55 所示。

(5)若隔离带宽度较窄,可采用悬臂式安装在道路右侧人行道上,如图 2-56 所示。

在城市快速路、高等级公路上,当需要控制驶入匝道的车辆时,应在入口匝道的起始端设置车道信号灯,如图 2-57 所示。

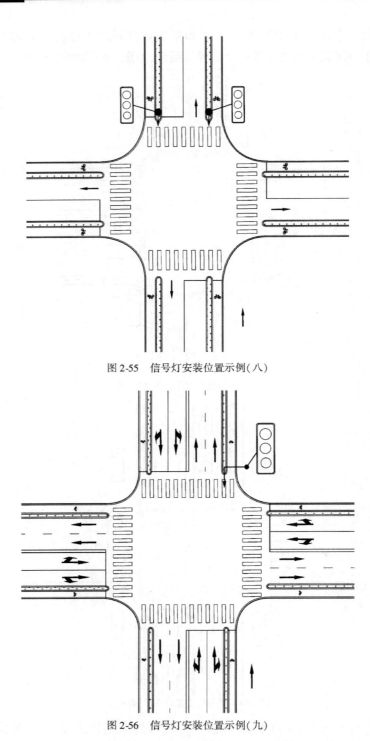

图 2-55 信号灯安装位置示例(八)

图 2-56 信号灯安装位置示例(九)

当需要控制匝道汇入主线的车辆时,应在入口匝道汇入端设置机动车信号灯,并配合施划相应的停止线,如图 2-58 所示。

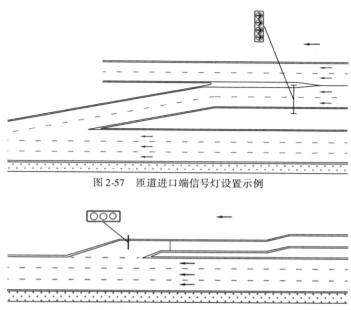

图 2-57　匝道进口端信号灯设置示例

图 2-58　匝道出口端信号灯设置示例

## 四、电子警察

1. 电子警察的定义及分类

电子警察是采用车辆自动检测、光电成像、自动控制、网络通信、计算机等现代高新技术,对机动车闯红灯、超速、不按道行驶、逆行等多种交通违法行为进行监控摄像管理的系统。电子警察交通违法抓拍设备主要由车辆检测单元、图像采集单元、数据处理存储单元、传输单元、辅助照明单元组成。

电子警察根据功能不同,可分为闯红灯型电子警察、车辆超速型电子警察、不按道行驶型电子警察和逆向行驶型电子警察。在新型电子警察中,闯红灯型电子警察还可识别车辆在进口道导向车道处是否按导向箭头行驶。

2. 电子警察设置原则

闯红灯电子警察设置原则:信号灯控制路口各进口车道处均应设置闯红灯电子警察,如图 2-59 所示。

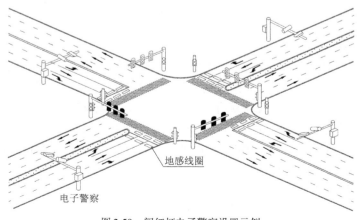

图 2-59　闯红灯电子警察设置示例

车辆超速电子警察设置原则:在车速快、事故多发、交通违法超速情况普遍、群众反映比较多的路段应设置车辆超速电子警察监控。

不按道行驶型和逆向行驶型电子警察设置原则:根据城市交通管理的规定,在规定路段或区域,为避免车辆交通违法而设置的不按道行驶型和逆向行驶型电子警察。

## 五、交通诱导系统

如何设置智能交通诱导设施

### 1. 交通诱导系统的定义及分类

交通诱导系统通过实时接收交通路况信息,按照诱导策略生成诱导信息,并及时发布到路面交通诱导屏(可变信息情报板),从而有效地对出行车辆进行诱导,提高现有道路的使用率,实现路网交通流的均衡分配,为出行车辆和交通管理提供服务。

交通诱导屏按分级诱导功能划分,可分为一级诱导屏、二级诱导屏和三级诱导屏三类,如图2-60所示。其中:

一级诱导屏是指全LED双基色诱导屏或者大型简易屏,或全LED三基色诱导屏,主要发布大范围的交通信息,为车辆跨区间的长距离出行进行战略诱导,引导其绕开拥挤道路,减轻拥挤道路的压力。

二级诱导屏是指"田"字形、"井"字形、"口"字形及复合式的简易屏,主要发布信息的范围为前方2~4个交通单元及相交道路2~4个交通单元的道路交通状况。

三级诱导屏是指"十"字形或"Y"字形小型简易屏,"十"字形小型简易屏发布的信息为正前方最近的路口各个方向道路交通状况,"Y"字形小型简易屏发布前面辅道及主道1~2个交通单元内的道路交通状况。

a) 一级诱导屏

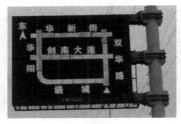
b) 二级诱导屏

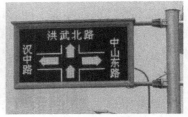
c) 三级诱导屏

图2-60 各级诱导屏示意图

### 2. 交通诱导屏设置原则

诱导屏设置地点对诱导效果有比较大的影响,必须根据实际的交通分析选择,首先根据近期系统功能定位选择分流点,其次根据所选分流点进行具体设置,具体设置原则如下:

(1) 需根据整体分析确定要设置诱导屏的分流点,保证诱导的连续性。

(2) 必须在分流点前提前100~500m区间进行设置,以便给驾驶人充分的路线选择时间。

(3) 应设置在交通状况比较简单的区域,避免设置在交通流交织或交会的区间。

(4) 诱导屏设置地点要求视线良好,无遮挡物。

(5) 诱导屏设置必须考虑与静态交通标志的配合。

## 六、停车诱导系统

1. 交通诱导系统的定义及分类

停车诱导系统是通过智能探测技术，与分散在各处的停车场实现联网数据上传，以多级信息发布为载体，实时提供停车场(库)的位置、车位数、空满状态等信息，指引驾驶人停车的系统。它对于调节停车需求在时间和空间分布上的不均匀、提高停车设施使用率、减少由于寻找停车场而产生的道路交通、减少为了停车造成的等待时间、提高整个交通系统的效率、改善停车场的经营条件以及增加商业区域的经济活力等方面均有重要的作用。

根据停车系统需求分析，停车诱导系统包含三个层次含义：

(1)出行者获取目的地交通、停车状况，结合出行目的，选择出行方式。

(2)行驶途中，驾驶人及时得到目的地交通状况、车位资源占用情况，采取对自己最有利的行车、停车方案。

(3)进入停车场周边区域，根据本区域内的停车场状况，选择停车场顺利停车入位，或根据空满状态选择等候或是驶离。

停车诱导系统目的在于促进停车场及周边道路的有效利用，通过多种可识别方式向驾驶人提供停车场的位置、使用状况、行驶路径以及相关道路交通状况等信息，诱导驾车出行者最直接、有效地找到停车场。停车诱导信息系统的配置主要体现四方面的功效：

(1)减少使用者对停车场的寻找时间，减少车辆因搜索泊位产生的无效低速行驶，降低城市环境污染。

(2)减少部分道路交通流，避免由于等候或寻找停车泊位造成的无效行驶，有助于维护交通秩序。

(3)整合信息化停车资源，提高使用者便利性和停车场的使用效率。

(4)调节驾车出行者的车内情绪，缓解他们因寻求泊位可能产生的焦虑、急躁情绪，减少违章停车行为，降低交通安全隐患。

停车诱导系统由停车场泊位数据信息采集系统、停车诱导中央系统和泊位信息发布系统三部分组成。

停车场泊位数据信息采集系统首先采集各个停车场的车位实时数据，然后通过通信传输网络系统将各个停车场的车位实时数据传输到城市道路交通监控中心，经过停车诱导中央系统处理后，再通过通信传输网络系统发布到泊位信息发布系统，给驾驶人提供实时停车依据。

2. 停车诱导屏的设计原则

停车诱导屏的设计内容包括诱导标志的形状、大小、颜色。停车诱导屏作为交通语言的一部分，设计时应符合现行国家标准《道路交通标志和标线》(GB 5768)的相关要求，基本的设计原则如下：

(1)醒目度：能在要求的认读距离以外吸引驾驶人员的注意，能在标志所处的背景中清晰显示出来。

(2)易读性：能在瞬间理解其含义。

(3)公认度：要易于被不同的人员理解。

3. 停车诱导屏设置的基本原则

停车诱导屏的设置需要详细分析区域的路网概况、道路类型及道路交通特征。调查驾车出行者的起讫点(OD)分布,确定道路上的停车车流大小。按照区域上从外到内,诱导标志从概括到具体的原则确定诱导屏的安置位置。停车诱导屏的设置原则为:

(1)分层次:根据诱导目的的不同,按照一定层次分别发布,使其各自发挥作用,设置的位置距离停车场远近也不同。

(2)间隔合理:各个诱导标志设置地点之间有合适的距离,在具体实施时,可以分层次布置。

(3)疏密有序:根据路段不同,需求大小不同,在不同区域选择不同数量、不同地点进行设置。

实际设置时,需针对区域交通和停车场库布局的实际情况,在进入核心区的主干道上的关键交叉口设置一级诱导标志,然后分区域、分层次向内推进,直至引导车辆到达目的停车场。停车诱导信息分级原理如图 2-61 所示。

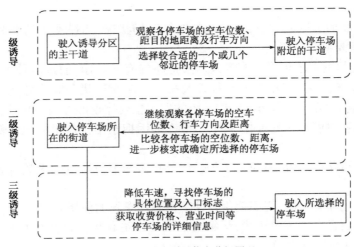

图 2-61 停车诱导信息分级原理

诱导屏的设置根据其所服务的停车场范围来决定,具体布设时,还应考虑到:

(1)停车诱导屏最主要的作用是使得驾驶人按照引导信息及时选择道路,从而起到交通分流的作用,即诱导交通流的作用。因此诱导屏的选址要使得驾驶人能在足够的时间内看到诱导屏并进行道路改选,并且保证驾驶人视觉通畅,诱导屏前不得有遮挡物,影响驾驶人快速识读发布内容。

(2)根据道路交通流特征选择诱导屏安装位置,一般来说,诱导屏应设置于交通流重大集散点、经常发生拥堵的路段上游,以及重要交通干道和重点路段的上游。

4. 停车诱导屏的设置方法

停车泊位信息发布系统主要通过停车诱导屏进行泊位信息发布,停车诱导屏按照诱导作用划分可分为区域级信息发布牌(一级诱导显示屏)、片区级信息发布牌(二级诱导显示屏)、停车场级信息发布牌(三级诱导显示屏)三种类型,三类诱导屏的具体形式及版面内容示意如下:

(1)一级诱导屏(图 2-62)。

一级诱导屏为图形类信息诱导屏,设置在进入该区域的主要道路上,在面板上简明标记该区域内主要停车场的分布、动态可用泊位数、行车方向（行车路线）等信息。其主要目的是对停车者进行总体信息的诱导，使停车者对该区域的停车状况有一个初步的了解。具体内容为停车标志 P、区域路网图、停车场的位置与名称、空车位数、驾驶人所处位置及行车方向。对于目的地是此区域的停车者，可以预先进行路径选择。

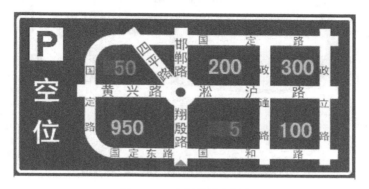

图 2-62　一级诱导屏示意图

（2）二级诱导屏（图 2-63）。

二级诱导屏设置在目标停车场周围主要路段或者交叉口附近，采用文字类信息诱导屏。根据周边停车场的分布，可一块或多块二级诱导屏结合对停车者进行诱导。目的是进行进一步诱导，为停车者提供周边街道内停车场的可利用泊位数、行车方向及行车距离。具体内容为停车标志 P、停车场名称、空车位数、行车方向及距离。停车者根据自己的出行目的地，可以从二级诱导屏上比较方便地选择目的地邻近的几个停车场，根据其车位使用情况做出停放车判断。

图 2-63　二级诱导屏示意图

（3）三级诱导屏（图 2-64）。

三级诱导屏也称为停车场入口发布屏，设置在停车场入口附近，采用文字类信息诱导屏，目的是诱导停车者进入停车场。该级诱导屏向停车者提供该停车场更详细的信息，具体内容为停车标志 P、停车场名称、当前空车位数、开放时间、收费价格、受限高度等信息。

图 2-64　三级诱导屏示意图

（4）设置示例。

三级诱导屏的具体设置可用图 2-65 进行示例。

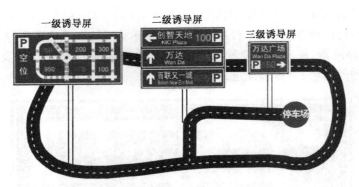

图 2-65 三级诱导屏设置示意图

# 第三节 智慧交通设施

## 一、概述

随着现代化信息技术的发展,交通运输行业的规模不断扩大,为优化交通运输管理,加快智慧城市建设,产生了智慧交通的概念。智慧交通是在新一代信息技术和知识经济加速发展背景下,以互联网、物联网等网络组合为基础,以信息技术高度集成、信息资源综合应用为主要特征,以智慧路网、智慧装备、智慧出行、智慧物流、智慧管理为重要内容的交通发展新模式。

在未来城市的交通发展中,智慧道路的建设包括智慧公交、智慧停车、智慧灯杆等方面。随着《交通强国建设纲要》的出台,大力发展智慧交通,推动大数据、互联网、人工智能、区块链、超级计算等新技术与交通行业深度融合成为建设交通强国的重要抓手。为此,国家与地方政府出台了相应的政策文件来推进智慧交通的建设发展,如《交通运输行业智能交通发展战略(2012—2020年)》《关于推动交通运输领域新型基础设施建设的指导意见》《国家综合立体交通网规划纲要》等。

智慧交通的发展与智慧交通设施的建设息息相关。2020年4月20日,国家发展改革委首次明确"新基建"范围,为智慧交通带来新的前景和机遇。

## 二、智慧停车

智慧停车是指将无线通信技术、移动终端技术、高精度定位技术、物联网、大数据、云计算、人工智能等技术综合应用于城市停车信息的采集、处理、管理、分析和应用,为管理单位和公众用户提供智慧化停车服务的信息系统,其目的是实现停车位资源利用率的最大化、停车场效益的最大化和车主停车服务的最优化。

智慧停车管理作为城市静态交通管理的重要组成,是城市智慧交通最后一公里的延伸,必须与其余城市交通信息平台互联互通,才能真正发挥城市交通大脑的作用,实现对城市动静态交通的协调管理。

未来智慧停车的发展将会随着我国信用体系的逐渐完善、停车场的全面互联,达到停车无人值守、无感支付的模式。停车共享是在城市停车供给增加有限的情况,缓解城市停车难的一个重要举措,目前各个城市共享停车服务平台都不完善,是当前重要的一个突破方向。自动泊车作为自动驾驶领域的一个分支,它一方面整合、利用了不同级别自动驾驶技术,另一方面由于停车场地的特殊性使得其商业落地的速度加快,并逐渐成为现实。

### 三、多功能智慧杆

多功能智慧杆简称智慧杆件,是实现智慧道路的基础设施,而其特点包括"多杆合一""多箱合一"等。智慧杆件是以杆件及其附属部件为载体,通过挂载各类设备提供智能照明、移动通信、城市监测、交通管理、信息交互和城市公共服务等多重功能,并可通过管理平台进行远程监测、控制、管理、校时、发布信息等。

多杆合一是指通过对信号、监控、照明、交通指示等各类杆件进行整合,从而实现杆件的减量化,提高对城市空间道路资源集约化利用的一种方式。我国目前正在积极推进"多杆合一"的设计概念,中央和地方纷纷出台相关政策文件来鼓励新建道路、已建成道路的改造工程采用"多杆合一"的设计原则,集约设置各类杆件,如住房和城乡建设部发布的《关于开展人行道净化和自行车专用道建设工作的意见》、宁波市发布的《宁波市多杆合一建设技术细则》。"多杆合一"已成为国内外道路交通杆件设计的发展趋势。

### 四、主动发光标志

主动发光标志是指标志体内具有主动发光光源,部分或全部发光显示信息内容的交通标志。主动发光标志开始应用于隧道、地下道路等光线条件较差的地方,后大量用于夜间无照明设施或照明条件不良、雨雾雪多发和能见度低、视认效果不佳的路段,便于道路使用者在特殊状态下识别标志信息内容,避免或减少道路交通事故的发生。

### 五、案例分析

1. 智慧停车案例

截至 2021 年 6 月,宁波市汽车保有量已超过 300 万辆。随着宁波市汽车保有量不断增加,宁波市中心城区出现停车需求激增、停车位建设滞后、停车位缺口逐年增大等问题,老旧小区、菜市场和医院更是停车难的重灾区。

由于目前配建不足和公共停车场落地难,大量停车需求外溢至道路,路内停车管理成为道路交通管理短板。宁波交警通过打造多部门协同、智慧高效、全链闭环的城市停车管理体系,将路内外停车管理与规划建设管理有机结合。

为了解决停车难的问题,宁波市交警局与各区县交警大队成立停车管理工作专班,打造停车管理全域一体化工作模式,实行不同区域交通管理模式,统一智慧停车建设审批流程、统一道路停车设施设置要求、统一道路泊位编码规则、统一智慧停车系统接入规范。

政府和企业配合,结合智慧停车同步配建违停球,基本覆盖宁波次干道、支路。联合发改、城管、市场监督局等部门,不断完善机动车停放服务收费标准,缩小政府定价范围,坚持差异化停车收费机制,实现一个 App 全城通停通付。同时结合停车大数据分析,优化路内停车位位置,完成道路停车位优化工作。

智慧停车管理体系实施后,宁波市停车优化效果显著(图 2-66),道路智慧停车管理全面推进,停车收费日益普及;停车位周转率数倍提升,道路停车"短停快走"的设置初衷得以实现;违停大幅减少,停车秩序大为改善;市民依法停车意识不断提升,满意度大幅攀升;停车价值日益突显,社会资本参与热情日益高涨。

图 2-66 东部新城实施前后现场对比图

2. 智慧道路案例

本案例范围为宁波市鄞州区首南中路(天童南路—宁南南路),全长共700m。现状首南中路整体街区空间较为杂乱,各类杆体较多,部分路灯生锈,影响市容美观,夜间道路照度不足,个别区域暗区严重。

针对首南中路路口各类杆件繁多的问题,对各类杆件进行了合杆处理。为了满足首南中路现场功能布置要求,共设计8种杆件类型,同时合理设计杆件造型,与周围环境景观相协调,突出宁波特色文化,如图2-67、图2-68所示。

按照"能合则合"的原则进行合杆,同时与智慧交通、智慧市政、智慧景区相结合,达到以下效果:

(1)智慧照明、节能效益。不同的时段、不同路段,通过调光或隔盏亮灯降低能耗。

(2)降低运维成本。由原来的定期分班巡检,改为值班坐等报警的产生。

(3)智慧合杆,避免重复建设。一次投资,多部门共享使用。

(4)美化城市环境。美化市容市貌,智慧城市提高民众幸福感。

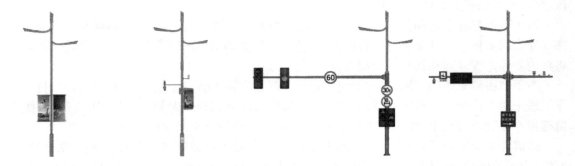

A类:智慧照明为主　　B类:可搭载智慧设备为主　　C类:可搭载机动信号灯为主　　D类:以搭载视频监控为主

图 2-67

第二章 ▸ 交通管理设施的分类及设置原则

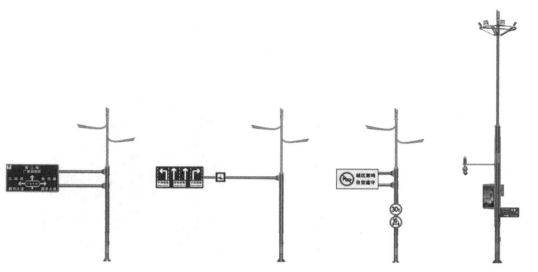

E类：可搭载大中型道路指示牌为主　　F类：可搭载分道指示牌杆为主　　G类：可搭载小型道路指示牌为主　　H类：可搭载高杆照明为主

图 2-67　智慧灯杆款式分类

图 2-68　首南中路智慧灯杆实施效果图

其他城市的智慧灯杆示例见图 2-69 ~ 图 2-72。

55

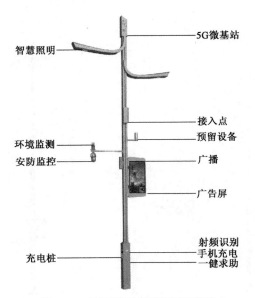

图 2-69　南京青奥会智慧灯杆示意图

图 2-70　杭州临平智慧灯杆实物图

图 2-71　上海南京路智慧灯杆实物图

图 2-72　深圳南坪快速路智慧灯杆实物图

# 习　　题

2-1　试分析交通标志标线如何帮助道路使用者对交通空间正确感知,对交通通行及时正确引导,来实现道路通行能力最大化?

2-2　在道路交通标志中,必须遵守标志的是哪几类标志?

2-3　试作图表示出车辆驾驶人对交通标志的识读过程。

2-4　试阐述交通标线中指示标线、禁止标线和警告标线的概念,并各举 2~3 个实例。

2-5　某路段的设计车速为 60km/h,由双向三车道变为双向两车道,车道宽度为 3.5m,试计算渐变段的长度,并画出渐变段标线设置方案。

# 第三章 交通调查与分析

**【本章主要内容与学习目的】**

本章主要内容包括基础资料调查与分析、交通信息调查与分析及道路停车信息调查与分析等。学习本章的主要目的为掌握交通组织设计工作所需要的调查内容及其实施过程,了解交通信息调查的目的、类别、方法与实施步骤,能够对实际中的交通状况进行调研分析,研究得出交通问题的基本情况和规律。

## 第一节 概 述

交通调查与分析是开展交通组织设计工作的基础,也是交通组织设计工作中的重要环节。根据调查工作的性质与特点,整体可以分为内业调查与外业调查。其中,内业调查主要为基础资料收集,外业调查则主要为交通信息调查。

本章将以实际交通组织设计工作中最为常见的道路交通组织设计为例,对交通调查与分析工作的基本内容和要求进行介绍。

## 第二节 基础资料调查与分析

以道路交通组织设计为例,基础资料是指与交通组织设计相关、通过走访相关行政主管部门得到的基础资料,主要包括规划资料和现状资料两大部分。

## 一、规划资料

交通组织设计相关的规划资料主要包括宏观规划资料、道路规划资料和道路沿线规划资料三大部分。

1. 宏观规划资料

宏观规划资料主要是指城市总体规划、控制性详细规划、城市综合交通规划、城市交通管理规划(包括交通安全规划)等规划资料,通过对以上资料的收集与分析,可了解城市交通的发展战略,设计对象的区位、基本功能,设计对象所处区域的土地利用、路网结构和交通结构,以及所在区域的宏观、中观交通管控基本措施与计划等信息。

宏观规划资料的调查与分析对确定设计对象总体的交通组织方案具有重要的作用。

2. 道路规划资料

道路规划资料主要是指道路等级、道路红线、道路横断面及交叉口形式、沿线市政管线铺设等道路自身的规划资料。掌握道路规划资料有利于在交通组织设计中做到现状与规划相结合,避免设计方案违反道路规划条件。

3. 道路沿线规划资料

道路沿线规划资料是指道路两侧与交通组织设计直接相关的用地开发的规划方案,主要包括道路沿线的规划用地性质、开发强度、车辆及行人出入口位置等内容,从微观上了解道路沿线与交通组织设计直接相关的规划信息。

## 二、现状资料

1. 宏观现状资料

宏观现状资料主要是指现状城市交通的发展策略,设计对象所处区域的现状土地利用情况、路网结构和交通结构情况,以及所在区域的交通管理基本措施等信息。

2. 道路现状资料

道路现状资料主要包括以下几个方面:

(1)现状道路设计资料。

现状道路设计资料主要包括现状道路的等级、道路的设计车速、横断面、车道划分情况、车道功能、行人过街设施、公交线路及公交停靠站位置、路内停车设施、沿线出入口、相关市政管线的位置等信息,以上信息原则上要求通过道路设计图与现状地形图的方式进行体现。

(2)交通事故资料。

交通事故大多发生在交叉口内及其周边地带。交通事故首先是由于驾驶人的不慎所致,但道路几何条件、交通管理与控制方案、交通流组成等相关因素也是事故发生的重要影响因素。因此,在进行道路及交叉口交通组织设计时,必须调查在设计范围内历年交通事故的发生状况,并分析交通事故与道路交通状况之间的关系。

交通事故资料的收集主要包括如下几个方面:

①事故发生的数量:历年事故发生数据收集。

②事故发生地点:将事故发生点标注到路段及交叉口图纸的相应位置上。
③事故类型:车辆碰撞、人车碰撞等情况。
④事故严重程度:死亡、负伤、财务损失等情况。
⑤事故发生的人为因素:肇事人及受害人的相关行为。
⑥发生时的天气情况:晴、雨、雪、雾等情况。
⑦发生时刻:事故发生时的具体时刻。

通过对以上基础资料的收集,分析交通事故发生与交通参与者自身行为、安全意识等主观因素之间的关系,并重点研究事故发生与道路交通条件、天气因素等客观因素的关系,便于后续在交通组织设计时进行改进。

## 第三节 交通信息调查与分析

交通信息调查的工作包括以下三个部分,一是对之前收集到的道路条件资料进行现场核实,如缺少,则通过现场勘测与调查进行补充完善;二是对现状的交通管制方案、交通管理设施设置情况进行调查与分析;三是对除上述外的有关路段及交叉口交通运行状况的调查,主要包括交通流量调查、拥堵状况调查及交通秩序调查、交通安全调查等其他交通信息调查等方面的内容。

### 一、道路几何条件调查

道路几何条件调查包括路段几何条件调查和交叉口几何条件调查。其中,路段几何条件调查包括道路等级、红线宽度、断面形式、车道数、车道宽、中央分隔带宽、机非分隔带宽、非机动车道宽、人行道宽等方面的信息,具体调查内容如表3-1所示。交叉口几何条件调查包括进出口路幅宽度、车道数、车道功能划分、展宽段长度、渐变段长度等方面的信息,具体调查内容如表3-2所示。对于已收集到的资料,则通过现场踏勘进行核实;对于没有收集到的资料,则通过勘测与调查获得。

路段几何条件调查表    表3-1

| 项目 | 单位 | 道路名 | | | |
| --- | --- | --- | --- | --- | --- |
| | | A路 | B路 | C路 | D路 |
| 道路等级 | — | | | | |
| 红线宽度 | m | | | | |
| 断面形式 | — | | | | |
| 路面铺装情况 | — | | | | |
| 设计车速 | km/h | | | | |
| 设计车辆 | — | | | | |
| 车道数 | | | | | |
| 车道宽 | m | | | | |
| 中央分隔带宽 | m | | | | |

续上表

| 项　目 | 单　位 | 道 路 名 | | | |
|---|---|---|---|---|---|
| | | A路 | B路 | C路 | D路 |
| 机非分隔带宽 | m | | | | |
| 非机动车道宽 | m | | | | |
| 人行道宽 | m | | | | |

交叉口几何条件调查表　　　　　　　表3-2

| 项　目 | 单　位 | 进出口方向 | | | | | | | |
|---|---|---|---|---|---|---|---|---|---|
| | | A | | B | | C | | D | |
| | | 进口 | 出口 | 进口 | 出口 | 进口 | 出口 | 进口 | 出口 |
| 路幅宽度 | m | | | | | | | | |
| 车道数 | — | | | | | | | | |
| 车道宽 | m | | | | | | | | |
| 车道功能划分 | — | | | | | | | | |
| 中央分隔带宽 | m | | | | | | | | |
| 机非分隔带宽 | m | | | | | | | | |
| 非机动车道宽 | m | | | | | | | | |
| 人行道宽 | m | | | | | | | | |
| 展宽段长度 | m | | | | | | | | |
| 渐变段长度 | m | | | | | | | | |

以上两个表格的信息不仅能在道路交通组织设计准备阶段帮助把握交通现状，而且在具体设计的各阶段，也可随时查阅，有助于具体设计方案的制定。

## 二、交通管制情况调查

1. 交通管制措施调查

在交通组织设计中，直接影响路段及交叉口通行规则的交通管制措施主要有以下几条：

（1）信号控制：路段开口、人行横道及交叉路口是否实行信号控制、采取何种信号控制方案和信号配时方案等。

（2）禁行管制：路口是否禁止左转、路段是否禁止掉头等。

（3）限行管制：是否存在限车种（如禁货）、限牌照（如单双号）、限时段（如早晚高峰）、限速度、限方向（如单行）等通行管制方案。

以上交通管制措施的调查对路段及交叉口的交通组织设计工作极为重要，并且还会影响到临近上下游路段及交叉口的交通管制方案的制定，所以除调查拟设计路段或拟设计交叉口以外，最好把调查范围扩大到临近路段和临近交叉口。

2. 交通管理设施调查

根据调查得到的交通管制方案，对现状路段及交叉口的信号灯、标志标线、隔离等交通管理设施的设置情况进行调查，主要出于以下几方面的考虑：

(1) 调查分析现状的交通管理设施是否符合规范;
(2) 调查分析现状的交通管理设施是否与交通管制措施相一致;
(3) 整体评价现状交通管理管制方案、交通设施设置方案、现状交通问题之间的关系;
(4) 掌握现状的交通管理设施设置情况,便于在新的交通组织设计方案实施时选择合适的设施进行重复利用,节约设施成本。

3. 交通信息调查资料的汇总

结合现状调查,可将现状的道路几何条件、交通管制措施、交通管理设施设置情况统一绘制在1:500~1:1000的平面图上,如有收集的地形图则直接绘制在地形图上,便于后续优化设计方案的制定。

### 三、交通流量调查

交通流量的调查与分析是交通组织设计工作开展的重要基础。根据交通组织设计工作的特点,交通流量按调查地点可以分为路段流量、交叉口流量和路段开口流量、路段人行横道流量;按交通方式可以分为机动车流量、非机动车流量和行人流量;按调查方向可以分为路段分方向流量和交叉口各进口道左、直、右三个方向的转向流量。

同时,考虑到机动车交通中不同车型的车辆在交通特性上存在较大的差异,为便于交通流量的统计与分析,往往将不同车种的流量按当量小客车的车辆数进行折算。根据《城市综合交通体系规划标准》(GB/T 51328—2018)中的相关规定,不同车种的换算系数如表3-3所示。

当量小汽车换算系数　　　　　　　　　　　　表3-3

| 车　　种 | 换 算 系 数 |
| --- | --- |
| 小客车或小于3t的货车 | 1.0 |
| 大客车或小于9t的货车 | 2.0 |
| 9~15t的货车 | 3.0 |
| 铰链客车或大平板拖挂货车 | 4.0 |

1. 路段流量调查

在交通组织设计工作中,一般需选择高峰时段和平峰时段对路段两个方向的机动车流量、非机动车流量和行人流量进行调查。为消除流量调查的波动性,一般需调查3~5次并取平均值作为路段的流量值。

2. 交叉口流量调查

交叉口分车种分流向的交通流量调查在交叉口的交通组织设计工作中至关重要,一般应选择高峰时段和平峰时段对交叉口的机动车流量、非机动车流量和行人流量进行调查。

3. 路段单位开口流量调查

路段单位开口流量调查主要分析直接将出入口开设在路段上的单位开口对路段交通的影响,调查时需得到路段上从两个方向转入单位的流量和单位从两个方向转入路段的流量。必要时,也需调查开口处行人和非机动车过街的流量。

4. 路段人行横道流量调查

路段人行横道流量调查主要调查直接施划在路段上的人行横道上行人和非机动车的流

量。通过对人行横道流量的调查,可为考虑路段上增设人行过街信号灯、人行过街信号灯配时方案优化、人行横道改为立体过街设施等方面的方案提供决策依据。

### 四、拥堵状况调查

在交通组织设计中,往往需要对现状路段及交叉口的交通拥堵状况进行分析与评价,以便"对症下药",提出相应的优化设计方案。反映路段及交叉口拥堵状况的指标有多种,在交通组织设计工作中,往往采用流量饱和度、交通延误、行程车速和排队长度等指标来评价现状路段和交叉口的拥堵状况。

1. 流量饱和度调查

路网中,交通拥堵的瓶颈节点主要是交叉口,而流量饱和度是反映交叉口拥堵状况的常用指标,也是对交通组织设计方案进行评价的重要指标。在进行流量饱和度的计算之前,首先需测算出交叉口的通行能力,通行能力的调查可通过饱和流量的调查来进行测算。

1)饱和流量的调查

饱和流量是指在一次连续的绿灯信号时间内,进口道上一列连续车队能通过进口道停车线的最大标准小车流量,单位是 pcu/绿灯小时。

饱和流量因交叉口几何因素、渠化方式、信号配时及各流向交通冲突等情况而异,比较复杂,因此,应尽量采用实测数据。其调查方法为:选定路口的一个流向,红灯时让车辆在停止线后排队,信号灯变绿灯时前4辆车放过不计,从后面车辆开始同时记录车流量和车流连续通过停止线所用的时间,直到车流出现间断时停止计时和计数,然后代入式(3-1)换算。

$$该流向(或车道)饱和流量 = 3600/计数时间(s) \times 计数流量 \qquad (3-1)$$

在实际调查时,可采用如表3-4所示的记录表进行观测。

**饱和流量(附启动损失时间)观测记录表**      表3-4

观测交叉口:_____     进口道:东、南、西、北
车道:直行、左转、右转     观测日期:_____
时间:_____     观测者:_____

| 车辆编号 | 周期1 | | 周期2 | | 周期3 | | 周期4 | | 周期5 | | 周期6 | | 周期7 | | 周期8 | |
|---|---|---|---|---|---|---|---|---|---|---|---|---|---|---|---|---|
| | 车型 | 时刻 | 车型 | 时刻 | 车型 | 时刻 | 车型 | 时刻 | 车型 | 时刻 | 车型 | 时刻 | 车型 | 时刻 | 车型 | 时刻 |
| 1 | ① | 3.5 | | | | | | | | | | | | | | |
| 2 | ① | 6.5 | | | | | | | | | | | | | | |
| 3 | ① | 9.5 | | | | | | | | | | | | | | |
| 4 | ② | 12 | | | | | | | | | | | | | | |
| 5 | ① | 14.3 | | | | | | | | | | | | | | |
| ... | ... | ... | | | | | | | | | | | | | | |
| 10 | ① | 25.2 | | | | | | | | | | | | | | |
| 11 | ② | 27.5 | | | | | | | | | | | | | | |
| 12 | ① | 32.5 | | | | | | | | | | | | | | |
| ... | ... | ... | | | | | | | | | | | | | | |

2) 通行能力计算

信号交叉口通行能力为各进口道通行能力之和。进口道通行能力是此进口道上各进口车道通行能力之和;一条进口车道通行能力是该车道饱和流量及其所属信号相位绿信比的乘积。

进口道通行能力计算公式如下:

$$\mathrm{CAP} = \sum_i \mathrm{CAP}_i = \sum_i S_i \lambda_i = \sum_i S_i \left(\frac{g_e}{C}\right)_i \qquad (3\text{-}2)$$

式中:CAP——进口车道的通行能力(pcu/h);

$\mathrm{CAP}_i$——第 $i$ 条进口车道的通行能力(pcu/h);

$S_i$——第 $i$ 条进口车道的饱和流量(pcu/h);

$\lambda_i$——第 $i$ 条进口车道所属信号相位的绿信比;

$g_e$——该信号相位有效绿灯时间(s);

$C$——信号周期时长(s)。

3) 流量饱和度计算

在得到交叉口的流量和通行能力之后,可按照如下公式计算交叉口的流量饱和度。

$$流量饱和度 = 交叉口流量/交叉口通行能力 \qquad (3\text{-}3)$$

2. 交通延误调查

延误是由于道路和环境条件、交通干扰以及交通管理与控制等驾驶人无法控制的因素所引起的行程时间损失。延误影响因素众多,涉及路段和交叉口交通组织的各个方面,是一个能够综合反映路段和交叉口交通组织方案优劣的评价指标。延误调查的目的是确定产生延误的地点、类型和大小,评价道路上交通流的运行效率,分析找出产生延误的原因,为道路交通设施改善提供依据。

在交通工程学中,延误有多种类型和定义,其中与交通组织设计相关的主要为路段行驶延误和交叉口引道延误。

路段行驶延误为行驶时间与计算时间之差。计算时间是在车流不拥挤的路段上,车辆以平均车速通过调查路段的时间。

交叉口引道延误为引道时间(车辆受阻排队通过引道延误段的时间称为引道时间)与车辆畅行行驶越过引道延误段的时间之差。在入口引道上,从车辆因前方信号或已有排队车辆而开始减速行驶之断面至停车线的距离称为引道延误段。

对于信号控制交叉口,引道延误是反映车辆在信号交叉口上受阻、行驶时间损失的评价指标,也称为交叉口信控延误,往往用每车平均信控延误进行表示。交叉口信控延误调查时须对交叉口各进口道分别估算各车道的每车平均信控延误;进口道每车平均延误是进口道中各车道延误的加权平均值;整个交叉口的每车平均延误是各进口道延误的加权平均值。

延误是一个影响因素十分复杂的指标。理论计算所得结果往往难以精确符合实际情况,所以应采用现场观测的延误数值作为评价依据,特别是对原有交叉口评价分析或做改善效果的前后对比分析、有条件做现场观测时,须用现场观测数据。对设计交叉口的不同设计方案做比较分析、无法现场观测时,才用估算方法。延误的调查方法具体可参考《交通工程学》(见本教材参考文献[6])。

3. 行程车速调查

应该说，城市交通的畅通与否最终都体现在行程车速上。针对拟调查的路段，先在电子地图上量出路段的长度，再利用跟车法，测出车辆在路段起讫点之间的实际行程时间，由此便可得出路段的行程车速。

4. 排队长度调查

通过在交叉口进行实地观测，在调查时段内，针对不同的进口道、不同的车道观测每个信号周期内交叉口的排队长度，以此得出调查时段内交叉口各进口道和各车道的平均排队长度和最大排队长度。排队长度的调查对进行交叉口渠化设计和信号配时优化极为重要。

5. 信控交叉口机动车服务水平评价

服务水平是信控交叉口交通运行状况的一项综合评价指标。由于国内暂没有统一的"信号交叉口机动车服务水平"的规定，这里引用《建设项目交通影响评价技术标准》(CJJ/T 141—2010)中的规定，信号交叉口机动车服务水平划分见表3-5。

信号交叉口机动车服务水平　　　　　　　　　表3-5

| 服务水平 | 交叉口饱和度 | 每车延误(s) |
| --- | --- | --- |
| A | ≤0.25 | ≤10 |
| B | 0.25~0.50 | 11~20 |
| C | 0.50~0.70 | 21~35 |
| D | 0.70~0.85 | 36~55 |
| E | 0.85~0.95 | 56~80 |
| F | >0.95 | >80 |

各级服务水平的交通状况为：

A——畅行车流，基本上无延误；

B——稳定车流，有少量的延误；

C——稳定车流，有一定的延误，但驾驶人可以接受；

D——接近不稳定车流，有较大延误，但驾驶人还能忍受；

E——不稳定车流，交通拥挤，延误很大，驾驶人无法忍受；

F——强制车流，交通严重阻塞。

## 五、其他交通信息调查

1. 交通秩序调查

交通秩序调查主要是指对机动车、非机动车和行人在路段和交叉口内部通行时有关违反道路通行规则和交通法规的情况进行调查，并重点分析以上交通违章行为与现状交通组织方案、交通管理设施设置等方面的关系。

2. 交通冲突调查

交通冲突点即是交通事故发生的隐患点。交通冲突调查是指在现状路段和交叉口的实际交通运行过程中，对机动车与机动车之间、机动车与非机动车之间、机动车与行人之间实际存在的交通冲突情况进行调查,并重点分析现状交通组织方案和交通管理设施设置在消除或减轻交通冲突点方面的实施效果。

3. 路段公交运行情况调查

路段公交运行情况调查主要涉及以下几个方面:
(1) 路段上设置的公交线路数;
(2) 各公交站点停靠的公交线路数;
(3) 各公交站点最大的同时进站的公交车辆数;
(4) 各公交站点的乘客乘降量。

通过以上内容的调查,分析评价目前路段上公交线路的运行情况以及对路段和交叉口交通的影响。

4. 路内停车场使用特性调查

本项调查主要针对设有路内停车场的路段,包括机动车道上、非机动车道上和人行道上设置的停车位,主要调查以上相关停车场的使用特性,综合评估路内停车场设置对路段正常交通的影响。

## 第四节　道路停车信息调查与分析

### 一、概述

停车,更确切地说"停放车",是指车主在出行活动中有目的的在路内(或路外停车场)停放车辆。在路口遇红灯停车、公交车停站、路上遇拥堵停车等场景不在本节研究范畴。

停车调查是为了分析停车供给与需求的平衡关系,以及停车与城市发展、土地利用等相关因素的关系,通过行为调查了解车主的停车行为,为更好地解决停车问题奠定基础。

### 二、停车调查内容

停车调查包括四个方面的内容,分别为停车设施调查、停车特征调查、停车行为调查,以及社会经济发展和交通发展情况调查。

一是停车设施调查,包括不同停车设施的规模和空间分布,形式和容量,管理模式和收费情况等,反映的是停车设施的供给情况。

二是停车特征调查,反映的是停车需求情况和停车设施利用情况,包括停放量、平均停车时间、车位周转率、停车场利用率、停车集中指数等指标。

三是停车行为调查,包括车主的停车目的,停车地到目的地的步行距离、选择停车场的考虑因素、车主违停的原因,以及对停车收费及管理等的建议等,反映车主的停车行为。

四是社会经济发展和交通发展情况,停车不是一个孤立的体系,和整个地区的社会经济发展及交通的发展密不可分,因而在停车规划设计工作中,同样需要收集相关数据资料。

### 三、停车特征指标

常用的停车特征指标包括实际停车量、停车能力、平均停车时间、周转率、停车场利用率和停车集中指数。

实际停车量,是调查区域内在调查期间总的实际停车数量。累计观测停车量,是各调查时段观测到的停车数量的总和。两者的主要区别在于实际停车量排除了重复停车记录,而累计观测停车量不考虑一辆车是否被重复记录。

停车能力,也称为停车容量,是指规定的停车区域或停车场停放范围内的最大停车泊位数量;对停车场来说,就是其车位数。在路上停车时,路段的停车能力等于允许停车的路段长度除以每辆车的停车占地长度。

平均停车时间是平均每辆车的停放时长。在分析时需要关注不同车辆停车时长的波动情况,除了停车时长的均值外,方差、极差、变异系数、分布形态等统计学上的扩展指标也是需要关注的内容。

周转率或者称为周转次数,是指每个车位在调查期间被使用的次数。比如一个停车场的平均车位周转率9次/d,是指平均一个车位一天有9辆车停放。计算时可以用调查期间的累计停车数除以停车场容量。

停车场利用率也称为停车场时间利用率,是指在一个停车场里平均每个停车位被停车占用的时间与调查总时长的比值,反映了调查期间内停车场被使用的情况。

停车集中指数,也称为停放指数、饱和度或者泊位占有率,表示的是某一时间点的停车利用率,即某个停车场某一时间点的停放车辆数除以停车场的容量。它表示的是停车场在某一时刻的拥挤程度,常用高峰小时停车集中指数和平均停车集中指数两个指标。

### 四、停车调查方法

停车调查常用的方法有人工观测法、航拍法以及问询调查法等。

人工观测法,主要用来调查停车设施容量、收费、管理情况及停车特征。在停车特征调查时,可以分为连续观测法和间断观测法。连续观测法是调查员在调查区间对每辆停放车辆的车型、牌照和进出场时刻记录下来,适合于大型公共建筑、专业停车场的机动车停放调查。间断观测法是调查员在调查区间内巡回行走,记录停放车辆的数量和停放方式、车型分类特征,记录周期一般是5min、10min、15min、30min或1h以上,分为记车牌号和不记车牌号两种,前者适用于机动车,后者适用于非机动车。

对于有智慧停车管理技术应用的停车场或者路段,车辆的进出场业务信息现在已经可以从后台数据直接读取,极大减少了人工调查的工作量,并且可以做到24h连续调查。

航拍法,通过高空摄像机或者无人机航拍,对图像分析,可以调查停车场车位数及停放量等信息。优点是可以掌握较大范围的设施状况和同一瞬时动静态交通情况,交通状况真实、直观,且可多次再现摄影现场,比较省时、省力;缺点是容易受气候条件影响,对于高层建筑密集区域,容易失去停车的许多细节,无法掌握停车场、库内的情况,同时在图像识别时由于反射和阴影反差,容易对车辆与地物等产生误判。

问询调查法,可以通过现场问卷调查、网络问卷调查、家庭访问、电话调查、现场询问、邮寄问卷调查等方法实现,常用于停车行为调查,能较详细地调查停车目的,从停车场地到出行目的地的距离,出发地点、目的地,在该地停放车辆的频率,停车场选择的影响因素、违法停车的原因,以及对停车收费与管理意见等。但是一般问卷调查的回收率比较低,建议要把握问答时长,最好控制在1~3min,对于一些长问卷,一般也不应超过10min。

通过对停车设施供给情况以及停车需求和利用特征情况的调查,可以对停车供需平衡情况进行深入分析,结合停车行为调查与分析,为更好地规划停车设施、制定停车政策提供依据。为了辅助道路停车信息的调查,目前国内多地已上线相关智慧停车App(图3-1),以方便停车管理和信息查询。通过简单的手机操作,即可实时查询停车信息等内容。

图3-1　智慧停车App界面

# 习　　题

3-1　什么是交通调查,其重要的意义和作用是什么?
3-2　在进行道路交通组织设计时,需要调查哪些方面的宏观规划资料?
3-3　试列出交通流量的不同分类方法。
3-4　简述反映交叉口拥堵状况的相关参数。

# 第四章
# 道路交通组织设计

**【本章主要内容与学习目的】**

本章主要内容包括区域交通组织设计、路段交通组织设计、交叉口交通组织设计以及交通组织专项设计等。学习本章的主要目的为了解道路交通组织的分类及各分类的概念和要求，掌握区域交通组织、路段交通组织、交叉口交通组织的设计方法和流程，并理解交通组织专项设计的实际做法，能够形成"面-线-点"的交通组织设计思路，以解决实际交通组织问题。

## 第一节 概　　述

### 一、道路交通组织的分类

道路交通组织按面向的对象和涉及的范围可以分为三个层面，即区域交通组织、路段交通组织、交叉口交通组织。

如何开展城市道路
交通组织设计

**1. 区域交通组织**

区域交通组织以整个城区为研究范围，通过区域货运交通的管制和外围客运交通的引导，使货运交通和过境性客运交通在城区外围道路或预先设定的道路上通行，减少城区内部的货运交通流量和过境性客运交通流量，形成中心城区的"交通保护壳"。

2.路段交通组织

路段交通组织是指通过优化路段车道布置、优化非机动车过街方式和人行横道设置、优化道路沿线单位开口设置等措施,提高道路交通的有序性,保障道路交通的畅通。其主要内容包括路段机动车交通组织、路段进出口交通组织及路段非机动车和行人交通组织等。

3.交叉口交通组织

本书所讲的交叉口仅为平面交叉口。交叉口交通组织是指通过拓宽交叉口的进出口道,增加进出口道的数量,使各转向车流各行其道,从空间上分离交通;通过设置信号灯,使存在交通冲突的各转向车流交替通过交叉口,从时间上分离交通。通过从时间和空间上分离交通流,减少交叉口内交通冲突点,提高交叉口的通行能力,保障交叉口交通运行安全。

## 二、道路交通组织的基本原则

(1)交通分离原则:不同流向、不同种类的交通流应在交通空间、时间上分离,避免发生交通冲突。从形式上讲有法规分离和物体分离两类;从内涵上讲,有时间分离和空间分离两种形式。空间分离靠交通标志、标线来实现,时间分离靠信号相位来完成。

(2)交通连续原则:保证大多数人在交通活动过程中,在时间、空间和交通方式上不产生间断。

(3)交通负荷均分原则:通过对交通流进行科学调节、疏导,使路网各点交通压力逐步趋于大体一致,不至于由于某一点压力过于集中而造成交通拥堵。

(4)交通总量削减原则:也称为交通总量控制原则。当一个路网总体交通负荷接近于饱和时,已没有交通压力转移的余地,可以采取总体禁限部分车种行驶来削减该路网的总流量;也可以采取供需互动关系来调整路网总体负荷,如停车与行车以静制动的关系;或采取道路划分功能(即过境路、集散路等)、交通流划分性质(即公务流、过境流、生成流、到达流等),分别分配道路流量。

# 第二节 区域交通组织设计

根据区域交通组织的定义,区域交通组织设计主要包括区域货运交通组织设计和区域客运交通组织设计两大部分,其目的是要实现全城区内客运交通与货运交通分流、内部交通与外部交通分流。

## 一、区域货运交通组织设计

区域货运交通组织设计的基本内容是通过设置合理的货运交通组织方案,使各种需求的城市货运交通在合理的空间和时间范围内运行,保证城市货运交通与客运交通的分离,以此保障城市交通高效、有序和安全运行。

为什么要进行城区货运交通组织

1.城市货运交通的基本概念

1)对城市货运交通的认识

本书所指的城市货运交通是指与城市经济社会发展密切相关,且行驶路径与城市内部或城市外围道路直接相关的货运交通。应该说,城市货运交通是城市交通的重要组成部分,是城市内部工矿企业、专业市场、商场等功能业态的原材料供应、产品输出和商品配给的直接产物,也是城市内部其他货运需求的反映。

货运车辆车型庞大,车辆重、车速慢、转弯半径要求较高,行驶过程中对路面铺装破坏较大,对城市客运车辆的车速影响也较大。此外还有噪声、环卫、安全等方面的问题。因此,区域货运交通组织的优化是净化城市交通环境、保障市内道路交通基础设施良好运行、缓解城市交通拥堵、提升城市交通安全的重要内容。

2) 货运车辆的分类

根据《道路交通管理 机动车类型》(GA 802—2019)和《中华人民共和国机动车号牌》(GA 36—2018)等相关规范,城市中常见的货运车辆按照规格分为重型、中型、轻型和微型四类,按照结构分为普通、封闭、厢式、仓栅式、罐式等载货汽车类型。货运车辆的分类标准及对应牌照类型如表4-1所示。

货运车辆分类  表4-1

| 序号 | 车辆类型 | 车辆规格 | 牌照类型 |
|---|---|---|---|
| 1 | 重型 | 总质量≥12t | 黄牌 |
| 2 | 中型 | 车长≥6m 或总质量≥4.5t 但≤12t | 黄牌 |
| 3 | 轻型 | 车长<6m 且总质量<4.5t | 蓝牌 |
| 4 | 微型 | 车长≤3.5m 且总质量<1.8t | 蓝牌 |

其中,重型货车和中型货车也称为大型货车,轻型货车和微型货车也称为小型货车。在进行城区货运交通组织方案设计过程中,应相对鼓励对城市交通和生活影响较小的封闭、厢式的轻型货车和微型货车,限制和管控其他类型货车。而新能源货车同样也有大型货车和小型货车之分,在进行城区货运交通组织方案设计过程中,对新能源货车应尽量少管控或不管控。

需要注意的是,通常在进行城区货运交通组织方案设计的同时,也会对低速类货车进行同步管控,比如三轮汽车、低速载货汽车等。这些也是货运交通组织方案的研究对象。

各类型货车的外观可参照图4-1。

2. 城市货运交通的分类及交通组织

根据货运交通行驶路径与城市中心城区相对位置的关系分类,可以将城市货运交通分为过境货运交通、出入境货运交通和市内货运交通三种类型。

如何设计城区货运交通组织

1) 过境货运交通及交通组织

过境货运交通是指起点和终点都不在城市内部的货运交通。一般而言,过境货运交通与城市在某一地域范围中的位置密切相关,城市在区域交通中的枢纽地位越明显,则货运交通量越大。

过境货运交通与城市生产和生活的关联性较低,对城市而言,仅是借道而过的需求。因此,为减少过境货运交通对城市内部交通的干扰,过境货运交通的通道应尽可能布置在城市的外围。在进行过境货运交通组织时,应尽可能从高速公路、城区外围过境性公路和外围道路进行分流,减少城区交通的冲突。外围的道路一般要求道路等级较高,路面质量较好,通行能力较大。

图 4-1　各类型货车外观

2）出入境货运交通及交通组织

出入境货运交通是指起点或终点有且仅有一方在城市内部的货运交通。一般而言，出入境货运交通与城市对外辐射的活力密切相关，各种等级的城市在其经济区域内都有承上启下的功能，一是中心城市与市辖范围内各区县或乡镇之间的联系，二是中心城市与其他城市之间的联系。中心城市的辐射功能越强，其出入境货运交通的需求就越大，因此，组织好出入境货运交通对发挥中心城市的辐射功能十分重要。

出入境货运交通组织设计主要有两方面的内容，一是在城区的适当位置设置货运停车场，实行货运接驳和物流中转，减少大型车辆进出城区的流量；二是选定合适的进城线路和进城时间，减少货运交通对客运交通的影响。

3）市内货运交通及交通组织

市内货运交通是指起点和终点均在城市内部的货运交通。市内货运交通与城市自身的生产、生活和基本建设密切相关。

在进行市内货运交通组织时，首先要规定合理的车型进行运输；其次要设定货运的通道和货运的时间，从空间和时间上与城市客运交通进行分离，减少货运交通对客运交通的影响。

3．城市货运交通的调查内容

城市货运交通组织方案的前期调研主要包括四个部分：一是路网及现状道路情况调研，二是道路交通流量情况调研，三是内部企业分布及货运需求情况调研，四是企业机动车出入口情况调研。

以"宁波市部分城区货运交通管制方案的调研内容"为例，一是要排查研究区域的外围路网和进出研究区域的主要道路（图4-2），找出货车进出需求较大的路段。同时，对研究区域内部的路网情况进行详细摸排，包括每条道路的路幅宽度、道路断面、已有交安设施等，评判每条道路上各种类型货车通行的可行性和安全性。还要对研究区域内原有的货车集中通行路段进行重点调查，梳理出货车的主要交通流线，再调查研究区域内已有的禁货路段和禁货内容情况。

图4-2　进出研究区域的主要道路

二是调查研究区域内的主要路段的机动车流量和各主要交叉口的机动车转向流量，评估货运交通管制后对区域带来的各种交通影响。

三是对研究区域内的生产和运输企业的位置分布、企业类型和数量进行全面排查；对各企业的货运交通需求，通过问卷或座谈会的形式，进行详细的调查，理清企业对货运车辆的行驶时间和数量的需求。

四是对企业在区域内各条道路上的厂门和机动车出入口进行实地勘查和核对,为管制方案中保留的货运通道研究做好前期资料准备。

在做好以上调研的基础上,即可开始设计城区货运交通组织方案。

4. 城区货运交通组织方案设计

货运交通组织方案设计需要在前期调研的基础上,明确货运交通的管制区域、管制对象、管制时间、货车通道及通道上的货车通行时间。

以下以宁波市"四禁"方案为例,对宁波市区的区域货运交通组织方案进行介绍。在该方案中,主要确定了以下几方面的内容。

(1) 确定各种类型的管制区及管制内容。

在该方案中,设定了两个货运管制的区域范围,即中心区和核心区。中心区的划定基本以中心城的建成区为边界;核心区的划定则以中心区内的人口、交通的密集区为基础,即以城区内交通的敏感区为边界。中心区和核心区的货运交通组织内容如下:

① 中心区:

07:00—21:00 禁止核载 0.75t 及以上货车在中心区内道路通行。

② 核心区:

0:00—24:00,禁止三轴及以上货车和非浙 B 黄色号牌货车通行;

6:00—24:00,禁止核载 0.75t 及以上货车和非浙 B 号牌货车通行;

早晚高峰 7:00—9:00、16:30—18:30 禁止所有货车(除"货的"外)通行。

(2) 设置相应的货车通道和通行时间。

指定中心区内的倪家堰路、宁慈东路(北环西路以南段)、环城北路(倪家堰路—人民路、大庆北路—329 国道)、人民路(大庆北路—火车北站)、329 国道(宁镇公路—望海南路)、宁镇公路(329 国道—东环北路)等路段为货车通道,但 07:00—21:00 禁止非浙 B 黄牌货车、07:00—19:00 禁止 15t(不含)以上货车、早晚高峰禁止核载 0.75t 及以上货车通行。

环城南路(沧海南路—奉化江)、永达路(沧海南路—中兴南路)等路段为货车通道,7:00—21:00 禁止核载 0.75t 及以上货车通行,0:00—24:00 禁止三轮汽车、低速货车(原称农用车)、拖拉机通行。

5. 配套交通设施方案设计

以镇海城区的禁货方案为例。禁货方案配套的交通设施主要为禁货交通标志和禁货卡口监控设备。

禁货标志建议采用三级标志体系,第三级的小型禁货标志,主要设置于禁货边界的小型交叉口处,以单立杆或抱杆的支撑形式为主,用于明确禁货边界。

三级大型禁货标志主要设置于禁货边界的大型交叉口的进出口车道处,以 F 杆支撑形式为主。

二级预告标志主要设置于禁货道路边界沿线交叉口外围的上游交叉口处,用于预告禁货信息,提示受限车辆提前转向。

一级预告标志主要设置于城区对外衔接的主要通道上,用于远程预告禁货信息,提示受限车辆提前绕行。

配套禁令标志和预告标志如图 4-3 所示。

图 4-3　配套禁令标志和预告标志

禁货卡口监控设备则主要设置于禁货边界沿线交叉口进入管制区域方向的出口车道上，以及管制区域内的货运通道沿线，争取边界所有可能闯进的交叉口全覆盖，管制区域内部的一般道路上通常不需要进行禁货卡口的设置。

需要注意的是，卡口设备是货运交通组织方案实施经费的主要组成部分，根据实际方案经费情况可以进行适当增减。

## 二、区域客运交通组织设计

区域客运交通组织设计的对象主要为过境性客运交通和出入境客运交通，其交通组织的手段主要有两大方面：一是设置主要的客运通道，二是制定一定的限行措施。

1. 设置主要的客运通道

（1）外部分流通道。

在城区外围设置过境性客运通道，并通过提升外围道路等级和减少开口来提升行车速度，引导过境性交通从外部分流。

（2）内外衔接通道。

根据中心城区与周边县市区及乡镇的主要交通流方向，通过设定必要的内外衔接通道，使外部交通流能有效地与城区内部的交通进行对接，实现进出城车流的快速集散，避免在进出城的区域出现交通拥堵。

同时，应通过优化外围指路系统和进行动态诱导，使相关的车流能够按照交通组织的需要进行合理分流。

2. 制定限行措施

根据国内相关城市当前实际做法，区域客运交通组织的另一种做法便是通过限定外来车辆进入城区的数量和时间来减少外部交通对城市内部交通的影响。如限定外地牌照的车辆在高峰时间进城、限定外地牌照的车辆禁止驶入部分主要交通干道等。在推行限行方案时，为方便外地车主进城，需在限制区域外围的适当地点设置相应的"停车换乘"设施，方便外地车主选择公共交通的方式进城。

3. 主要优缺点

限行管理方案实施之后的优缺点如表 4-2 所示。

限行管理方案实施之后的优缺点  表 4-2

| 优　点 | 缺　点 |
| --- | --- |
| (1) 见效快,短期能明显降低交通流量;<br>(2) 为改善公共交通服务水平提供缓冲时间;<br>(3) 相对其他市政工程更新改造,更容易实施,资金投入较少 | (1) 实施效果会随着机动车保有量的继续增加而递减;<br>(2) 诱发购买第二辆车,推动机动车保有量迅速增加;<br>(3) 若前期分析准备不彻底,易引发政府和市民之间的对立情绪;<br>(4) 增加伪造涂抹机动车号牌的违法现象;<br>(5) 一旦全面实施,短时间很难取消;<br>(6) 缺乏足够的法律依据支撑 |

4. 案例分析

下面以杭州市 2014 年实行的外地车辆限行规定为例,进行案例分析。

1) 外地车限行时间

工作日限行时间(上午 7:00—9:00,下午 16:30—18:30),全号段禁行。

2) 外地车限行区域

除了包括老的错峰限行区域外,还包括绕城高速公路围合区域内的其他高架道路(含匝道以及附属桥梁、隧道)。

限行区域和路段如图 4-4 所示。

图 4-4　杭州外地车限行范围示意图

3) 停车换乘措施

进城方向的外地车车主,可在黄龙换乘点、西溪天堂集散中心和钱江新城城市阳台三个停车换乘点免费停车,车主可以将车停放在以上停车场,换乘公共交通进城。

### 三、重点片区交通组织设计

在实际的交通组织优化工作中，往往需要对某些道路实行单行，对路口进行禁行管制，以及对相关路段开口进行管制。但该类措施不能仅仅着眼于实施管制的路段或路口本身，被限制的交通流均需要通过周边的路段或路口绕行。因此需从片区的整体来考虑实施以上措施的预期效果，以达到片区整体交通运行状况最优的目标。重点片区包括交通枢纽、学校、医院，以及商业、旅游、文体设施等人员密集场所。

1. 火车站、长途汽车站及机场等大型交通枢纽及周边道路

枢纽内部应采用人、车分流的交通流线设计，枢纽乘客的出发进口与抵达出口应分开设置，并设计安全、便捷的乘客通道与枢纽停车场、周边公共交通站点相连。

送站停车点和接站停车点应分离，送站停车点宜采取"即停即走"的限时停车管理方式。长途汽车站营运车辆的出入口应分开设置，交通流线不应与接送站车辆流线产生较大冲突，公共交通站点应尽可能靠近枢纽。

出租汽车的上客等待区应单独设置，并设计出租汽车专用通道，同时在枢纽周边临近路段采取禁止停车管理策略。

2. 医院周边区域

根据医院的规模，宜设计多个出入口，且出入口应分开设置；在主干路上的出入口宜采用"右进右出"交通组织方式或设置信号灯进行控制；急救车辆应设置单独的进出通道。

合理规划设计社会车辆、出租汽车的停车场和临时停靠站点，应避免在周边主干路上设置长时间停车泊位。由于停车场停车满位、在入口道路上经常形成车辆排队时，可沿入口道路一侧临时设置排队通道，并设置隔离设施、交通标志等进行引导，出租汽车的上、下客停车区宜单独设置。

3. 学校周边区域

学校出入口设置宜距离交叉口范围 100m 以外，且不宜设置在城市主干路或国省道上，周边道路宜采用人行天桥、地道或机动车下穿立交等行人过街设施。在学校周边适当位置可设置供接送学生车辆停放的固定或临时停车泊位，并设置安全、便捷的学生步行专用通道与学校门口相连。

对有校车接送的学校，应设置校车专用通道，校车停靠站点应设置在学校门口附近，但不宜占用主干路停车上下学生。在接送高峰期，可对学校周边交通拥堵严重的道路，采取分时段单行、禁止左转、限制通行等临时性交通管制措施。

学校周边的道路应设置限制速度、禁止鸣喇叭、前方学校等标志，交叉口应设置交通信号灯及交通违法监测记录设备。

4. 商业集中区周边

在商业集中区周边应充分考虑行人和非机动车通行需求，避免过境交通流通过商业集中区，应提前设置指路标志或诱导标志进行远端分流。在条件许可的情况下，片区内的次干路及支路宜实施单向交通组织。

商业集中区内公共停车场的出入口应避免设置在主干路上，宜将进出口分离设置，并实施

"右进右出"交通组织方式。商业集中区内的货运路线、时段、停车装卸货的地点设计应不影响主要道路通行。

5. 旅游景点周边

大型旅游客车、社会车辆、出租汽车、内部车辆、非机动车的停车区域应分开设置,对在中心城区的旅游景点,应优先满足大型旅游客车、出租汽车等车辆的停车和临时上下乘客需求,将社会车辆通过交通标志指引到附近的公共停车位或停车场。

合理设计从高速公路出口、国省道连接线到达景点的通行路线,并沿途设置旅游区交通标志进行指引。在节假日旅游高峰期,可对旅游景点周边实施临时性道路限行、封闭道路开口、禁止左转等交通管制,当需要设置临时性停车泊位时,宜在次干路和支路上设置。

6. 案例分析

下面以宁波市德培小学为例,进行案例分析。

1) 学校现状

宁波市德培小学现有 24 个班,约 1700 名学生。学校现状共有 3 个基地出入口,分别位于永达路、百宁街及沧海路上。

学校共配建 197 个机动车停车位,其中地下 192 个,地面 5 个;非机动车停车位共配建 158 个,其中家长接送非机动车位 128 个,教职工车位 30 个,非机动车停车位均位于地面。根据学校调研,教职工停车位需求为 60 个,接送的机动车约为 500 辆。

2) 主要问题

(1) 交通需求在空间和时间上过于集中;
(2) 接送时间与城市早晚高峰重合严重;
(3) 停车需求与行车需求并存;
(4) 人、非机动车、机动车混合通行现象严重。

3) 解决措施

(1) 地下接送。

为缓解周边交通压力,采用地下接送的模式(图 4-5),极大地缓解了地面交通拥堵。

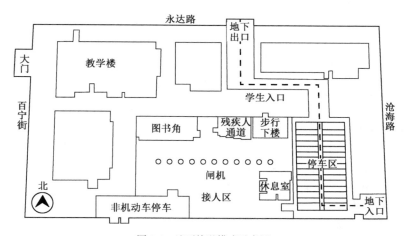

图 4-5 地下接送模式示意图

(2)机动车接送。

在上学期间,家长接送车辆统一由沧海路右转进入地库,地库入口处设置道闸,采用牌照自动识别系统,车辆只需等待两三秒即可进入地下车库。

地下车库采用即停即走的形式,车辆停留时间短,接送效率较高。由于家长车辆不需要占用车位,在上学期间停放的车辆主要为教师及职工的车辆,地下车库停车位占有率约为35%。

(3)非机动车与步行接送。

采用非机动车及步行方式的家长及学生主要通过沧海路及百宁街上的小支路,沧海路路口采用可升降式隔离桩进行隔离,禁止机动车通行,仅允许非机动车及行人通行。在上学期间,非机动车大多为即停即走,停放的非机动车数量较少。

(4)错峰放学。

目前,学生放学时间共分3个批次,在时间上形成错峰放学。

在放学期间,家长会提前到达将车辆停放在地下车库或将非机动车辆停放在地面非机动车停车区,然后步行到达地下等候区等待;学生放学后,通过教学楼的楼梯进入等候区,当家长还未到达时,学生可以在等候区休息或做作业。家长接到学生后,一部分通过机动车离开;另一部分通过非机动车或者步行离开。

4)实施效果

通过地下接送系统的实施,宁波市德培小学周边交通拥堵状况得到极大改善。

# 第三节 路段交通组织设计

路段交通组织设计的主要内容包括路段机动车交通组织设计、路段进出口交通组织设计、路段非机动车与行人交通组织设计、单向交通组织设计。

## 一、路段机动车交通组织设计

1. 道路横断面设计

1)一般城市道路断面形式

在一般城市道路中,道路横断面可以分为一块板道路、两块板道路、三块板道路和四块板道路等四种断面形式,如表4-3和图4-6所示。

如何利用路段上的交通隔离栏

各种断面形式的特点和适用情况　　　　表4-3

| 断面形式 | 特点 | 适用情况 |
| --- | --- | --- |
| 一块板道路 | (1)没有非机动车专用车道,机非混行;<br>(2)相向机动车流之间无分隔,存在对向干扰,机动车行驶车速较低 | 机动车、非机动车流量均不大的次干路或支路 |
| 两块板道路 | (1)机动车与非机动车共板通行,存在机非干扰;<br>(2)相向机动车流之间有分隔,基本消除对向机动车干扰,内侧车行道行驶车速较高 | 机动车流量较大,非机动车流量小的次干路、主干路 |
| 三块板道路 | (1)有非机动车专用车道,机非分行,排除机非之间的相互干扰,非机动车行驶安全;<br>(2)相向机动车流之间无分隔,存在对向干扰,机动车行驶车速不高 | 非机动车流量较大的主干路 |

续上表

| 断面形式 | 特　点 | 适用情况 |
|---|---|---|
| 四块板道路 | (1)有非机动车专用车道,机非分行,排除机非之间的相互干扰,非机动车行驶安全;<br>(2)相向机动车流之间有分隔,基本消除对向机动车干扰,机动车行驶车速高 | 机动车、非机动车流量均较大的主干路 |

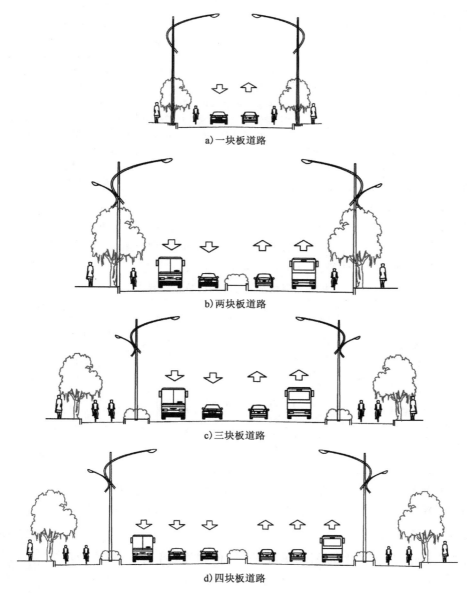

图 4-6　道路断面形式示意图

主干路宜采用四块板道路或三块板道路形式,次干路宜采用一块板道路或两块板道路形式,支路宜采用一块板道路形式。

同一条道路宜采用相同形式的横断面。当道路横断面变化时,应设置过渡段。

## 2) 中央隔离栏的设置

对于一块板道路和三块板道路，在道路建设之初，道路中央一般用黄线进行隔离。随着道路交通流量的增长和周边路网结构的改变，在以上类型道路的实际交通管理之中，往往会遇到是否要在道路中央设置隔离栏的问题。中央隔离栏设置之后的优缺点分析见表4-4。

中央隔离栏设置之后的优缺点分析　　　　表4-4

| 优 点 | 缺 点 | 考虑因素分析 |
|---|---|---|
| (1)对向车流采用隔离栏分隔，增加了车辆行驶的安全性，减轻驾驶人的心理负担；<br>(2)减少对向车辆的干扰，可提高车辆的行车速度和道路的通行能力；<br>(3)可防止车辆在道路上随意掉头，优化交通秩序；<br>(4)可有效防止行人横穿马路等违章行为；<br>(5)可视道路交通的实际运行情况确定是否对沿线道路和开口实行右进右出的交通管制 | (1)隔离栏设置不当容易影响道路景观；<br>(2)前期建设投资较大，如一般的塑钢型中央隔离栏需20万元/km；<br>(3)后期的清洁维护成本较高；<br>(4)当道路发生交通事故或严重交通拥堵时，将无法通过对向车道借道紧急疏散 | (1)交通安全因素，即是否会因为两个方向的相对车速过高而影响交通安全；<br>(2)交通秩序因素，即路段上是否存在行人横穿马路、车辆随意掉头、路段开口进出混乱等交通秩序不良的问题；<br>(3)道路功能因素，即现状的车辆行驶速度和路段通行能力是否与所在道路的功能定位相符，是否需要通过设置中央隔离栏来提高路段的行车速度和通行能力 |

## 3) 机非隔离栏的设置

对于一块板道路和两块板道路，在道路建设之初，非机动车和机动车一般用白色标线进行分隔。随着非机动车和机动车流量的增长，往往会遇到是否要在路段上设置机非隔离栏的问题。机非隔离栏设置之后的优缺点分析如表4-5所示。

机非隔离栏设置之后的优缺点分析　　　　表4-5

| 优 点 | 缺 点 | 考虑因素分析 |
|---|---|---|
| (1)可防止机动车借道非机动车道通行，避免影响非机动车的通行空间；<br>(2)可有效取缔非机动车道上的违法占道停车；<br>(3)可防止非机动车越线驶入机动车道，避免产生交通安全隐患；<br>(4)可有效防止行人横穿马路 | (1)非机动车道宽度受到影响，一般隔离栏占用宽度为0.4m，再加上机动车骑行时与隔离栏之间的侧向净空，非机动车实际通行空间将减少0.6~0.8m；<br>(2)对沿线公交车辆的停靠产生影响；<br>(3)当道路发生交通事故或严重交通拥堵时，将无法通过非机动车道借道紧急疏散 | (1)机动车违章借道非机动车道通行的情况是否严重；<br>(2)路边违章停车的现象是否严重；<br>(3)非机动车越线驶入机动车道的现象是否严重；<br>(4)非机动车道宽度是否富余，若隔离前非机动车道的宽度小于2.5m，则一般不建议隔离；<br>(5)行人横穿马路现象是否严重 |

另外，在设置机非隔离栏时，还应考虑所在道路的基本属性。主干路上，非机动车道应与机动车道分隔设置；次干路上，当设计车速大于或等于40km/h时，非机动车道宜与机动车道分隔设置。

### 2. 机动车道宽度设计

国内现行的标准规范与路段机动车道宽度取值相关的主要有《城市道路工程设计规范》(CJJ 37—2012)和《城市快速路设计规范》(CJJ 129—2009)这两部行业标准。

国内标准规范关于机动车道宽度主要考虑了"设计车速和行驶车型"等因素，宽度值一般在3.25~3.75m。上限值为3.75m，下限值为3.25m。关于车道宽度的标准如下：

如何设计路段机动车道宽度

（1）城市快速路、主干路和大型车混行车道，并且设计车速高于60km/h的情况下，路段机动车道宽度应为3.75m。

（2）城市除快速路外的一般道路，并且大型车混行车道的设计车速不高于60km/h，或者小型客车专用车道的设计车速大于60km/h的情况下，路段机动车道宽度应为3.50m。

（3）城市一般道路小型客车专用车道，并且设计车速不高于60km/h的情况下，路段机动车道宽度应为3.25m。

机动车道路面宽度应包括行车道宽度及两侧路缘带宽度，一块板道路及三块板道路采用中间隔离栏或双黄线分隔对向交通时，机动车道路面宽度还应包括隔离栏或双黄线的宽度。

3. 机动车道平面设计

1）一般形式机动车道平面设计

在一般道路平面设计中，主要涉及中央分隔线、车行道分隔线、机非分隔线和车行道边缘线等交通标线的设置，如图4-7所示。

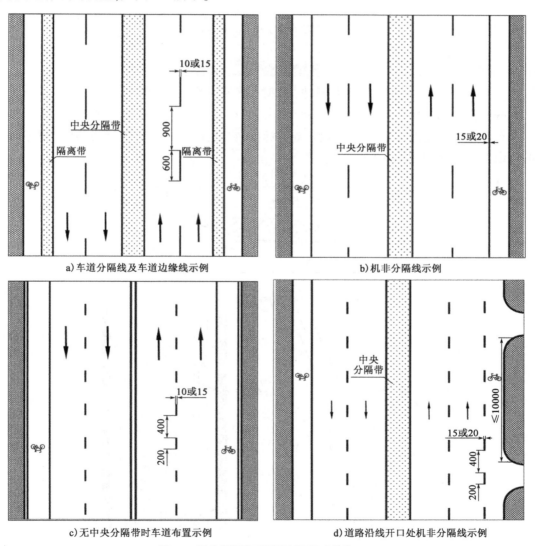

图4-7　机动车道平面设计示例(尺寸单位:cm)

2)车道数发生变化时平面设计

路段中的车道数由双数改为单数时,一般需要通过压缩车道宽度来增设一条车道。在改造中,应使车道数在行驶方向上由少至多变化,而不应由多至少变化,不然容易在车道数变化处形成交通瓶颈,如图4-8、图4-9所示。

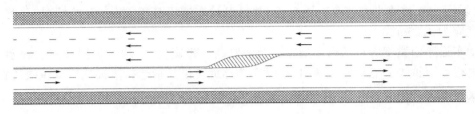

图4-8 车道数在行驶方向上由少至多变化设置示例(推荐)

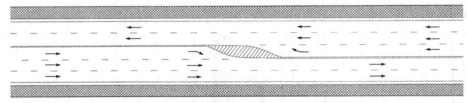

图4-9 车道数在行驶方向上由多至少变化设置示例(不推荐)

3)导流标线的设置

在车道数发生变化的路段,需要设置导流标线,在具体设置时,应使标线的倾斜方向与车流的行进方向一致,如图4-10所示。

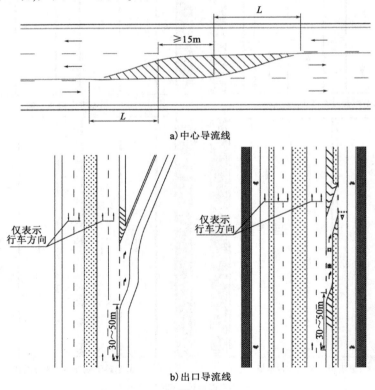

图 4-10

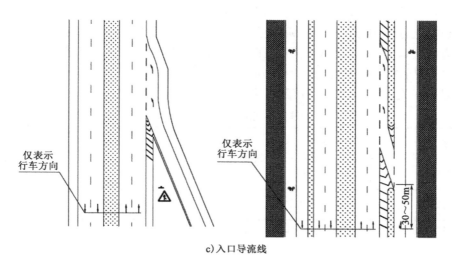

c) 入口导流线

图 4-10 导流线设置示例

**4. 路段限速管理**

1) 路段限速管理的相关车速

在路段限速管理中,涉及路段车速主要有设计车速、法定限速和运行车速等三种车速。以下对这三种车速进行介绍。

如何设计路段限速

(1) 设计车速。

设计车速是指道路设计中在最不利几何条件下所采用的计算车速,即在最不利情况下车辆可安全行驶的最高车速。相关研究表明,制约设计车速的主要因素为:车道宽度、中央分隔带宽度、视距(停车视距、会车视距、超车视距)、圆曲线(半径、长度)、竖曲线(半径、长度)和纵坡(坡度、坡长)。

在公路和城市道路的主要标准规范中,对设计车速的具体取值如表 4-6、表 4-7 所示。

《公路工程技术标准》(JTG B01—2014)中规定的公路设计车速(单位:km/h)  表 4-6

| 公路等级 | 高速公路 | | | 一级公路 | | | 二级公路 | | 三级公路 | | 四级公路 | |
|---|---|---|---|---|---|---|---|---|---|---|---|---|
| 设计车速 | 120 | 100 | 80 | 100 | 80 | 60 | 80 | 60 | 40 | 30 | 30 | 20 |

《城市道路工程设计规范》(CJJ 37—2012)中规定的城市道路设计车速(单位:km/h)  表 4-7

| 道路等级 | 快速路 | | | 主干路 | | | 次干路 | | | 支路 | | |
|---|---|---|---|---|---|---|---|---|---|---|---|---|
| 设计车速 | 100 | 80 | 60 | 60 | 50 | 40 | 50 | 40 | 30 | 40 | 30 | 20 |

(2) 法定限速。

法定限速是指国家及相关省市道路交通法规中有关道路限速的规定。其中,《中华人民共和国道路交通安全法实施条例》中的第四十五条对道路限速的规定为:机动车在道路上行驶不得超过限速标志、标线标明的速度。在没有限速标志、标线的道路上,机动车不得超过下列最高行驶速度:

①没有道路中心线的道路,城市道路为 30km/h,公路为 40km/h;

②同方向只有 1 条机动车道的道路,城市道路为 50km/h,公路为 70km/h。

另外,例如《浙江省实施〈中华人民共和国道路交通安全法〉办法》中的第四十三条规定:机动车在道路上行驶不得超过限速标志、标线标明的速度。在没有限速标志、标线的道路上,同方向划有两条以上机动车道的道路,城市道路最高时速为60km,公路最高时速为90km;在单位院内、居民居住区内,最高时速为20km。

根据以上相关规定,不同类型道路的法定限速汇总见表4-8。

法定限速汇总(单位:km/h)　　　　　　　　　　　表4-8

| 道 路 类 型 | 没有中心线 | 同方向1车道 | 同方向2车道及以上 |
|---|---|---|---|
| 城市道路 | 30 | 50 | 60 |
| 公路 | 40 | 70 | 90 |

注:对于非浙江省的道路,"同方向2车道及以上"道路的限速值仅供参考。

(3)运行车速。

运行车速是指在一定的道路几何条件下,某种车辆的实际行驶速度。实际应用中常取一个代表性速度,如以实测的第85百分位车速为运行车速。第85百分位车速($v_{85}$)是指在行驶的全部车辆中有85%未达到的车速,常用作确定最高行驶速度重要参考数据。

从安全角度考虑,道路中车速运行的理想状态是设计车速与运行车速取得一致。但驾驶人一般不是根据道路等级,而是根据其本人的心理期望、道路实际限制(包括交通条件、几何条件、气候条件)以及汽车性能、本身技能的限制来选择运行车速的,因此,实际运行车速往往会高于设计车速。

对限速区内部分代表断面进行观测或预测,确定第85百分位速度。以第85百分位速度值为基础,取其上下5~10 km/h 范围内的值。选取代表断面时要避免信号灯控制交叉口的影响。

2)路段限速取值

根据以上有关设计车速、法定限速、运行车速等基本概念的介绍,可以得出路段限速取值时需要满足以下两个基本前提条件:

(1)限速值一般应大于或等于设计车速,其中城市道路多取大于值,公路多取等于值。

(2)限速值应与运行车速大致相当,即在设置限速后,超速车辆应是少数的。

基于以上两个前提条件,在综合考虑公路及城市道路的实际交通情况、事故情况后,一般可采取如下方法来确定道路的限速值:

(1)当设计车速小于法定限速时,则限速值需小于或等于法定限速,实际取值中可比较设计车速和运行车速之后综合确定。

(2)当设计车速大于或等于法定限速时,则一般直接以设计车速作为限速值。

(3)对于道路和交通条件受限或较差的路段,限速值需要小于或等于设计车速。

(4)一般情况下,应实施固定限速管理。在经常发生恶劣天气、交通事故、交通拥堵的路段,宜实施可变限速管理。

(5)在学校、医院、养老院门口路段以及街区内道路应采取强制降低车速的设计。

(6)限制速度值以道路的设计车速值为基础,可以取设计车速值或低于设计车速值。在符合法律规定的前提下,限制速度值也可以提高10~20 km/h,但不高于120km/h,限制速度值比设计车速值高 10~20 km/h 的,应进行交通工程论证。

(7)如果限制速度值和设计车速值的差值超过 20km/h,则需要进一步分析、观测或预测、调整。

(8)道路上长大结构物,如跨海大桥、特长隧道、山区高墩特大桥等,限制速度值不宜高于设计车速值。

(9)路域交通环境复杂、存在横向干扰的路段,限制速度值不宜高于设计车速值。

(10)限制速度值是 10 km/h 的整数倍。

(11)当道路功能或环境发生较大变化时,宜对限制速度值进行评估,根据需要对限制速度值进行调整。

(12)限速区最小长度见表 4-9。

限速区最小长度　　　　　　　　　　　　　表 4-9

| 限速值(km/h) | 30 | 40 | 50 | 60 | 70 | 80 | 90 | 100 | ≥100 |
|---|---|---|---|---|---|---|---|---|---|
| 限速区最小长度(km) | 0.3 | 0.4 | 0.5 | 0.6 | 0.7 | 0.8 | 0.9 | 2.0 | 10.0 |

注:1. 学校校区的限速区最小长度是 0.2km。
　　2. 高速公路和城市快速路上,限速区最小长度是 2.0km。

3)案例分析

215 省道在宁波东钱湖辖区境内约 20km,为双向两车道的二级公路,设计车速为 70km/h。全线限速为 70km/h,部分穿村镇路段限速为 60km/h。2003 年,东钱湖城建部门对 14km + 250m 至 17km + 200m 近 3km 路段按城市次干道标准进行了改造,设计车速为 40km/h,改造后增设了中心绿化带,标准断面为双向四车道。

道路改造完毕后,有关部门以设计速度为依据,该路段设置了 40km/h 的限速,但由于该路段前后均采取了 70km/h 的限速,且经改造后该路段路况、视线均要好于前后路段,经实测绝大部分车辆的行驶速度接近 70km/h,造成超速违法现象比比皆是。

经研究协调,在 14km + 250m 至 17km + 200m 段重新设置全路段 60km/h 的限速,部分弯道或危险路段限速 40km/h。

评析:该路段改造后的设计车速是 40km/h,法定限速是 60km/h,运行车速是 70km/h,是典型的设计车速远小于运行车速且小于法定限速的情况。考虑到一般路段道路和交通条件良好,且法定限速与运行车速值相差较小,调整后,以法定限速作为限速值,满足了实际的交通运行和交通管理的要求,效果良好。

## 二、路段出入口交通组织设计

路段出入口是指道路沿线单位在路段上的直接开口,其交通组织的内容主要为出入口的设置(即位置和数量的控制)以及开口的交通管制形式这两个方面。

如何设计路段沿线出入口

1. 路段出入口的设置

城市道路的路段出入口都是路外的地块或内部道路与城市道路的衔接点。路段出入口的间距是指,沿着道路边缘从一个路口或出入口最近的道路边缘,到相邻的出入口或路口最近的道路边缘之间的距离,分为出入口与交叉口的间距和出入口与出入口的间距。

城市道路路段出入口的接入，使得附近路口和路段的交通特性变得更为复杂，容易形成交通流的交织点和冲突点，出入口与交叉口距离过近、出入口之间间距过小，都会形成大量的交通冲突，直接影响道路交通运行效率和交通安全。而出入口交通组织不合理，则会造成大量出入口处的转弯车辆与路段通过车辆的矛盾，容易形成交通拥堵。

路段出入口之间的距离，最小要设置为多少才是合适的，能不能紧邻着设置两个路段出入口，这主要根据右转冲突重叠区来确定。

右转冲突区域是指，直行车辆驾驶人在行进时，必须注意从路段出入口进入主路的车辆，所引起的潜在冲突区域。如果多个出入口间距过短，冲突区形成叠加，就会产生右转冲突重叠区。

因此，在确定路段出入口间距时应保证合适的距离，避免产生右转冲突重叠区，使直行车辆驾驶人在行进时，一次只处理一个右转冲突，保障主路交通运行效率和交通安全。

为尽可能减少路段出入口对主线交通的干扰，《城市道路交叉口规划规范》（GB 50647—2011）中针对路外地块的机动车出入口给出设置要求：

(1) 道路外侧规划用地的建筑物机动车出入口不得规划在新建交叉口范围内，应设置在支路或专为道路外侧规划用地建筑物集散车辆所建的内部道路上。

(2) 改建和治理交叉口规划中，道路外侧规划用地的建筑物机动车出入口应设在交叉口规划范围之外的路段上，或设在道路外侧规划用地建筑物距离交叉口的最远端。

(3) 干路上道路外侧规划用地建筑物出入口的进出交通组织应为右进右出。

《城市道路交叉口设计规程》（CJJ 152—2010）中对地块及建筑物开口位置进行了规定：地块及建筑物的机动车出入口不得设在交叉口范围内，且不宜设置在主干路上，宜经支路或专为集散车辆用的地块内部道路与次干路相通。改建交叉口附近地块或建筑物出入口应满足下列要求：

(1) 主干路上，距平面交叉口停止线不应小于100m，且应右进右出；

(2) 次干路上，距平面交叉口停止线不应小于80m，且应右进右出；

(3) 支路上，距离与干路相交的平面交叉口停止线不应小于50m，距离同支路相交的平面交叉口不应小于30m。

2. 路段出入口的交通管制形式

路段出入口的交通管制形式一般有三种，即信号灯控制、右进右出控制和无信号控制。由信号灯控制的出入口其交通组织形式与一般形式的信号灯控制交叉口类似，详见下文介绍。

1) 信号灯控制

信号灯控制的路段出入口要充分考虑部分小区及单位设置的门岗闸机对进出出入口车辆的影响。这时门岗闸机的位置就类似于交叉口的停车线，通常需要将小区出入口的闸机位置后移，使得进入小区的车辆有一个更大的排队缓冲区，可以降低车辆在进入小区前受闸机阻滞而在出入口排队停车的概率，减少人车冲突，提高通行能力。信号灯控制出入口闸机设置方式如图4-11所示。

2) 右进右出控制的出入口

在右进右出控制方式中，路段出入口的进出车辆只能通过右转的方式通行。这种控制方式对道路沿线进出交通组织与管理的影响较大。路段出入口是否进行右进右出控制，这主要取决于道路的交通功能及路段沿线进出交通的需求条件,图 4-12 给出两种方式下的交通冲突状况比较。

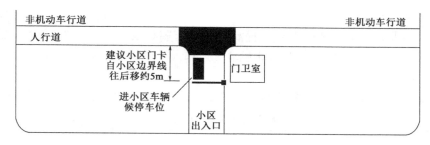

图 4-11　信号灯控制出入口闸机设置方式

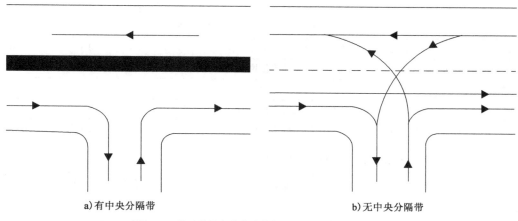

图 4-12　是否进行右进右出控制时的交通冲突状况比较

当道路等级较高时,需要优先选择对相关开口设置右进右出的控制方式,以保障道路主线交通流的通行能力及行驶的安全性。

3) 无信号控制的出入口

在无信号控制方式中,路段沿线出入口的进出车辆能自由地以左转和右转方式通行,并且应该在出入口处进行让行控制,通常出入口方向的车辆应让行道路主线车辆。对于部分重要的单位和居住小区,应在出入口处设置禁止停车区域,施划禁停网格线,保证车辆能正常进出(图 4-13)。一般禁停网格线的范围应大于小区出入口的宽度,需要超出小区出入口道路缘石的切点位置。

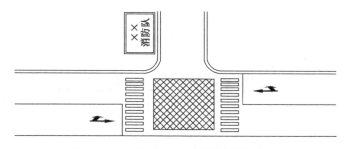

图 4-13　重要单位出入口的网格线设置方式

## 三、路段行人与非机动车交通组织设计

### 1. 车道宽度设计

非机动车道及人行道宽度的保障对提高非机动车骑行及行人行走的舒适性和安全性极为重要,相关国家规范对非机动车道和人行道的宽度均有规定。

如何设计路段人行道宽度

（1）人行道宽度规定及计算

人行道宽度必须满足行人安全顺畅通过的要求（表 4-10），并应设置无障碍设施。

城市人行道的最小宽度　　　　　表 4-10

| 项　　目 | 人行道最小宽度(m) | |
|---|---|---|
| | 一般值 | 最小值 |
| 人流量大、街道界面友好的人行道,是步行网络的主要组成部分。主要分布在城市中心区和功能区,中型及以上公共设施、轨道车站、交通枢纽周边,人员活动聚集区等地区的人行道 | 4.0 | 3.0 |
| 以步行直接通过为主的人行道,街道界面活跃度较低,人流量较小 | 3.0 | 2.0 |
| 特殊路段　商业、医院、学校等公共场所集中路段 | 5.0 | 4.0 |
| 特殊路段　火车站、码头所在路段 | 5.0 | 4.0 |
| 特殊路段　轨道车站出入口、长途汽车站、快速公交车站所在路段 | 4.0 | 3.0 |

注：1. 历史文化街区、风貌协调区等需要保护的特色地区的支路,沿道建筑不允许拆除、道路无法拓宽的,最小宽度可酌情缩减。
2. 对行道树池进行平整化处理的,行道树池有效宽度的 1/2 计入人行道宽度。

沿人行道设置行道树、公共交通停靠站和候车亭、公用电话亭等设施时,不得妨碍行人正常通行。

人行道一般禁止车辆驶入,但推着非机动车在人行道上行走或者残疾人摇动轮椅车在人行道上通行的,应按行人对待。小区出入口或单位出入口处,将人行道截断的部分,虽然是行人和车辆共同通行的地带,但仍应视为是被截断的人行道,车辆行经有行人通过此处时,须减速或停车让行,以保证安全。在实际设计中,一般在出入口处会施划人行横道标线,连接被截断的人行道。

人行道宽度应按单条行人通行带的整倍数计算,并由式（4-1）和表 4-11 根据高峰小时设计行人流量和通行能力综合确定。

$$W_p = \frac{N_w}{N_{w1}} \times W_1 \qquad (4-1)$$

式中：$W_p$——人行道宽度(m)；
　　$N_w$——人行道高峰小时设计行人流量(人/h)；
　　$N_{w1}$——单条行人通行带的设计通行能力(人/h)；
　　$W_1$——单条行人通行带的宽度(m)。

单条行人通行带的宽度和设计通行能力　　　　　表 4-11

| 所在地点 | 宽度(m) | 设计通行能力(人/h) |
|---|---|---|
| 城市道路上 | 0.75 | 1800 |
| 车站码头、人行天桥和地道处 | 0.90 | 1400 |

(2) 非机动车道宽度规定及计算

根据《城市步行自行车交通系统规划标准》(GB 51439—2021)的规定,城市非机动车道的最小宽度要求见表 4-12。

单条非机动车道设置时,应考虑两侧的侧向净空,宽度应为 1.5m,之后每增加 1 条车道,宽度增加 1m。与机动车道仅用标线隔离的非机动车道,车道数单向不应小于 2 条,宽度不应小于 2.5m。

如何设计路段
非机动车道宽度

城市非机动车道的最小宽度　　　　　　表 4-12

| 项　目 | | 非机动车道最小宽度(m) | |
|---|---|---|---|
| | | 一般值 | 最小值 |
| 自行车流量较大、贯通性好的非机动车道,是非机动车交通的主通道 | | 4.5 | 3.5 |
| 人流量较小、非机动车流量较少的非机动车道,以集散和到发为主 | | 3.5 | 2.5 |
| 自行车专用道 | 双向 | 4.5 | 3.5 |
| | 单向 | 3.5 | 2.5 |

注:历史文化街区、风貌协调区等需要保护的特色地区的支路,沿道建筑不允许拆除、道路无法拓宽的,最小宽度可酌情缩减。

与机动车道合并设置的非机动车道,车道数单向不应小于 2 条,宽度不应小于 2.5m。非机动车专用道路面宽度应包括车道宽度及两侧路缘带宽度,单向不宜小于 3.5m,双向不宜小于 4.5m。

城市主干路上,非机动车道应与机动车道分隔设置。次干路上,当设计车速大于或等于 40km/h 时,非机动车道宜与机动车道分隔设置。分隔设置的方式包括物理隔离和标线隔离。

非机动车道宽度应按单条非机动车通行带的整倍数计算,并由式(4-2)和表 4-13 根据高峰小时设计非机动车流量和通行能力综合确定。

$$W_b = \frac{N_b}{N_{bl}} \times W_2 + 0.25 \times 2 \tag{4-2}$$

式中:$W_b$——非机动车道宽度(m);

$N_b$——非机动车道高峰小时标准自行车流量(辆/h);

$N_{bl}$——单条非机动车通行带的设计通行能力(辆/h);

$W_2$——单条非机动车通行带的宽度(m)。

单条非机动车通行带的宽度和设计通行能力　　　　　　表 4-13

| 所在地点 | 隔离类型 | 宽度(m) | 设计通行能力(辆/h) |
|---|---|---|---|
| 城市路段 | 机非隔离 | 1.00 | 1500 |
| | 无机非隔离 | 1.00 | 1300 |
| 城市交叉口 | 机非隔离 | 1.00 | 750 |
| | 无机非隔离 | 1.00 | 650 |

2. 车道通行能力

(1) 非机动车道通行能力

当有机非分隔设施时,不受平面交叉口影响的一条非机动车道的路段设计通行能力,应取 1600~1800 辆/h;当无分隔时,应取 1400~1600 辆/h。信号交叉口进口道一条非机动车道的设计通行能力可取 800~1000 辆/h。

### (2) 人行设施通行能力

一般而言，人行设施通行能力可按表4-14中所列的数值进行选取。

人行设施基本通行能力和设计通行能力[单位：人/(h·m)]　　　　表4-14

| 人行设施类型 | 基本通行能力 | 设计通行能力 |
|---|---|---|
| 人行道 | 2400 | 1800~2100 |
| 人行横道 | 2700 | 2000~2400 |
| 人行天桥 | 2400 | 1800~2000 |
| 人行地道 | 2400 | 1440~1640 |
| 车站码头的人行天桥、人行地道 | 1850 | 1400 |

### 3. 人行横道的设置

#### 1) 路段人行横道的设置原则

路段人行横道的设计既要保障行人过街的安全性和便捷性，又要尽量减少行人过街对机动交通的干扰。路段人行横道的设置应遵循以下原则：

如何设计路段过街人行横道

（1）人性化原则：充分尊重大多数行人的心理与行为选择，使行人自然地利用过街设施，而不是强迫行人利用不合理的过街设施。

（2）便捷性原则：应注重过街设施的舒适性与便捷性，充分考虑老年人、儿童和残疾人等交通弱势群体的通行权利和交通需求，提供宜人的步行环境。还应特别注意处理好换乘公共交通的慢行交通对通行便利性的要求。

（3）安全和效率并重的原则：充分利用道路条件和车流规律，选择类型合适的过街设施，采用恰当的控制与管理方式，最大限度地确保行人的通行时间、空间以及过街的安全，并减小行人过街对机动车交通的影响。

#### 2) 路段人行横道的设置方法

在无信号灯控制的路段中设置人行横道线时，应在达到人行横道线前的路面上设置停止线和人行横道线预告标识线，并配合设置人行横道指示标志，视需要也可增设人行横道警告标志。路段人行横道设置示例如图4-14所示，人行横道预告标识线如图4-15所示。

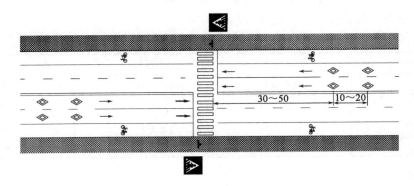

图4-14　路段人行横道设置示例（尺寸单位：m）

路段上人行横道或其他过街设施的间距宜为250~300m。人行横道的宽度应根据过街行人数量及信号控制方案确定，主干路的人行横道宽度不宜小于5m，其他等级道路的人行横道宽度不宜小于3m，宜采用1m为单位增减。人行横道施划方式参考图4-16。

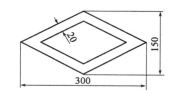

图 4-15 人行横道预告标识线(尺寸单位:cm)

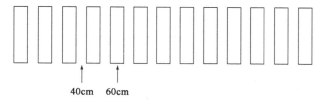

图 4-16 人行横道施划方式

当人行横道长度大于 16m 时,应在分隔带或道路中心线附近的人行横道处设置行人二次过街安全岛,安全岛宽度不应小于 2.0m,困难情况下不应小于 1.5m。对于"Z"字形的二次过街安全岛的设置,应使行人在安全岛内行走时"迎着"车流方向,如图 4-17a)所示,便于行人发现与过街路线存在交通冲突的车辆,提高行人过街的安全性。在没有二次过街设施的情况下,则应考虑收窄路段上设置行人过街区域的断面宽度,减小人行横道的长度。

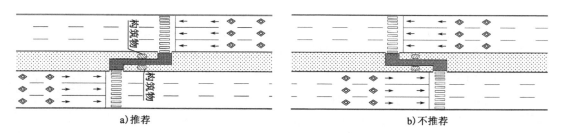

图 4-17 "Z"字形二次过街安全岛的设置

在车速较高的路段上,建议尽量避免直接设置过街人行横道,如果确有过街需求且无法通过其他方式满足,则应设置信号灯控制的人行横道,并在有条件的情况下,尽可能缩减机动车道数量,缩窄路段断面宽度,缩小人车的冲突区域,减少行人的过街距离和时间。

当人行横道过密时,应该裁撤掉不合理设置的人行横道线。人行横道线太密,不仅存在安全隐患,也大量增加了人车冲突点,容易造成交通拥堵。

3) 人行横道设置间距

《城市道路工程设计规范》(CJJ 37—2012)对人行横道设置的间距进行了规定:

交叉口处应设置人行横道,路段内人行横道应布设在人流集中、通视良好的地点,并应设置醒目标志。人行横道间距宜为 250~300m。

《城市道路交通设施设计规范》(GB 50688—2011)对人行横道间距的设置要求为:

快速路和主干路上人行过街设施的间距宜为 300~500m,次干路上人行过街设施的间距宜为 150~300m。

应该设置路段人行横道的位置有:次干路及支路上的大型公共建筑、卖场超市、学校幼儿园、医院养老院、地铁站出口等行人过街需求较为集中的路段,或者路侧有出入口或人流集中区域,以及高峰小时横穿道路人流量较大的路段。

不应设置路段人行横道的情况有:主次干路上公交站台前后30m范围内的路段;有天桥或地道等其他人行过街设施的前后100m范围内的路段;在视距受限制的路段、急弯、陡坡等危险路段和车行道宽度渐变的视距不良的路段。

在《城市道路交通组织设计规范》(GB/T 36670—2018)中则规定:在人流密集商业区,或生活性道路,结合过街需求,宜间隔150~250m设置一处行人过街通道。主干路或交通性道路,宜间隔300~400m设置一处行人过街通道。

综合以上规范要求可知,在非主干路上过街人行横道道间隔不得小于150m,在主干路上不得小于300m。

### 四、单向交通组织设计

什么是城市道路单向交通组织

单向交通(也称为单行线或单行道)作为一种投资少、见效快、操作简便的交通管理措施,在国外单向交通得到了广泛应用。

美国费城于1906年首次实施单向交通管理。到20世纪20年代,美国的纽约等城市出现了在整个街区实行单向交通组织的道路网。法国巴黎的4333条街道中有1400多条实行单向交通,总长度超过400km,有些单行道路甚至有6车道。日本从1956年开始实施单行线,到20世纪70年代东京的单向交通线路占全部道路的约20%。

国内从20世纪50年代开始,在上海、青岛等城市也开始大量普及单向交通。以宁波市为例,到2014年底已经实施的城区单行线超过100条。

**1. 单向交通的主要优势**

单向交通有什么作用

(1)提高路段通行能力。实行单向交通后,由于没有了对向行驶的机动车,机动车与机动车、机动车与非机动车之间的交通干扰减小,从而提高了路段通行能力。据统计,国外单行线可提高通行能力达20%~80%,国内一般为15%~50%。双向通行时路段的逆向干扰如图4-18所示,单行时路段的同向干扰如图4-19所示。

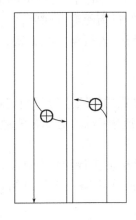

图4-18 双向通行时路段的逆向干扰

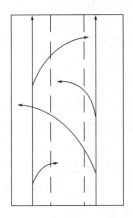

图4-19 单向通行时路段的同向干扰

（2）提高车辆的运行速度，降低延误。实行单向交通后，车辆由于双向交通带来的纵向和横向干扰减少，停车次数和交通延误时间相应减少，使得车辆平均行程时间缩短，提高行驶速度。

（3）减少路口冲突点，提高路口通行能力。单向交通由于简化路口交通组织，可以减少机动车与机动车及非机动车之间的冲突点，提高路口的通行能力。实施单向交通后，交叉口的冲突点数从 16 个降到 4 个，仅为实行双向交通时的 25%，如图 4-20、图 4-21 所示。

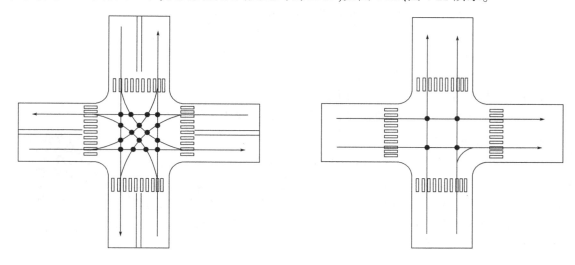

图 4-20　双向通行时交叉口的冲突点数　　　　　图 4-21　单向通行时交叉口的冲突点数

（4）减少交通事故。由于单向交通组织下无对向车流，且路口冲突点减少，因此车辆相互干扰和相撞的概率降低，改善行车条件；另外，人行横道不再受双向车流的影响，也增加了行人和驾驶人的安全感。国外研究表明，实行单向交通，事故率降低 30%～60%。

（5）为路内停车设置创造条件。在实行单向交通的路段，可增加路边的临时停车位数，缓解停车难压力。

（6）有利于配时的优化。单向交通形式下路口交通运行简单，有利于实施道路协调控制（线控）或区域协调控制，提高绿灯利用率。不管交叉口间距是否相等，均能方便地按路口间距来调整信号时差，充分利用绿灯信号时长。

2. 实施单向交通条件

1）一般规定

实施区域交通组织优化，或道路双向交通流量已达饱和状态，可组织单向交通。

单向交通组织
需要哪些条件

2）道路条件

（1）单行路宜为次干路和支路，双向车道数宜小于 4 条；

（2）单行路周边应有与其平行的道路，间距宜小于 450m；

（3）与单行路平行的道路之间应有连通道路，相邻连通道路之间间距宜小于 600m。

3）通行条件

在满足道路条件的路网中，有符合下列条件之一的道路可设置为单行路：

(1)道路狭窄,车辆会车存在困难,易造成交通拥堵或交通事故的道路;

(2)实施城市公交专用车道、有轨电车、慢行交通专用道等措施后,剩余道路空间不满足机动车双向通行的道路;

(3)需要设置路内停车泊位,剩余道路空间不满足机动车双向通行条件的道路;

(4)沿线开口较多,左转交通流对主线交通流影响较大的道路;

(5)平行于大流量主干路,且可用于对主干路交通分流的道路;

(6)与其他道路相交,形成五路或五路以上交叉口的道路。

4)交通流条件

在满足道路条件的路网中,有符合下列条件之一的道路可设置为单行路:

(1)全天交通流向比大于1.5的道路;

(2)双向两车道,且高峰时间段内道路交通流向比大于2的道路;

(3)双向三车道,且高峰时间段内道路交通流向比大于3的道路。

3. 单行方向确定方法

单向交通设置的出发点为以空间换时间。在单向方向的确定中,一种方法是根据单行互补理论进行确定。由于单行只允许车辆向特定方向行驶,车辆想回到原地,只能从另外的路回来,因此往往就需要在单行路的周边设计一条方向相反的单行路,这两条道路要尽可能相似,尽可能平行,距离尽可能接近,如图4-22所示。另一种方法是根据道路交通的实际情况进行确定。

如何确定单行路的单行方向

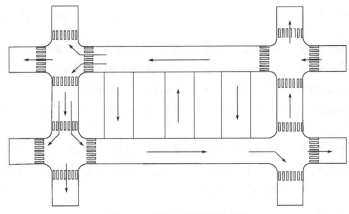

图4-22 单行互补理论示意图

总体而言,单行方向可以从以下几个角度进行考虑来确定。

(1)从顺时针配对的角度考虑:将单行道路与其他绕行道路设置成一路右转循环绕行,如图4-23所示。

(2)从逆时针配对的角度考虑:特别是针对两条邻近道路,将其视为双行道路绕行,两路之间的空间相当于中央隔离,如图4-24所示。

(3)从疏散重要节点的角度考虑:一般将交通流从离开节点和离开某区域的方向引导,如图4-25所示。

(4)从避免出现"瓶颈"的角度考虑:在双行路与单行路衔接处,应保证交通流的顺畅,如图4-26所示。

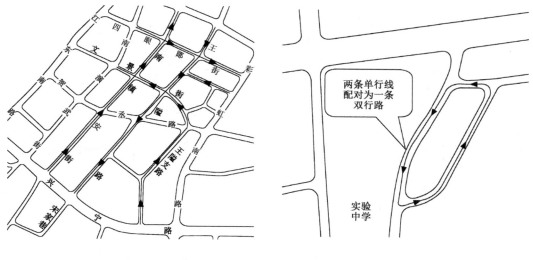

图 4-23 顺时针配对示例　　　　　　图 4-24 逆时针配对示例

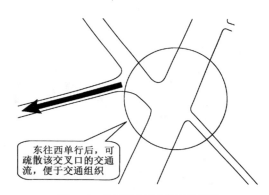

图 4-25 单行后疏散交通流的示例

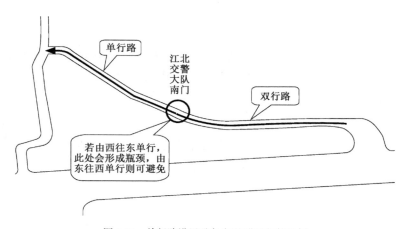

图 4-26 单行路设置避免出现"瓶颈"的示例

(5)从避免重要节点处发生交通拥堵的角度考虑：重要节点处交通流尽量"一分为二"，避免"合二为一"，如图 4-27 所示。

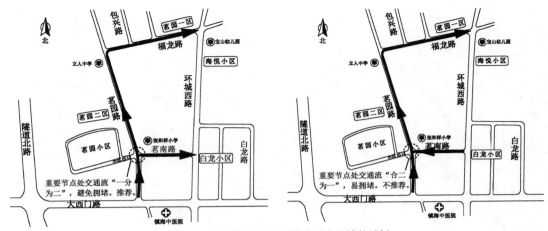

图 4-27　单行路设置后重要节点避免拥堵的示例

(6) 从优化交通流主要方向交通组织的角度考虑：特别是用于对主要道路和主要交通流向的分流，如图 4-28 所示。

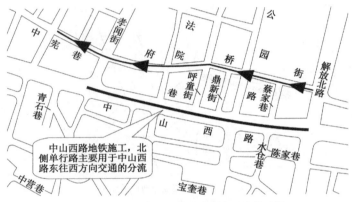

图 4-28　单行路设置后优化主要交通流的示例

(7) 从便于路侧停车位施划的角度考虑：对于部分支路，实施单向交通后可沿单行方向右侧设置停车位，在其余方面条件均许可的情况下，单行方向的确定可适当考虑停车位设置的便利性，使停车位设置在单位开口或道路开口较少的一侧，以便设置更多的停车位。

4. 单向交通调查、评价及方案编制内容

1) 调查范围

调查范围应为单向交通实施后交通运行状况变化可能较为明显的区域，一般为单行路沿线交叉口外延 1~2 个路口所围合的区域。

如何编制单向交通组织方案

2) 调查内容

单向交通调查内容如表 4-15 所示。

3) 交通评价内容

单向交通实施前应开展现状交通评价，实施后应开展实施效果评价，评价参数如下：

(1) 平均行程车速：实施单向交通的道路长度与车辆通过该道路的平均行程时间之比，单位为 km/h。

单向交通调查内容 表4-15

| 单行路 | 道路断面形式、宽度及车道数,沿线交叉口间距及出入口位置,分流向交通流量,平均行程车速,停车设施,公交线路、站点,现状管理措施,交通事故起数等 |
|---|---|
| 其他道路 | 道路等级,道路断面形式、车道数,分流向交通流量,平均行程车速,公交线路、站点,现状管理措施,交通事故起数等 |
| 其他 | 影响区域内重要单位、居民意见等 |

(2)饱和度:道路或交叉口的实际交通流量与通行能力之比。

(3)交通事故数:设置单向交通的道路发生交通事故起数,单位为起。

(4)交叉口冲突点密度:交叉口几何区域内每100m²所存在的等效冲突点数量。等效冲突点数量计算方法如下:

$$A = N_0 + 3N_e + 5N_l \tag{4-3}$$

式中:$A$——交叉口的等效冲突点数量;

$N_0$——交叉口车流的分流点数量;

$N_e$——交叉口车流的合流点数量;

$N_l$——交叉口车流的交叉点数量。

(5)平均绕行距离:在影响范围内,实施单向交通前后,道路网内总的绕行增加距离与路网交通总量之比,单位为km/pcu。

4)方案编制内容

在现状交通评价的基础上编制单向交通方案,内容包括:

(1)确定单行路的起终点、通行方向、通行车种、通行时间等;

(2)单行路沿线交叉口、出入口机动车、非机动车和行人交通组织设计;

(3)反向交通的绕行路线设计;

(4)单行路沿线的交通标志标线、交通信号灯、道路交通信息监测记录设备等交通管理设施设计;

(5)相邻交叉口与单向交通有关的指示、绕行线路、告示等交通标志设计;

(6)单行路沿线的行人过街设施、停车设施等交通设施设计;

(7)单行路沿线或绕行道路的公共交通线路及站点调整设计。

5.案例分析

下面以宁波市区郡庙单行片区为例进行案例分析。

1)片区概况

郡庙片区为药行街—碶闸街—大沙泥街—开明街围合而成的片区,位于宁波市区天一商圈的南部,片区内存在城隍庙商城、数码广场、中国银行、凯洲皇冠假日酒店等大型商业和娱乐设施,并设有多处大型地下停车场。片区内车流量和人流量极大,但仅有大来街、开明街130弄、碶闸街25弄等宽度仅为7m左右的几条支路,现状交通拥堵状况极为严重。

2)单行路走向

为缓解郡庙片区的交通拥堵状况,宁波市交警部门对片区内的大来街、开明街130弄和城隍庙南侧支路实施了单向交通组织,单行路走向整体按开明街—开明街130弄—大来街—城隍庙南侧支路四条道路形成顺时针的循环来考虑,其中,大来街实行了由北往南的单行,开明街130弄实行了由西往东的单行,城隍庙南侧支路实行了由东往西的单行。郡庙片区单行路走向如图4-29所示。

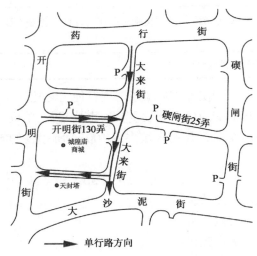

图4-29 郡庙片区单行路走向图

3) 单行路细化设计

在单行路(主要路口之间)的起点设置单行线指示标志,终点设置禁止驶入标志,路段上的相关开口需设置禁左或禁右的禁令标志。同时,为提高单行路的遵章率,需要在单行路的重要节点处设置电子警察,抓拍闯禁的车辆。

若需要在单行路上设置路侧停车位,则停车方向须与单行方向一致,并通过偏移道路中心线,在设置停车位的一侧加宽车道,实行机非混行,另一侧则作为对向的非机动车道。

单行路细化设计如图4-30所示。

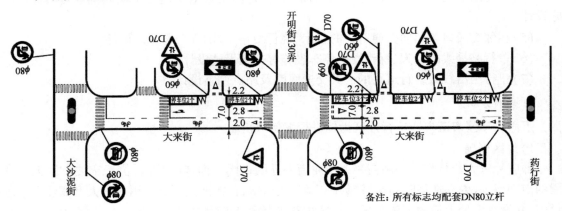

图4-30 单行路段细化设计图

4) 外围绕行指示

为方便驾驶人在单行片区内绕行,在单行片区外围的主要路口设置了单行路绕行指路标志,如图4-31所示。

98

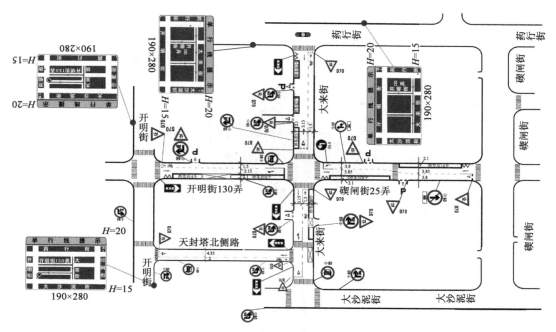

图 4-31　郡庙单行片区交通标志及标线设置总图示意

## 第四节　平面交叉口交通组织设计

平面交叉口(简称交叉口)是路网中通行能力降低的节点。由于交叉口可供交通流变换方向,例如对于信号灯控制的交叉口,有一半左右的绿灯时间供交叉方向上的车流通行,故在一个流向上,平面交叉口的通行能力一般要小于路段通行能力的一半。因此,做好交叉口的交通组织是路网整体交通组织优化的关键。

交叉口交通组织设计的基本理念

### 一、基本概念

1. 交叉口的分类

根据管制方式的不同,平面交叉口可以分为信号控制交叉口、环岛控制交叉口和无信号控制交叉口等三种类型。其中,无信号控制交叉口包括让行控制交叉口和全无控制交叉口。

2. 交叉口交通组织设计的范围

交叉口交通组织设计的范围包括物理区和功能区两部分(图 4-32)。其中,功能区为交叉口的进口道和出口道所在的空间,物理区则为交叉口的内部空间。

3. 交叉口基本要素

交叉口基本要素是指在交叉口设计范围内与交通组织相关的组成部分,主要包括的内容如图 4-33 所示。

4. 交叉口交通冲突的类型

交叉口交通冲突可以分为垂直交叉冲突、正向交叉冲突、逆向交叉冲突、分流冲突、合流冲突和交织冲突等六种类型,其中垂直交叉冲突、正向交叉冲突、逆向交叉冲突又统称为交叉冲突。各种类型的交通冲突如图4-34所示。

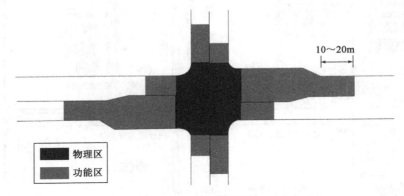

图4-32 交叉口交通组织设计范围

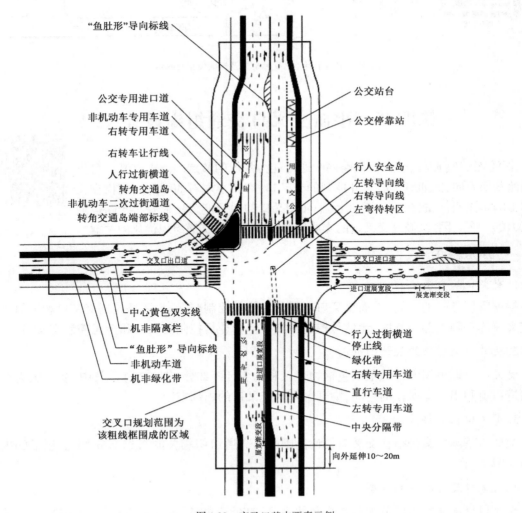

图4-33 交叉口基本要素示例

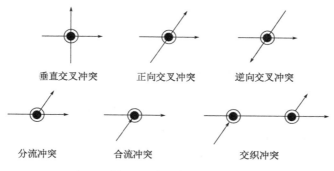

图 4-34 交通冲突的类型

5. 交叉口设计的基本理念

交叉口交通组织设计以"有序、安全、畅通"为根本目标，在具体设计时，尽量在车道渠化上做到寸土必争，在信号配时上做到分秒必争，不让路口产生空闲时间和空闲空间，可以遵循以下四个基本设计理念。

(1) 合理处置交通冲突点。

对于交叉口的交叉冲突，需要通过时间分离或空间分离的方式对冲突的交通流进行分离。

常见的方法，首先实行交叉口信号控制或者交通管制。将交叉口设置为信号控制交叉口，使发生冲突的车流从通行时间上错开，从时间上分离交叉冲突。例如，十字交叉口设置信号控制之后，冲突点可由 16 个减至 2 个或更少。对于机动车交通来说，如果在平面交叉口内禁止车流左转，再辅以信号控制，则可以完全消灭冲突点。

其次，平面分离交通冲突点，或将交叉冲突转变为交织冲突，弱化冲突矛盾。在平面交叉口内合理设置交通导流岛、交通标志和标线或者设置辅助车道，引导车辆沿一定路径行驶，减少车辆之间的相互干扰，则可以有效减少、消灭冲突点或者减轻冲突的严重程度，从空间上分离交叉冲突。例如，将平面交叉口设置为环岛控制形式，则可以将所有机动车的交叉冲突都转变为交织冲突，减轻冲突程度。

而对于交织冲突，其冲突的严重程度一般是随着交织段的交通流量增大而增加，而随着交织段长度的增大而降低的。因此，处理交织冲突，要么尽可能增大交织段的长度，要么与交叉冲突类似，对冲突的交通流进行彻底分离。

(2) 科学处理交叉口进口车道与路段车道的通行能力之间的匹配。

由于交叉口进口车道与路段车道的通行能力不匹配，使得部分驾驶人在较短的距离进行自由或强制变道，从而形成大量车流波动，造成冲突形成瓶颈，在高峰期极易发生车辆拥堵现象，是造成交叉口及路段产生瓶颈及拥堵的重要原因。因此，应尽量拓宽交叉口的进口导向车道与出口车道，增加交叉口车道数或拓宽车道，使之与路段车行道的通行能力相匹配。

(3) 精细化利用交叉口空间。

尽量在交叉口的车道渠化上做到寸土必争，在信号配时上做到分秒必争，不让路口产生空闲时间和空闲面积，充分挖掘交叉口空间资源，提升交叉口的通行能力。

(4) 精简进行交通组织设计。

应该尽量简化标线和信号，使之能明确突出空间路权和时间路权。交叉口的交通组织设计不是要把交叉口的交通组织复杂化，反而应该结合实际情况，尽量做出精简、实用的设计。

### 6. 交叉口设计的基本方法

在实际工作中，可按照以下所列的基本方法对交叉口进行研究分析，提出具体的设计方案。

交叉口交通组织设计的基本方法

(1) 保证主要道路优先：分清主次道路，尽量保持主路原有车流状态，必要时对次要道路采取"右进右出"等控制措施。

(2) 尽量将交叉口"做小"：通过采取人行横道前移、增设交通岛等措施，缩减交叉口内部区域，以此减小冲突面积，减少车辆在交叉口内的通行时间，降低交通事故发生的概率。

(3) 尽量将交叉口"做方"：尽量将交叉口改造成"正方形"交叉口，以此方便车辆转弯，并减少车辆转弯时产生的"盲区"范围，提高交叉口运行的安全性；尽量避免出现"长方形"或"平行四边形"的路口。

(4) 增加交叉角度：特别对于不规则交叉口，使交通流尽可能垂直交叉，为驾驶人提供判断车辆相对位置和速度的最佳条件。

(5) 分隔交通流：通过设置交通岛、隔离设施等来分隔不同速度、不同类型的交通流。

(6) 增加进出口车道数：通过适当偏移道路中心线、削减绿化带、拓宽进出口道宽度和缩窄车道宽度等措施，增加进出口的车道数，提高交叉口的通行能力。

(7) 保证交叉口车道的匹配：一是应使进口车道数与路段车道数相匹配，二是应使出口车道数与进口车道数相匹配。

(8) 优化交叉口内部线形：一是要保证进出口车道在方向上能对齐，必要时增设导流线；二是要保证车辆能方便、安全地转弯。

(9) 保证车辆便于选择转向车道：在交叉口渠化时，应符合车辆的行驶轨迹，使车辆能方便、安全地驶入指定转向车道；必要时可通过缩窄车道宽度来降低车辆的行驶速度。

(10) 保证车道与信号控制方案相协调：优化车道布置，并与信号控制方案相协调。

(11) 优化信号控制方式：优化信号控制的周期、相位和相序。

(12) 对交叉口进行禁限管制：如禁止左转弯、禁止右转弯等。

## 二、禁限管制

### 1. 路口流向禁限

所谓路口流向禁限，指的是路口禁止左转、禁止直行和禁止右转。由于路口流向禁限往往导致车辆需要从其他道路进行绕行，单独使用较少，因此，路口流向禁限是片区交通组织中的重要组成部分。

在实际的交通组织中，路口流向禁限使用最多的便是禁止左转管制（简称禁左），路口实施禁左管制主要出于以下几方面的考虑：

(1) 路口左转流量较小，但出于交通安全考虑需设置左转专用相位，同时极大影响直行车辆的通行效率，在周边路网绕行允许的情况下可对路口实施禁左；

(2) 路口用地受限，无法渠化出左转专用车道，若左转开放又须设置左转专用相位，在周边路网绕行允许的情况下可对路口实施禁左；

(3) 路口的左转需求可由其他道路的绕行有效代替，路口实行禁左后又可有效缓解路口

的交通压力,可实施禁左;

(4)路口开放左转后存在明显的交通安全隐患,可实施禁左。

路口禁左的直接效果是减少路口内冲突点的个数,特别是交叉冲突点的个数,可以大大提高直行方向的通行能力,有效缓解路口的交通拥堵。

路口流向禁限表面上看是节点问题,但禁限流向上的交通压力一般会转移到相邻路口,会造成相关路口转弯流量的增加,引发出新的交通问题。因此,判断是否应实施路口禁左实质上是片区交通组织的问题。在考虑路口禁行管制时,应按照"换位思维"的思路,在路口采取禁限流向的措施之前,要给车辆寻找绕行的最优路径,并在外围设置必要的绕行提示,如图4-35所示。

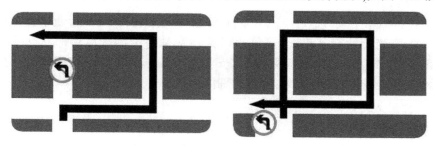

图4-35　禁左绕行指路标志

2. 车种禁限

车种禁限是指为了平衡主要道路的交通压力或出于安全的考虑,按车辆类型、车辆牌照对部分车辆进行限行。

实施车种禁限的道路往往是城区内承担片区连通的重要通道,如跨江河、跨铁路、跨高速公路、穿山体的主要通道,该类通道由于交通需求大,往往拥堵较为严重。为了缓解以上通道的交通压力,使部分交通流从其他道路进行绕行,以平衡通道之间的交通流量,可对通道采取尾号限行、大型车辆限行等措施,如宁波市区的江厦桥和灵桥实行单双号限行,效果较好。

### 三、无信号控制交叉口

无信号控制交叉口是指没有采取特别控制方式的交叉口。其管制方法主要有两种形式:一是若道路等级存在差距,则设定主次道路,次要道路让行主要道路,即所谓的让行管制交叉口;二是若道路等级相当,则根据法规,让右侧车辆先行,即所谓的全无管制交叉口。

如何设计无信号控制交叉口的交通组织方案

1. 无信号控制交叉口的管制形式

(1)全无管制交叉口。

在全无管制交叉口中,车辆须让行人先行,车辆之间的通行规则为:①先到先行;②如相交方向两辆车同时到达,让右侧来车先行;③如相对方向同类车同时到达,左转车让直行车先行,右转车让左转车先行。

(2)让行管制交叉口。

在让行管制交叉口中,对于设停车让行标志的交叉口,次要道路车辆到达交叉口必须停车观察过街行人与主路车辆,在保证安全的前提下才能通行;对于设减速让行标志的交叉口,次要道路车辆到达交叉口必须减速观察过街行人与主路车辆,在保证安全的前提下才能通行。

2. 无信号控制交叉口类型选择

根据浙江省工程建设标准《城市道路平面交叉口规划与设计规范》(DB 33/1056—2008)及其他相关研究成果,在实际工作中无信号控制交叉口的类型可参考下列条件进行选取:

(1)全无管制交叉口适用于住宅区或工业区内部、相交道路地位相当、高峰小时到达交叉口全部进口道的总交通量不超过 800pcu/h 的支路与支路相交的交叉口。

(2)减速让行标志交叉口适用于以下条件:①支路与主、次干路相交的交叉口;②高峰小时到达交叉口全部进口道的总交通量在 800～1000pcu/h 范围内的明确主次通车权的支路与支路相交的交叉口。

(3)停车让行标志交叉口适用于以下条件:①视距受限、按减速让行通车规则不够安全的支路与主、次干路相交的交叉口;②高峰小时到达交叉口全部进口道的总交通量在 800～1000pcu/h 范围内,按减速让行通车规则不够安全的支路与支路相交的交叉口;③在信号控制区域中的无信号控制交叉口,对相交支路的管制。

3. 无信号控制交叉口的交通组织设计

(1)全无管制交叉口。

全无管制交叉口人行横道必须布设斑马纹人行横道线,并配设人行横道标志与人行横道预告标识,并保证交叉口的视距良好;改建、治理规划中,应把视距不能改善的交叉口改为停车让行交叉口或布设限速措施。

(2)让行管制交叉口。

让行管制交叉口中,次要道路进口道上游须设置减速让行或停车让行标志,次要道路必须布设斑马纹人行横道线。主要道路进口道上游须设置优先通行标志,并保证交叉口的视距良好;改建、治理规划中,应在视距不能改善的交叉口上布设限速措施或反光镜,或把减速让行标志交叉口改为停车让行标志交叉口。

## 四、环岛控制交叉口

1. 环岛交通组织方式

如何设计普通的环岛交叉口

环岛控制是交叉口控制的一种特殊形式,以改变冲突的形式来进行冲突分离,即利用环岛把交叉冲突的形式通过延长交织段的距离转化成一次合流与一次分流的交织冲突。

在环岛控制交叉口中,要求入环岛车辆让行出环岛车辆,因此,在各进口道处需要设置相应的让行标志和标线。在交叉口内部,需要施划相应的导流标线,以规范车辆的行驶路径。一般而言,行人过街横道应设置在路段的进出口道上,而不宜将行人和非机动车引入交叉口内部,以避免环岛内机动车流交织不畅,引起环岛内交通拥堵并引发交通事故。环岛控制交叉口交通组织方式如图 4-36 所示。

2. 环岛控制的适用性分析

对于以 20km/h 行驶的车辆,其完成一次交织的最短距离为 70m,据此环岛的直径应不小于 150m,而现实中是不可能的,这也是导致实际中环岛的通行能力较低的原因。当环岛流量小于 2000pcu/h 时,环岛一般能维持正常运行,一旦超过这个流量值,环岛很快就会引起交通拥堵,甚至交通瘫痪。所以说环岛仅是非饱和交通的产物,不适合用于饱和交通条件,特别是对于我国这种混合交通构成的条件。因此,交叉口在饱和交通条件下通行能力由小到大依次排序为:无信号控制交叉口、环岛控制交叉口、信号控制交叉口。

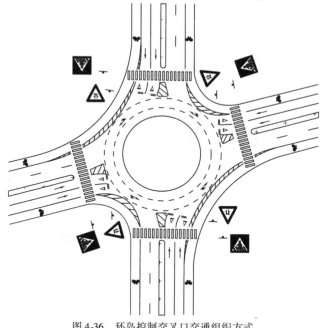

图4-36 环岛控制交叉口交通组织方式

由以上分析可知,环岛控制交叉口的通行能力由交叉口内交织段的长度决定,交织段越长,环岛通行能力越大。当环岛因流量过大而长时间处于饱和导致拥堵时,如果通过缩小环岛来增加环岛内的车道数,该方法不会缓解环岛的拥堵,反而会加剧拥堵。缓解环岛拥堵的有效办法是采用环岛加信号灯进行控制,或直接将交叉口改造为一般的信号控制交叉口。

3. 环岛加信号控制方式

由于环岛不同于一般平面交叉口,在环岛控制交叉口中增设信号控制也不能按一般信号控制交叉口的标准进行设置。环岛加信号控制的方式可分为进口控制和进出口控制两种方式。

如何对环岛进行
交通信号控制

(1)进口控制方式。

该类控制方式要求环岛在原渠化的基础上,在环岛入口处施划停车线并设置信号灯,一般采用两相位放行的方式或四面轮放的方式,如图4-37所示。

这种控制方式经常用于环岛内容易发生堵塞导致环岛瘫痪的小型环岛。该类交叉口的信号配时周期不宜过长,避免环岛内车辆积累造成拥堵。由于车辆进入环岛后往各个方向均需绕岛行驶,通过环岛所用时间较长,因此配时计算时饱和流量不宜取值太高。

这种控制方式相当于控制了进入环岛的车流量,将交通拥堵的矛盾转移到相交道路的进出口道处。该类控制方式中,环岛内堵车的风险较小,通行秩序可维持较好,不会造成环岛内瘫痪。但该控制方式只解决了环岛内的通行秩序问题,对提升环岛的通行能力效果有限。如有条件,可适当拓宽环岛入口,单分出一条右转弯导向车道,则可有效缓解环岛入口处的拥堵。

(2)进出口控制方式。

这种控制方式一般用于大型环岛。对于大型环岛,不仅入口需要进行信号灯控制,在出口处也须进行信号灯控制,把环岛的四对进出口组织成四个信号灯单行控制的路口,利用交织段存放主路的车辆,彼此之间进行协调,则一个环岛便形成一个小型信号面控区高效运转,不仅减少环岛内空间的浪费,而且环岛内运行有序、拥堵风险小,改善效果比单纯环岛进口控制要好。但该类控制的关键是信号之间要结合流量进行有效协调,如图4-38所示。

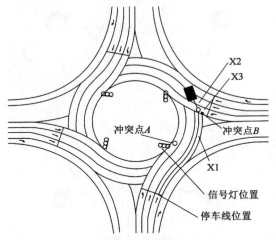

图4-37　环岛进口控制方式示例

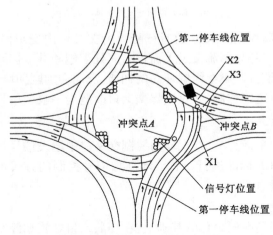

图4-38　环岛进出口控制方式示例

## 五、信号控制交叉口

### 1. 进口道设计

1）进口道车道宽度

新建交叉口进口道每条机动车道的宽度不应小于3.0m;改建与治理交叉口,当建设用地受限制时,每条机动车进口车道的最小宽度不宜小于2.8m;公交车及大型车辆进口道最小宽度不宜小于3.0m。

在交叉口转角导流岛内侧的右转专用车道,应按设计车速及转弯半径大小设置车道加宽,加宽后的车道宽度应符合表4-16的规定。

如何设计信号控制交叉口的进出口道宽度及数量

导流岛内侧右转专用车道加宽后的宽度    表4-16

| 转弯半径 (m) | 规划车型 | |
|---|---|---|
| | 大、中型车 | 小型车 |
| | 加宽后的宽度(m) | |
| 25~30 | 5.0 | 4.0 |
| >30 | 4.5 | 3.75 |

2) 进口道车道数

对于信号控制交叉口,由于每一进口道仅能获得一半左右的绿灯通行时间,对于四相位或多相位控制的交叉口,还需把有限的绿灯时间分配给左转和直行的车流,因此,与路段的通行能力相比,交叉口的通行能力特别是某一转向车道的通行能力将受到极大削减。

交叉口进口道渠化的目的是使进口道的通行能力与路段的通行能力和交叉口实际的交通需求相匹配,最为常用的做法便是增加进口道的车道数。进口道渠化后的最小车道数可按表4-17选取。

进口道渠化后的最小车道数    表4-17

| 路段单向车道数 | 1 | 2 | 3 |
|---|---|---|---|
| 进口道渠化后的最小车道数 | 2 | 4 | 5-6 |

渠化后,各进口车道的方向可根据交叉口各转向的交通流大小进行确定,需保证转向车道数与转向流量之间的匹配。同时,各转向的车道数不应大于转入道路出口道的车道数。

3) 进口道长度

进口道长度由展宽段长度和渐变段长度两部分组成,如图4-39所示。

如何设计信号控制交叉口的进口道长度

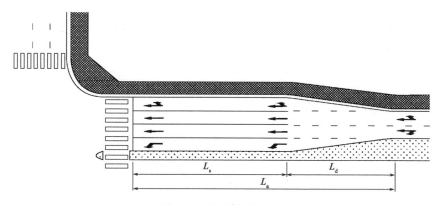

图4-39 进口道长度组成示意图

图4-39中,$L_a$为进口道长度,$L_s$为展宽段长度,$L_d$为渐变段长度。其中展宽段长度也称为导向车道长度,主要满足红灯期间车辆在导向车道内的排队,使车辆在排队期间不至于溢出导向车道,计算时按高峰15min内每信号周期左转或右转车的平均排队标准车辆数与平均车头间距的乘积来确定,排队时平均车头间距可取6m;渐变段长度主要满足车辆在设计车速下安全地从路段驶入导向车道所需的行驶距离,计算时按车辆以0.7倍路段设计车速横移一条车道的纵向行驶长度来确定,车辆横移一条车道的时间可取3s。具体计算公式如下:

$$L_s = 6N$$
$$L_d = V_{设} \times 0.7 \times 3$$
$$L_a = L_s + L_d \tag{4-4}$$

式中：$N$——高峰15min内每信号周期左转或右转车的平均排队标准车辆数；

$V_{设}$——路段设计车速(m/s)。

对于新建或规划控制阶段的交叉口，根据《城市道路交叉口规划规范》(GB 50647—2011)中的规定，其进口道展宽段和渐变段的长度应符合表4-18的规定。

**交叉口进口道展宽段及渐变段长度**(单位：m) 表4-18

| 交叉口 | 展宽段长度 | | | 渐变段长度 | | |
|---|---|---|---|---|---|---|
| | 主干路 | 次干路 | 支路 | 主干路 | 次干路 | 支路 |
| 主-主 | 80～120 | — | — | 30～50 | — | — |
| 主-次 | 70～100 | 50～70 | — | 20～40 | 20～40 | — |
| 主-支 | 50～70 | — | 30～40 | 20～30 | — | 15～30 |
| 次-次 | — | 50～70 | — | — | 20～30 | — |
| 次-支 | — | 40～60 | 30～40 | — | 20～30 | 15～30 |

4) 左转弯专用车道设置

在交叉口交通组织设计中，除左转弯交通量非常小的情况外，应积极设置左转弯专用车道。具体可通过以下方式来设置左转专用车道。

如何设计信号控制交叉口的左右转专用车道

(1) 通过缩小中央分隔带宽度进行设置。

当中央分隔带较宽时，可通过减小中央分隔带的宽度来设置左转弯专用车道。设置完成后，可保留中央分隔带剩余的面积，但如果剩余的部分宽度不足50cm且中央分隔带本身未被加高，可以仅设置路面标线，如图4-40所示。图中$V$为速度(单位：km/h)，$W$为中央分隔带宽度缩减值(单位：m)。

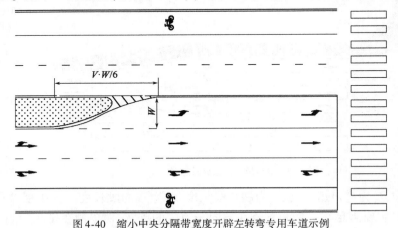

图4-40 缩小中央分隔带宽度开辟左转弯专用车道示例

(2) 通过缩小中央分隔带和缩减行车道宽度相结合进行设置。

在中央分隔带宽度较小，仅靠缩小中央分隔带宽度不足以设置左转弯专用车道时，可采用缩小中央分隔带和缩减行车道宽度相结合的方法设置左转弯专用车道，如图4-41所示。在具体设置时，应增设"鱼肚形"导流线，避免出现"陷阱车道"，导致直行车辆误驶入左转车道。图中，$V$ 为速度（单位：km/h），$S$ 由公式 $S = \dfrac{6L(W_1 + W_2)}{6L + VW_1}$ 求得（单位：m），$L$ 为渐变段长度（单位：m），$W_1$ 为车行道分界线偏移的距离（单位：m），$W_2$ 为中央分隔带宽度缩小的距离或道路中心线偏移的距离（单位：m），后同。

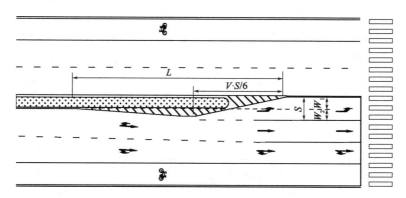

图 4-41 减小中央分隔带和缩减行车道宽度相结合设置左转弯专用车道示例

（3）通过偏移道路中心线并缩小行车道宽度进行设置。

在无法利用减小中央分离带宽度来确保左转弯专用车道宽度的情况下，可以偏移道路中心线并缩小交叉口驶入处的行车道宽度，以设置左转弯专用车道，如图 4-42 所示。

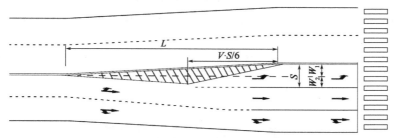

图 4-42 偏移道路中心线并缩小行车道宽度以设置左转弯专用车道示例

（4）过缩小非机动车道宽度进行设置。

在设置了非机动车道的道路，可在交叉路口附近缩小非机动车道的宽度以设置左转弯专用车道。仅靠缩减非机动车道宽度而不能确保左转弯专用道的宽度时，路口其他车行道的宽度可进行适当缩减，如图 4-43 所示。

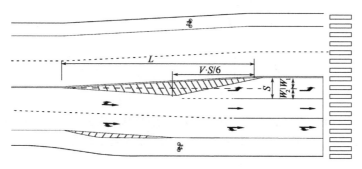

图 4-43 缩小非机动车道的宽度以设置左转弯专用车道示例

5) 右转弯专用车道设置(图 4-44)

一般在以下情况下应设置右转弯专用车道：

(1) 交角是锐角的交叉口；

(2) 右转弯交通量非常大时；

(3) 右转弯车辆的速度非常高时；

(4) 右转弯车辆和人行横道行人都很多，等待右转弯的车辆严重影响直行车辆时。

图 4-44 中，$V$ 为速度(单位：km/h)，$W$ 为右转车道边缘线偏移路段边缘线的距离(单位：m)。

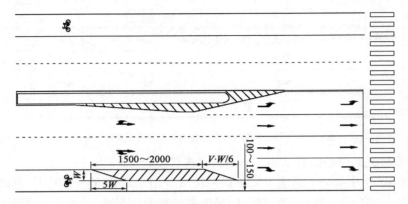

图 4-44　开辟右转弯专用道示例(尺寸单位：cm)

在有导流岛的右转弯专用道上，为使一般车辆行驶顺畅，可设置右转弯导流线，如图 4-45 所示。

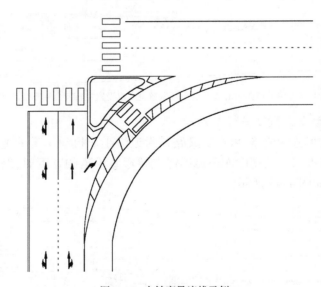

图 4-45　右转弯导流线示例

除此之外，设计右转导流岛时进口道处应设置渠化段，减少对最外侧直行车道的影响，以及右转车道汇入相交道路处应设置汇入车道，同时当导流岛面积小于 $10m^2$ 时，不宜设置导流岛。

右转导流岛的优缺点分析如表 4-19 所示。

右转导流岛的优缺点分析　　　　　表 4-19

| 优　　点 | 缺　　点 |
|---|---|
| (1)将各进口道的停车线前移,缩小了交叉口的面积;<br>(2)减少了行人在交叉口内的行走距离,有利于节省行人过街时间;<br>(3)左转非机动车实行二次过街,有利于减少交叉口内的机非冲突;<br>(4)提高了右转机动车的通行效率 | (1)交叉口整体占地面积较大;<br>(2)非机动车及行人在交叉口内的通行路线较为曲折,容易引起行人及非机动车违章通行;<br>(3)右转车辆行驶车速过高,与行人、非机动车冲突严重,汇入相交道路时又因视线、车速等因素存在较严重的安全隐患;<br>(4)进口道处若渠化不充分,容易对最外侧直行车道的排队产生影响 |

6)进口道交通管理设施设计

(1)停车线。

停车线宜垂直车道中心线设置,交叉口设有人行横道时,停车线宜设置在人行横道线之后的 1~3m 处。对于畸形交叉口,停车线可不与道路中心线垂直,但宜与人行横道线平行,如图 4-46 所示。

如何设计信号控制交叉口内部通行

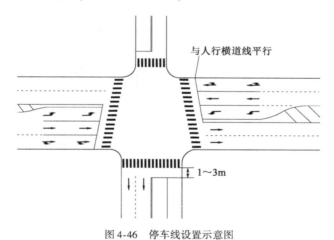

图 4-46　停车线设置示意图

停车线位置不应对相交道路流入的交通流构成影响,且相交道路流入的左转交通流的转弯半径较小时,左侧车道的停车线可以较同进口道的其他车道的停车线后退 1~3m,呈锯齿形设置,如图 4-47 所示。

(2)导向箭头。

交叉路口驶入段的导向车道内应有导向箭头标明各车道的行驶方向,并可根据实际车道导向的需要设置非组合型或组合型导向箭头,如图 4-48、图 4-49 所示。

距路口最近的第一组导向箭头应在距停止线 3~5m 处设置,第二组在导向车道的起始位置设置,箭头起始端部与导向车道线起始端部平齐,第三组及其他作为预告箭头,在距第二组箭头前 30~50m 间隔设置,预告箭头指示方向应与前方导向车道允许行驶方向保持一致,如图 4-50 所示。

导向箭头的设置次数要求如表 4-20 所示。

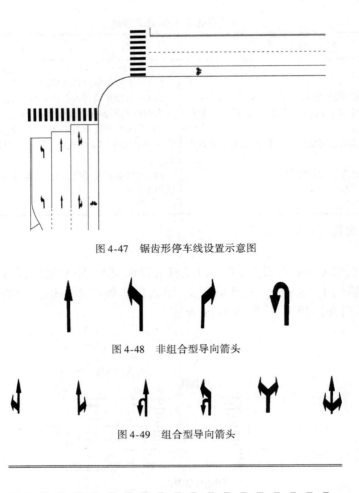

图 4-47　锯齿形停车线设置示意图

图 4-48　非组合型导向箭头

图 4-49　组合型导向箭头

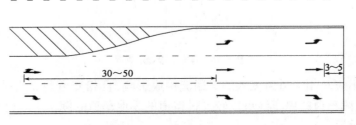

图 4-50　导向箭头设置示例(尺寸单位:m)

导向箭头的设置次数　　　　　　　　　　　表 4-20

| 道路设计车速(km/h) | ≥100 | 40～100 | ≤40 |
| --- | --- | --- | --- |
| 导向箭头设置次数 | ≥3 | 3 | ≥2 |

　　除掉头车辆外,其他车辆的行驶方向均应遵循导向箭头的指示。机动车在有禁止掉头或者禁止左转弯标志、标线的地点以及在铁路道口、人行横道、桥梁、急弯、陡坡、隧道或者容易发生危险的路段,不得掉头。在没有禁止掉头或者没有禁止左转弯标志、标线且道路条件允许的地点可以掉头,但不得妨碍正常行驶的其他车辆和行人的通行。

(3)左转待转区。

交叉口内部,具有可停放左转车而不影响对向直行车的空间时,在左转专用道出停车线后的左转轨迹范围内,应划分左转待转区。左转待转区线为两条平行并略带弧形的白虚线,其前端应划停止线。在待转区内须施划白色左转弯导向箭头,一般在左转待转区的起始位置和停止线前各施划一组,左转待转区较长时,中间可以重复设置导向箭头,左转待转区较短时可仅设置一组导向箭头。

左转待转区设在左转专用车道前端,伸入交叉口内部,伸入长度应保证在此范围内待行的左转车辆不与对向直行车流发生冲突,如图4-51所示。

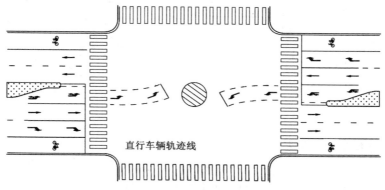

图4-51　左转待转区设置示例(一)

在有条件的地点,左转待转区可设置多条待转车道,但同样需保证不与对向直行车流发生冲突,如图4-52所示。

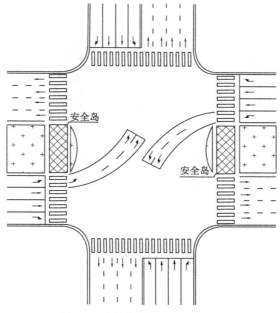

图4-52　左转待转区设置示例(二)

(4)路口导向线。

在平面交叉口面积较大、形状不规则或交通组织复杂,车辆寻找出口车道困难或交通流交织严重时,应设置路口导向线,辅助车辆行驶和转向。路口导向线为虚线,连接同向车行道分界线或机非分界线的路口导向线为白色圆曲(或直)虚线,连接对向车行道分界线的路口导向线为黄色圆曲(或直)虚线,如图4-53所示。

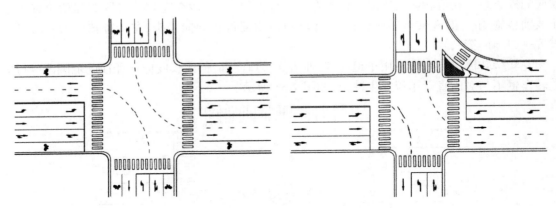

图4-53 路口导流线设置示例

(5)指路标志及车道行驶方向标志。

在进口道处,为引导驾驶人选择正确的导向车道行驶,需在停止线前设置指路标志和车道行驶方向标志。指路标志中应显示沿各方向行驶所能达到的道路信息,车道行驶方向标志上的导向箭头应与地面的导向箭头一一对应,且应与地面车道对齐。

在具体设置时,应按车辆行驶方向先设置指路标志,再设置车道行驶方向标志,如图4-54所示。

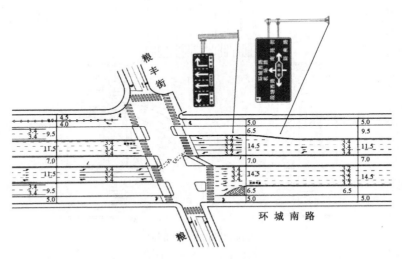

图4-54 指路标志及车道行驶方向标志设置示例(尺寸单位:m)

7)转弯半径及路缘石半径

交叉口的转弯半径主要由右转车辆的设计车速决定。在无具体的设计车速时,右转弯设计车速可按路段设计车速的一半进行取值。右转弯设计车速与转弯半径之间的对应关系如表4-21所示。

**右转弯设计车速与转弯半径对应关系** 表 4-21

| 右转弯设计车速(km/h) | 30 | 25 | 20 | 15 |
| --- | --- | --- | --- | --- |
| 转弯半径(m) | 25 | 20 | 15 | 10 |

当没有非机动车道时,路缘石半径即为转弯半径;当有非机动车道时,路缘石半径减去非机动车道和机非分隔带的宽度,即为转弯半径。对住宅小区内部道路和街坊出入口的道路,其路缘石转弯半径可取 5~10m。

8) 停车视距设计

交叉口渠化设计必须满足安全停车视距三角形界限的要求,如图 4-55 所示。

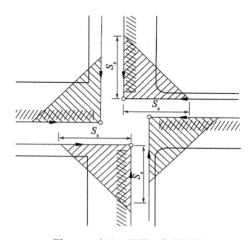

图 4-55 交叉口视距三角形示例

安全停车视距不得小于表 4-22 的规定。在视距三角形界限内,不得布设高出道路平面高程 1.0m 且影响驾驶人视线的物体。

**交叉口视距三角形要求的安全停车视距** 表 4-22

| 路段设计车速(km/h) | 60 | 50 | 45 | 40 | 35 | 30 | 25 | 20 |
| --- | --- | --- | --- | --- | --- | --- | --- | --- |
| 安全停车视距 $S_s$(m) | 75 | 60 | 50 | 40 | 35 | 30 | 25 | 20 |

2. 特殊进口道设计

1) 交叉口掉头车道设置

在城市道路中,主要考虑小型汽车和公交车的掉头设计。以下主要列举这两种车型掉头时的转弯半径要求,其他类型的车辆可选择参考。

假设车辆转弯的速度不低于 15km/h,车道宽度为 3.5m,两类车型的车长、需要的转弯半径如表 4-23 所示,掉头车道的空间设计必须满足转弯半径的要求。

**掉头车辆转弯半径**(单位:m) 表 4-23

| 车 型 | 车 长 | 转 弯 半 径 |
| --- | --- | --- |
| 小型车 | 4.9 | 7.3 |
| 大型车 | 12.2 | 13.7 |

为减少掉头车辆对交叉口通行的影响,同时提高掉头车辆的交通安全性,应根据交叉口道

路的实际情形,选择适当位置合理设置掉头车道。掉头车道设置方式的和设置位置主要根据车辆的转弯半径和交叉口的断面形式来确定。

①当道路中央设置有物理隔离带且宽度满足转弯半径要求时,掉头车道宜布置在进口道左侧,常规的设置方法有在交叉口上游提前设置掉头开口以及越过停止线掉头。推荐采用在交叉口上游设置掉头开口的方式。

②当道路中央无物理隔离带时,建议采用越过停止线掉头的形式。

③当不满足掉头车辆的转弯半径,且掉头车流量较大必须设置掉头车道时,掉头车道可布置在进口道右侧,即"掉头车道外置"。

(1)交叉口上游设置掉头开口。

当道路中央设置有物理隔离带且宽度满足转弯半径要求时,可在交叉口上游距离停止线一定距离处设置掉头车道。为减少左转排队对掉头车辆的影响,提高掉头开口的利用率,建议掉头开口与停止线的距离应不少于50m。不推荐在禁止变换车道区内设置掉头开口。如图4-56所示。

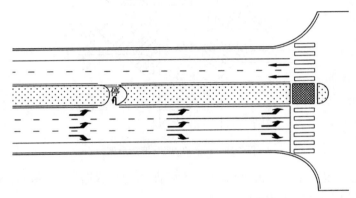

图4-56 在交叉口上游设置掉头开口示例

当采用左直相位放行并设置行人二次过街时,可减少车辆与行人的冲突,如图4-57所示。

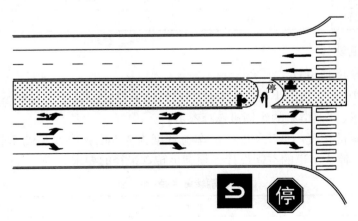

图4-57 左直相位放行并设置行人二次过街时设置掉头开口示例

当掉头车辆过多,引起排队并影响所在道路其他车辆通行时,应将上游开口调整至交叉口,并采用信号灯控制。

(2)越过停止线掉头。

交叉口空间满足掉头车辆转弯半径需求,且掉头车辆与行人冲突较少时,一般采用掉头车辆越过停止线和人行横道在交叉口内部实现掉头,掉头车辆与左转车辆共用左转车道,也可设置单独的掉头专用车道。

一般中央分隔设施较窄或通过划线隔离方式的交叉口推荐采用这种模式,这种掉头方式下的掉头车辆完全受信号灯控制,根据左转信号灯实施掉头,如图4-58所示。

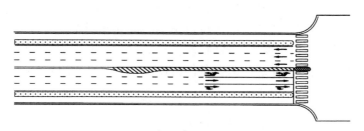

图4-58　越过停止线掉头示例

(3)掉头车道外置。

中央分隔设施较窄或未设置分隔带,大型车辆掉头的交通流量较大,车辆掉头转弯半径不足或掉头交通流主要来自靠近进口道右侧时,可将掉头车道设置在进口道右侧,此时,应配套设置车道行驶方向标志,明确告知驾驶人车道分布情况,如图4-59所示。

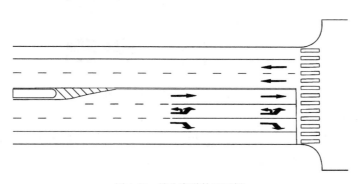

图4-59　掉头车道外置示例

2)可变导向车道设置

(1)交通流条件。

可变导向车道设置的主要目的是调节进口道不同时段交通流运行,因此,交通流条件对可变导向车道的设置尤为重要。一般来说,满足下列条件之一者,可考虑设置可变导向车道:

①某一导向方向时段性流量显著变化,且直行和转向交通流呈现一定的互补性。不同时段交通流量变化显著,在某些时段直行车流显著多于左转车流;而在另外一些时段,左转车流又会明显增多,直行车流相应减少。不同时段直行和左转车流的这种互补性,可以通过设置可变导向车道的途径加以改善。

②通过信号配时优化不能有效适应交通流量变化和改善车辆排队过长状况。若车辆排队较长,通过信号配时优化在一定程度上能够缓解排队,此时可通过信号配时优化的方式改善交叉口车辆通行;当采用信号配时优化已不能对排队进行有效改善时,可通过设置可变导向车道

的方式,改善交叉口交通运行。

(2)道路条件。

交叉口进口道设置可变导向车道时,交叉口需满足以下条件:

①进口道车道数至少为3条及以上,且具备选择1条车道可变导向车道的条件。当设置可变导向车道时,其中一条车道的导向可变,因此当进口道车道数少于3条时,不能实施可变车道控制。当进口道为3条车道时,车道设置一般为1条左转、一条可变车道、一条直右车道。

②导向车道及渐变段长度应满足车辆排队需求,并满足驾驶人变换车道的空间。

③同方向导向车道数不大于相应的出口道车数。导向车道为直行时,直行车道数不大于相应的出口道车数;导向车道切换为左转时,左转车道数不大于相应的出口道车数。

以上条件是实施可变导向车道的必要条件,且应同时满足,如图4-60所示。

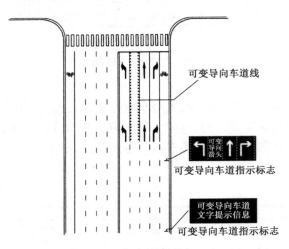

图4-60 可变导向车道设置示例

3) 转向车道置换设置

为了将左转或右转车辆从空间、时间上与其他交通流分离,减少交通冲突,可根据需要将转向车道置换,如左转弯右置、右转弯左置等方式,但并不是所有的交叉口都可适用转向车道置换,需满足以下条件:

(1)掉头半径不足的路口。交叉口转弯半径无法满足主体车型的最小转弯半径,或左转专用道中存在车辆掉头但掉头空间受限制,一次转弯难以完成掉头。

(2)左转弯连续变道。当左转弯车辆存在连续变道需求,而根据传统设置左转车道易引发严重交织冲突时,可采用左转弯右置的设计方案。这种情况通常是以下三种原因导致的:

①主辅道并存。辅道车辆在交叉口存在左转需求,车辆需要在主道进行连续变道。

②高架匝道。从高架桥下的匝道接地汇入主路的车辆存在左转需求且左转车流量较大,易与原有行驶的车流产生冲突。

③近交叉口位置,交通流量较大的地块开口。在近交叉口范围内地块开口处需要驶离车辆较多,左转需求较大的情况下,需将左转弯右置,避免交通拥堵或事故。图4-61为右转弯左置示例。

4) 借道左转设置

借道左转指的是在左转专用车道临近的出口道动态增加一条或多条左转车道,左转机动车能借道通行的一种交通组织方式。

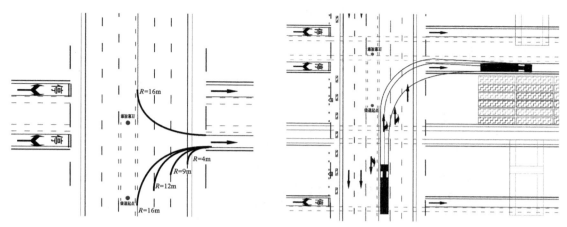

图 4-61　右转弯左置示例

借道左转交通组织根据借用对向出口道数量可以分为借用单条出口道及借用多条出口道两类。

（1）主要优点。

①缓解因左转车流量大造成排队过长甚至影响直行车正常通行的情况，提升左转机动车通行效率；

②提升通行效率的同时不扩大信号周期或缩小信号周期，有助于减少行人过街等待时间，提升行人通行品质；

③改变放行顺序，使得存在一定条件施划直行待行区，减小直行车辆排队长度。

（2）设置条件。

由于借道左转需要配套的管理设施和合理的信号控制策略，所以在一般情况下应优先考虑常规交通组织和调整信号配时等低成本手段，在达到一定条件时使用借道左转才是科学合理的，具体的适用条件为：路口渠化条件、排队长度条件、信号配时条件。三个条件都为必要条件且同时满足。

①路口渠化条件。

a. 交叉口进口存在展宽。进口未展宽的交叉口，当左转车流量增大、排队长度过长时，可以通过缩小中央分隔带的宽度、压缩进口车道宽度、偏移道路中心线等方法增设一条左转车道，此时不需要组织借道左转即可解决问题，所以借道左转一般仅针对进口道存在展宽的城市道路平面交叉口。

b. 交叉口进口无法增加左转专用车道数，即最内侧直行车道无法变为左转。主要包括：

（a）直行需求大，车道数无法减少；

（b）右转车流量大，无法设置直右车道；

（c）交叉口空间不足，右转车辆不能提前分离等。

c. 设置借道左转的方向出口车道数（包含可变车道）一般要求不小于 3 条，极限情况不应小于 2 条。考虑到出口处车速较快，对向行驶的车流应保证一定的安全距离，同时为了确保相交方向右转车辆正常变道的需求，出口车道数必须满足一定条件。

d. 左转车辆驶入的出口车道数一般要求不小于 3 条，极限情况不应小于 2 条。为了减少本向左转车流与对向右转车流以及本向左转车流间的干扰,一般情况下左转车辆驶入的出口车道数应不小于 3 条,当对向右转车辆较少时可以放宽到 2 条。

e. 借道左转通行的左转车辆要满足交叉口转弯半径的要求,一般要求不小于 25m。图 4-62 为借道左转车道设置示例。

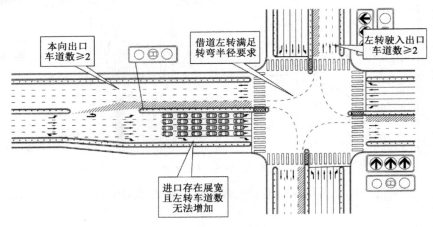

图 4-62　借道左转车道设置示例

②排队长度条件。

a. 当左转车辆未影响直行车辆通行和正常变道,认为未发生拥堵,没有组织借道左转的必要;

b. 当左转车辆占用直行车道,阻碍直行车辆通行,优先考虑设置左弯待转区,若条件不满足,再考虑组织借道左转;

c. 当左转车辆排队较长且左弯待转区无法解决问题,优先考虑组织借道左转。

③信号配时条件。

信号配时通常应同时满足以下条件:

a. 相位相序:交叉口至少为四相位控制,四个方向存在单独的直行相位和单独的左转相位。当实施借道左转后,必须为对称放行方式,且先放行左转再放行直行。

b. 周期时长:

(a)交叉口单点控制时,高峰周期时长接近于我国周期时长最大建议限值(150s),不宜增加左转相位通行时间。

(b)交叉口与周边交叉口协调控制时,虽未达到最大限值但不宜增加左转相位通行时间、增加周期时长。

(a)与(b)任意达到其一即可。

c. 左转绿灯间隔时间:本向左转绿灯时间无法增加 10s 以上(即至少多放行 3 辆左转车),即其余相位时间设置较为合理,无法有效压缩绿灯时间,将多余绿灯时间分配给本向左转。

5)移位左转设置

移位左转又称为连续流交叉口(Continuous Flow Intersection,CFI),是世界上前沿的交通组织手段之一。是通过将左转车道渠化转移设置,重组道路断面,来实现相对方向直行和左转同时放行,从而减少信号相位,提升整个路口通行效率的交通组织形式。

移位左转只有在左转需求量大和交叉口渠化空间足够时才可使用,注意事项有:①进口道控制难度较大;②非机动车左转需严格实行二次过街;③不可盲目推广实施。

2017年10月7日,深圳交警在彩田—福华路口启动全国首个移位左转交通组织路口。交警通过将左转车道渠化转移设置,重组了道路断面,实现了相对方向直行和左转同时放行。

具体是将彩田路南北双方向左转车道移位设置,利用LED指示屏引导车辆在信号时间差提前驶入左转渠化车道,成功实现了彩田路南北双方向直行车辆和左转车辆同时放行,将原有四相位组织简化为三相位组织。

图4-63为移位左转设置示例。

图4-63 移位左转设置示例

### 3. 交叉口出口道设计

#### 1)出口道与进口道匹配设置

出口道车道数应大于或等于上游某一信号相位流入的最大进口车道数,且出口道应与上游进口道的直行车道对齐,当确因条件限制无法对齐时,应设置相应的导流线进行引导,如图4-64所示。

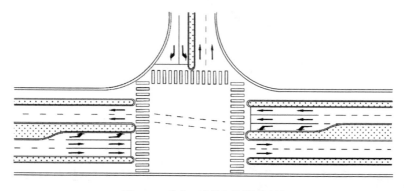

图4-64 进出口道导流线设置示例

#### 2)出口道宽度

新建及改建交叉口的每一车道宽度不应小于3.5m;治理性交叉口,每一车道的宽度不应小于3.25m。

#### 3)出口道长度

出口道长度由出口道展宽段和渐变段组成。展宽段长度应保证加速度所需长度,相应的初速度和末速度可分别取路段设计车速的0.5倍和0.85倍,但最小长度不应小于30或60m,交通量大的主干路取上限60m,其他可取下限30m。在没有相关设计参数的情况下,车辆的加速度可取2.5m/s²进行计算。出口道渐变段长度按车辆以路段设计车速行驶3s来计算确定，但最小长度不应小于20m。

当出口道为主干路，且相邻进口道有右转专用车道时，出口道应设置展宽段。

4.非机动车交通组织设计

1）非机动车交通组织设计的一般原则

如何设计信号控制交叉口人非通行

非机动车的交通特性与机动车有较大差别，更接近于行人交通流的特征，因此，非机动车的交通组织整体应与行人放在一起考虑，形成慢行交通流，避免非机动车与机动车交通的互相干扰，提高非机动车流的安全性。

当城市道路交叉口非机动车流量较大或路段上机动车与非机动车之间有隔离设施时，应在交叉口设置独立的非机动车进出口道，机动车与非机动车道之间应设置实体分隔设施。

非机动车独立进出口道可采用非机动车与机动车相同以及非机动车与行人相同的通行规则和交通组织方式，分别如图4-65、图4-66所示。

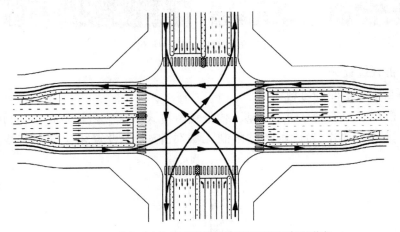

图4-65 非机动车与机动车相同的交通组织及布置形式

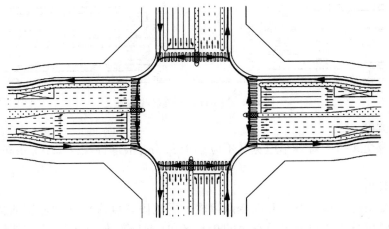

图4-66 非机动车与行人相同的交通组织及布置形式

结合以上分析,一般而言,非机动车在平面交叉口交通组织可采用独立的非机动车道渠化、左转一次过街、左转二次过街、人非一体化停车线提前等模式。

2)独立的非机动车道渠化

非机动车可采用同机动车一起过街的交通组织方式,但前提是交叉口设有机动车左转专用相位,且左转非机动车不致影响和干扰左转机动车的正常运行。当非机动车道较宽时,可给左转非机动车交通流标出左转专用车道。右转非机动车流量较大且交叉口用地条件许可时,可通过设置绿化岛、交通岛、隔离墩或地面标线等手段,给右转非机动车交通流划出专用通行区域或通行车道。有、无渠化岛的非机动车专用道分别如图4-67、图4-68所示。

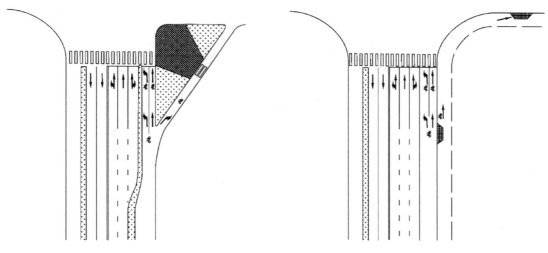

图4-67 有渠化岛的非机动车专用道　　图4-68 无渠化岛的非机动车专用道

3)左转一次过街

非机动车左转一次过街是指非机动车从本向进道口直接左转驶入相交道路而无须额外等候。一般情况下,当交叉口有左转专用相位时,可采用非机动车一次过街的设计方式,其设计要点如下:

(1)一般情况下,左转非机动车按照机动车左转信号行驶。有条件时,可同步设置非机动车左转信号灯。

(2)在设计左转非机动车的通行路径时,应充分考虑与机动车左转轨迹的关系,确保交叉口内左转非机动车的通行空间(即左转非机动车与对向左转机动车行驶轨迹外缘线之间的空间),其宽度不宜小于4m,极限情形下不得小于3.5m。图4-69为非机动车左转一次过街示例。

4)左转二次过街

当交叉口未设置机动车左转专用相位或非机动车左转对左转机动车的影响较大、存在交通安全隐患时,应采用非机动车二次过街的方式处理。采用非机动车二次过街的交叉口,应在无障碍缓坡处设置非机动车与下车推行标志,同时加设非机动车地面标线标识,有效分离非机动车与行人。设计要点包括:

(1)交叉口非机动车信号灯与行人信号灯相同相位;

(2)交叉口内宜施划非机动车过街通道,其宽度不宜小于2.5m;

（3）不宜将非机动车等候区设在右转渠化岛上，应在渠化岛外按照常规方式设置非机动车停车等候区。

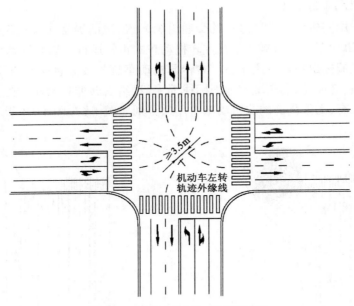

图 4-69　非机动车左转一次过街示例

非机动车二次过街如图 4-70、图 4-71 所示。

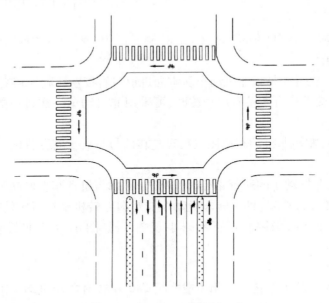

图 4-70　常规的非机动车二次过街

5）人非一体化

人非一体化（图 4-72）有利于缩短行人过街距离，将行人等候区延伸至原非机动车道位置，行人过街时间可相应缩短 10s 以上，同时有助于引导非机动车左转二次过街。人非一体化的实施可以防止路口"内外轮差"事故，并有效降低右转弯半径和右转弯车速，使路口交通秩序更加规范,并通过扩大慢行交通等候区,避免了非机动车及行人越线等候及闯红灯现象。

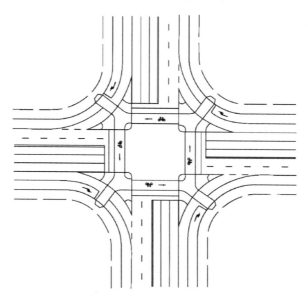

图 4-71　有渠化岛的非机动车二次过街

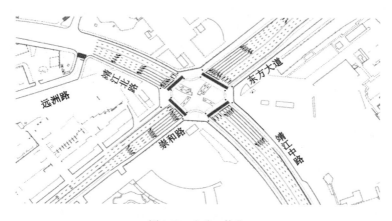

图 4-72　人非一体化

可与右转保护相结合,在待转区外围设置警示桩,避免机动车越线。

6)停车线提前

由于非机动车的启动比机动车快,当非机动车流量较大且用地受限时,可将非机动车停车线划在机动车停车线之前,必要时使用非机动车信号早启。非机动车停车线提前设置示例如图 4-73 所示。

7)非机动车等候区

非机动车等候区用来满足红灯期间非机动车停留等待空间需求,满足非机动车左转待转、直行待行以及非机动车左转二次过街等候需求。非机动车流量不大或交叉口面积较小时,可在非机动车停止线后设置非机动车等候区;非机动车流量较大或交叉口面积较大时,可在交叉口内单独设置非机动车等候区。

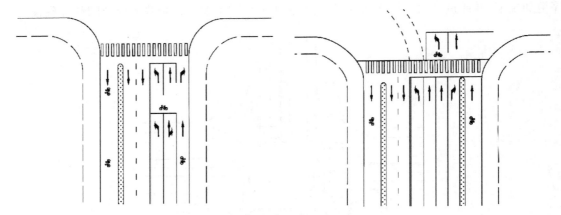

图 4-73 非机动车停车线提前设置示例

当交叉口面积较小,非机动车流量大且左转比例较低时,可将机动车停止线后退,原空间作为非机动车等候区,如图 4-74 所示。其设计要点如下:

(1) 机动车停止线后退距离不宜超过 6cm,即小汽车车身长度,避免交叉口通行效率大幅降低;

(2) 应设置独立的非机动车信号,较机动车信号采用早启早断的控制方式,防止非机动车与机动车通行的相互干扰;

(3) 宜采用地面图形标记、施划导向线、彩色沥青等方式,增强非机动车左转的引导和保护。

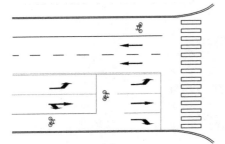

图 4-74 非机动车停车线后退设置示例

当非机动车左转采用二次过街的方式时,应在交叉口内开辟单独的左转等候区,供非机动车停留等候。依据左转非机动车流量、右转机动车流量及交叉口尺寸等因素,确定相应的等候区设计方式:

(1) 当左转非机动车二次等候,对右转的机动车影响较小时,可在交叉口内施划二次过街等候区,为左转非机动车提供过街等候区。

(2) 当左转非机动车二次等候,对右转的机动车影响比较大时,可在交叉口内右转机动车行驶轨迹外缘线设置非机动车二次过街等候区,同时设置阻车桩,避免右转机动车与等候的非机动车之间的冲突,如图 4-75 所示。等候区应留足直行非机动车即右转机动车通行需求空间。

5. 行人交通组织设计

1) 人行横道的设置

人行横道线应设在车辆驾驶人容易看清楚的位置,尽可能靠近交叉口,与行人的自然流方向保持一致,并尽量与车行道垂直。设置时应平行于路段人行道的延长线并后退 1~2m,如图 4-76 中的 $a$。有中央分隔带的道路,人行横道应设在分隔带端部向后 1~2m 处,如图 4-76 中的 $b$、$c$。在两条人行横道线相交的转角处,剩余空间长度不应小于一辆小车的车身长度 6.0m,如图 4-76 中的 $e$。

人行横道的宽度应根据过街行人数量及信号控制方案确定,主干路的人行横道宽度不宜小于 5m,其他等级道路的人行横道宽度不宜小于 3m,宜采用 1m 为单位进行增减。

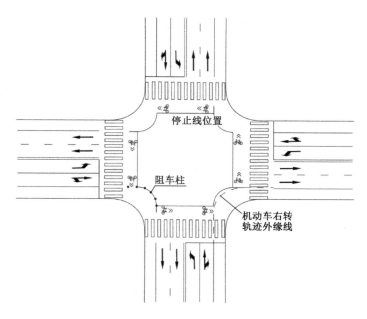

图 4-75 机动车右转行驶轨迹外缘线设置非机动车二次过街等候区示例

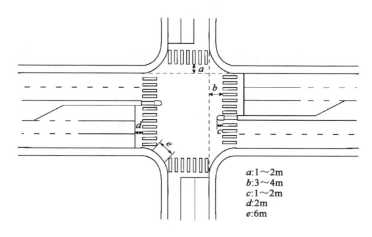

图 4-76 交叉口人行横道设置位置示例

2)行人安全岛的设置

交叉口行人行走的设计速度为 1.0m/s。当路段宽度较大时,行人一次性过街所需的时间较长,为保证人行过街的安全性,当交叉口处道路宽度大于 30m 或机动车道宽度大于 16m 时,应在中央分隔带或对向车行道分界线处的人行横道上设置安全岛。安全岛长度宜大于或等于人行横道宽度,新建交叉口安全岛宽度应大于 2m,困难情况下宽度不得小于 1.5m,治理交叉口安全岛宽度应大于 1m。图 4-77 为安全岛设置示例。

在安全岛面积不能满足等候信号放行的行人停留需要、桥墩或其他构筑物遮挡驾驶人视线等情况下,交叉口人行横道线可错位设置,如图 4-78、图 4-79 所示。

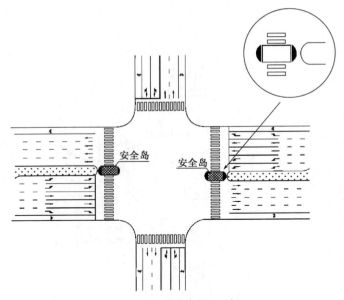

图 4-77　安全岛设置示例

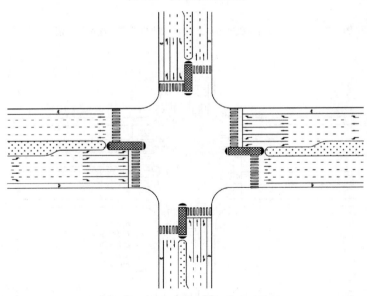

图 4-78　交叉口人行横道线错位设置示意图

注：图中人行横道线错位设置的方式与路段上不同，主要是为了缩小交叉口的范围。

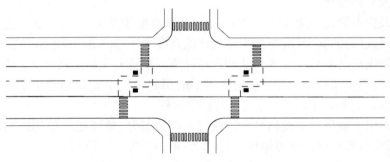

图 4-79　高架桥下人行横道错位设置示意图

行人过街信号灯宜与人行横道共同设置,行人过街最短绿灯时间不宜小于 20s,绿灯信号相位间隔不宜超过 90s。

6. 交叉口信号控制设计

交叉口信号控制按相位数量的不同,可以分为两相位控制、四相位控制和多相位控制等形式。交叉口信号配时的具体方法将在交通管理与控制等课程中进行详细介绍,本书仅介绍与交通组织设计直接相关的信号相位数的确定和相序设计的方法。

1)信号相位数的确定

在交叉口的交通组织设计中,信号相位数需与进口道的渠化方案相匹配。例如,若交叉口采用了四相位控制,设置了专用左转相位,则对应的进口道需设置专用的左转专用车道,否则会引起进口道车辆运行的混乱,如图 4-80 所示。

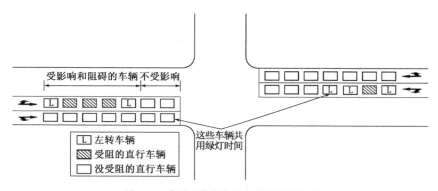

图 4-80　信号相位数与进口道渠化的关系

2)左转专用相位的确定

在无左转专用相位的情况下,左转车通过路口有三种可能的方式:一是利用初绿期通过路口;二是当对向直行车流有可穿越空当时,通过冲突点;三是利用对向直行车全部驶离冲突点后剩余的绿灯和黄灯时间通过。但这些方式只能在左转车流量较小时才能保证交叉口的安全有序,当左转车流量较大时,会引起左转车流与对向直行车流之间产生严重冲突而影响交叉口的通行能力和交通安全,因此,当左转车流量较大时,需对左转车进行分离。

分离左转车的优点为可提高交叉口安全性和运行效率,而缺点则为占用道路横断面空间资源或占用分隔带,减少行人驻足区,增大信号周期等。

在国内外相关法规中,还未明确提出左转专用相位设置的判断条件,仅提出左转专用车道设置条件。例如:

美国《道路通行能力手册》(HCM 2000)中提出:在空间条件允许的情况下,左转交通量超过 100 辆/h 时应设置左转专用车道。

《城市道路交叉口规划规范》(GB 50647—2011)中提出:改建及治理交叉口规划时,且高峰 15min 内每信号周期左转车平均交通量超过 2 辆时,宜设置左转专用车道。

上海市《城市道路平面交叉口规划与设计规程》中提出:改建及治理交叉口,当每信号周期左转车平均流量超过 3～5 辆时,应配以专用车道。

北京市公安局交通管理局提出:当左转弯流量大于该方向进口总流量的 15% 时应设置左转车道。

考虑到设置左转专用车道不一定要设置左转专用相位,但设置左转专用相位一定要设置左转专用车道。本教材结合相关研究成果和实际工程实践经验,提出左转专用相位设置的判断条件:有左转专用车道时,根据左转流向设计交通量计算的左转车每周期平均到达 3 辆时,宜用左转专用相位。

3)基本相序的选择

两相位控制的交叉口中,由于信号灯周期性控制的缘故,不存在信号相序的问题;而在四相位甚至多相位控制的交叉口中,信号相序对交叉口的交通安全则会产生较大的影响。以下以四相位控制交叉口为例进行详细分析。

对于四相位控制的交叉口,由于最后驶离停车线的车辆往往都是在绿灯的最后时刻甚至是在黄灯时间驶离的,这样车辆在另一相位绿灯启亮后,该相位的车辆还没有完全驶离交叉口,由此存在较大的车辆冲突隐患,甚至引起交通事故。

在如图 4-81 所示的四相位控制的交叉口中,以南进口左转车为例,与其存在冲突隐患的车流即为西进口的直行车流和北进口的直行车流,因此,其存在①号和②号冲突点。

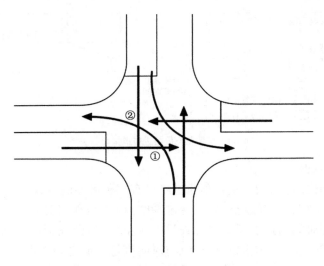

图 4-81　先直后左控制方案图

若交叉口实行先直后左的控制方式,即等南北向的直行车流绿灯(加黄灯)结束后,南进口的左转车流绿灯才开始启亮。而在此之前,西进口的直行车流已停驶了一段时间,因此①号冲突点不存在,而②号冲突点距离北进口的停车线较近,等南进口的第一辆左转车行驶到②号冲突点时,北进口最后驶出的直行车辆已驶离②号冲突点,因此,该冲突点可以避开。

若交叉口实行先左后直的控制方式,即等东西向的直行车流绿灯(加黄灯)结束后,南进口的左转车流绿灯才开始启亮。而在此之前,北进口的直行车流已停驶一段时间,因此②号冲突点不存在,而①号冲突点距离北进口的停车线较远,等南进口的第一辆左转车行驶到①号冲突点时,西进口最后驶出的直行车辆还未驶离①号冲突点,因此,该冲突点往往不可避免,存在较大的安全隐患。

直行车辆的分析也与此类似,得出的结论也是先直后左的控制方式交通冲突产生的概率要小于先左后直的控制方式。

因此,在一般情况下,四相位控制的交叉口建议采用先直后左的控制方式,以降低交通冲突的概率。但在某些情况下,部分进口道采用先左后直的方式进行控制可以起到良好的效果,详见本章第五节的案例分析。

### 六、改造型交叉口交通组织案例分析

1. 环岛控制改造为信号灯控制的案例

1)交叉口概况

本交叉口位于宁海县中心城区,现状为五路交叉,设有中心环岛。由于环岛的通行能力较小,而该交叉口的现状交通流量又较大,再加上机非混行、交通秩序混乱,该交叉口现状交通拥堵较为严重。交叉口现状交通组织如图4-82所示。

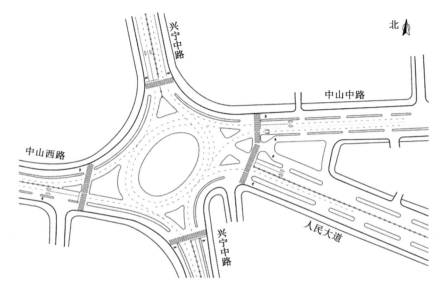

图4-82 交叉口现状交通组织图

现状各相交道路的基本情况如下:

(1)北进口的兴宁中路为城区南北向交通的主要通道,承担着城区南北向之间的过境交通及道路两侧居民的进出交通的功能。路宽仅21m,现状设置双向4个机动车道和2个非机动车道。

(2)东进口的中山中路为城区东西向交通的主要通道,车流量较大。路宽27m,现状设置双向4个机动车道和2个非机动车道。

(3)东南向进口的人民大道同为城区东西向交通的主要通道,车流量也较大。路宽36m,现状设置双向4个机动车道和2个非机动车道。

(4)南进口兴宁中路,路宽仅20m,设置双向4个机动车道和2个非机动车道。

(5)西进口的中山西路,也是城区东西向交通的主要通道,车流量也较大。路宽26m,现状设置双向4个机动车道和2个非机动车道。

2)交叉口流量

交叉口的现状流量流向如图4-83所示。

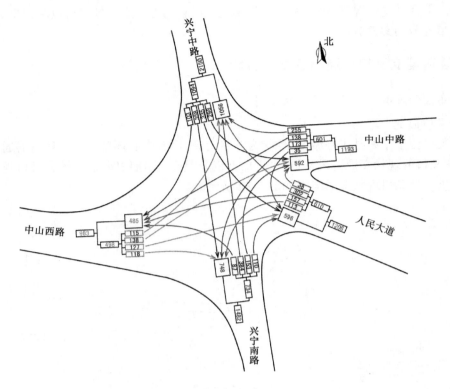

图 4-83 交叉口现状流量流向

根据调查的流量可以看出,现状高峰小时交叉口的总流量很大,已达到 3507pcu/h。

现状相交的五条道路中,兴宁中路的流量最大,其次为中山中路和人民大道;转向流量中,兴宁中路—中山中路、兴宁中路—人民大道之间的转向流量较大。

3)现状存在的主要问题

现状存在的主要问题如下:

(1)交叉口整体流量较大,超过环岛的通行能力,交通拥堵较为严重;

(2)现状缺乏必要的交通管制,环岛内机非混行现象严重,交通秩序混乱;

(3)现状行人过街距离较长,绕行严重,且存在较大的安全隐患;

(4)车辆在环岛内的绕行距离过长,交通延误较大。

4)改造方案

环岛的通行能力由交织段的长度决定,由于受用地的限制,想要通过增加环岛交织段的长度来提高交叉口的通行能力是不可取的。因此,若要充分提高该交叉口的通行能力,一是拆除环岛,将该交叉口利用信号灯进行控制,并对相关的进口道进行渠化;二是对该交叉口实行环岛加信号控制的方式。以下分别对该两种思路给出具体的优化设计方案。

(1)方案一。

拆除环岛,将兴宁中路、人民大道、兴宁南路、中山西路形成"十"字交叉口,并将中山中路接入人民大道,形成两个协调控制的信号控制路口,如图 4-84、图 4-85、表 4-24、表 4-25 所示。

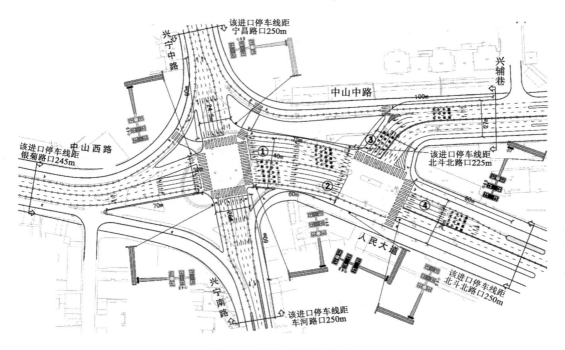

图 4-84　方案一渠化设计方案

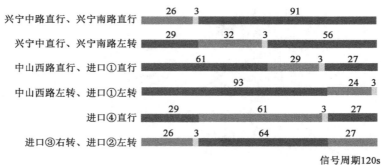

图 4-85　方案一信号配时方案

**方案一相位方案**　　　　　　　　　　　　　　　表 4-24

| 相　位 | 放行方向 | 绿灯时间(s) |
| --- | --- | --- |
| 1 | 兴宁中路直行、兴宁南路直行、进口③右转、进口②左转 | 26 |
| 2 | 兴宁中路左转、兴宁南路左转、进口④直行 | 32 |
| 3 | 中山西路直行、进口①直行、进口④直行 | 29 |
| 4 | 中山西路左转、进口①左转、进口③右转、进口②左转 | 27 |

方案一通行能力匹配情况分析表　　　　　　　　　　　表 4-25

| 进　口 | 通行能力（pcu/h） | | | 流量（pcu/h） | | | 匹配情况 | | | 最大排队长度（m） | | | 可排队长度（m） | 排队长度匹配 |
| --- | --- | --- | --- | --- | --- | --- | --- | --- | --- | --- | --- | --- | --- | --- |
| | 左转 | 直行 | 右转 | 左转 | 直行 | 右转 | 左转 | 直行 | 右转 | 左转 | 直行 | 右转 | | |
| 兴宁中路进口 | 810 | 680 | 590 | 633 | 358 | 103 | √ | √ | √ | 31 | 27 | 0 | 60 | √ |
| 中山西路进口 | 270 | 680 | 590 | 115 | 265 | 118 | √ | √ | √ | 17 | 20 | 0 | 70 | √ |
| 兴宁南路进口 | 270 | 680 | 590 | 87 | 384 | 263 | √ | √ | √ | 13 | 29 | 0 | 60 | √ |
| 进口 3 | — | 1020 | 590 | — | 346 | 255 | — | √ | √ | — | 18 | 0 | 100 | √ |
| 进口 4 | — | 1020 | 590 | — | 572 | 38 | — | √ | √ | — | 29 | 0 | 80 | √ |
| 进口 1 | 540 | 680 | 590 | 286 | 295 | 302 | √ | √ | √ | 22 | 22 | 0 | 75 | √ |
| 进口 2 | 810 | 1300 | — | 554 | 561 | — | √ | √ | — | 28 | 0 | — | 60 | √ |

（2）方案二。

保留环岛，在各进口道和环岛内设置两道信号灯，对交叉口实行环岛加信号控制的方式进行交通组织，如图 4-86、图 4-87、表 4-26、表 4-27 所示。

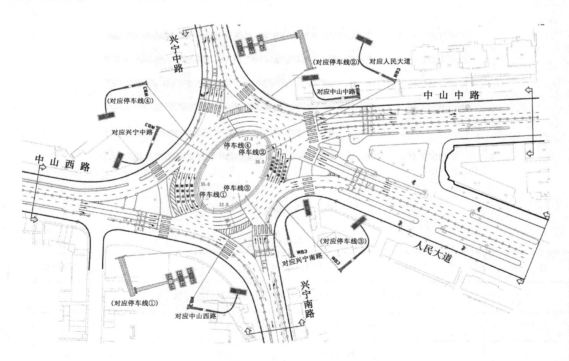

图 4-86　方案二渠化设计方案

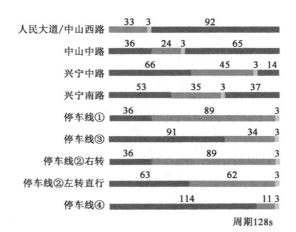

图4-87 方案二信号配时方案

**方案二相位方案** 表4-26

| 相位 | 放行方向 | 绿灯时间(s) |
|---|---|---|
| 1 | 人民大道、中山西路 | 33 |
| 2 | 中山中路、停车线①、停车线②右转 | 20 |
| 3 | 中山中路、停车线①、停车线②右转、兴宁南路 | 10 |
| 4 | 兴宁中路、停车线①、停车线②左直右、兴宁南路 | 22 |
| 5 | 兴宁中路、停车线①、停车线②左直右、停车线③ | 23 |
| 6 | 停车线①、停车线①左直右、停车线③、停车线④ | 11 |

**方案二通行能力匹配情况分析表** 表4-27

| 停车线 | 通行能力(pcu/h) | | | 流量(pcu/h) | | | 匹配情况 | | | 最大排队长度(m) | | | 可排队长度(m) | 排队长度匹配 |
|---|---|---|---|---|---|---|---|---|---|---|---|---|---|---|
| | 左转 | 直行 | 右转 | 左转 | 直行 | 右转 | 左转 | 直行 | 右转 | 左转 | 直行 | 右转 | | |
| 环道停车线1 | 642 | 1108 | — | 633 | 644 | — | √ | √ | — | 75 | 15 | — | 150 | √ |
| 环道停车线2 | 91 | 811 | 690 | 87 | 499 | 589 | √ | √ | √ | 24 | 15 | 24 | 150 | √ |

5)方案比较

以上两个改造方案,从通行能力上看,方案一基本上改造成一个规则的十字交叉口的路口,通行能力较高,能够适应未来流量进一步增长的需求,且运行时可控性强,方案一具有较大优势;从改造成本上看,方案二无须进行大规模改造,只需对交叉口内的车道线进行重新施划,成本较低,且也能基本满足交叉口的正常运行,方案二具有较大优势。

2. 先左后直的控制案例

虽然先直后左的控制方式有其自身的优势,但某些情况下,其优势将被该类控制方式带来的其余问题所覆盖,在这种情况下,往往需要部分相位采用先左后直的控制方式来进行控制。以下以宁波市宁镇公路—常洪隧道交叉口为例进行分析,交叉口如图4-88所示。

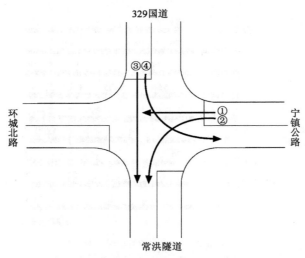

图 4-88　宁镇公路—常洪隧道交叉口示意图

该交叉口的相交道路中,宁镇公路和 329 国道均为双向六车道的公路,环城北路为城市主干路,常洪隧道为双向四车道的江底隧道,通行条件较差。该交叉口晚高峰流量流向如表 4-28 所示。

宁镇公路—常洪隧道交叉口晚高峰流量流向(单位:pcu/h)　　　表 4-28

| 东进口 | | | 南进口 | | | 西进口 | | | 北进口 | | |
|---|---|---|---|---|---|---|---|---|---|---|---|
| 左 | 直 | 右 | 左 | 直 | 右 | 左 | 直 | 右 | 左 | 直 | 右 |
| 585 | 577 | 131 | 346 | 467 | 454 | 367 | 581 | 254 | 122 | 697 | 499 |

从表 4-28 可以看出,从东进口左转进入常洪隧道(即车流②)的流量较大,从北进口直行进入常洪隧道(即车流③)的车流也很大。因此,采用先直后左的控制方式时,即①—②—③—④的控制方式,东进口的左转车流(即车流②)转入常洪隧道后,常洪隧道已经较为拥堵,还未及疏散,便有北进口的直行车流(即车流③)转入常洪隧道,使得常洪隧道的拥堵更为严重,经常发生剐擦和追尾等交通事故。

此时,若将信号相序进行适当调整,南北向仍采用先直后左的控制方式,东西向则采用先左后直的控制方式,即整体的控制方式为②—①—③—④,因此,等东进口的左转车流(即车流②)转入常洪隧道后,接下来的车流为东进口的直行(即车流①),与北进口的直行车流(即车流③)间形成一定的时间间隔,这样即可使常洪隧道"消化"完东进口左转进入的车流后,再由北进口的直行车流进入常洪隧道,便不会使得常洪隧道产生拥堵,也降低了交通安全隐患。

因此,在特定的情况下,有必要采用部分相位先左后直的方式进行控制,以提高交叉口的安全性。

3. Y 形交叉口改造的案例

1)交叉口概况

本案例中的交叉口位于上虞市区,交叉口现状为"Y 形"交叉口,设有中心渠化岛,如图 4-89 所示,交叉口现状为无信号控制。南进口凤山路作为市区南北向交通的主要通道,路宽仅 16m,现状设置双向 2+2 车道,其通行能力不能满足现状交通需求,拥堵较为严重。北进口的迎宾大道为原 329 国道,车流量也较大。交叉口内部还存在汽车东站、加油站等进出口,车流交织现象严重。

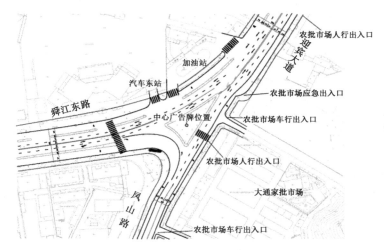

图 4-89　舜江东路—凤山路交叉口现状图

总体而言,该交叉口现状交通冲突点较多,交通冲突现象也较为严重,存在较大的交通安全隐患,交通事故发生率较高。

2)交叉口流量调查数据

交叉口各进口道流量流向如图 4-90 所示。

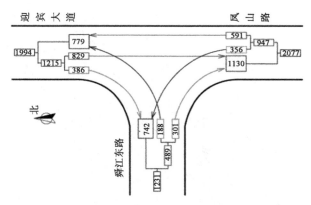

图 4-90　舜江东路—凤山路交叉口各进口道流量流向图

3)现状存在的主要问题

结合现状交通调查与分析,该交叉口现状主要存在以下问题:

(1)凤山路左转车辆直接在渠化岛的西南角转弯,在 Y 形交叉口内部形成三条均可双向通行的路段,使得一个 Y 形交叉口变成三个连体的交叉口,车流交织严重;

(2)凤山路进口道路路面没有设置车道线,机非混行严重;

(3)舜江东路在交叉口处转弯半径曲率较大,车辆转弯困难;

(4)汽车东站及加油站出口直接开在交叉口内部,加大了交通流的混乱程度;

(5)交叉口没有设置人行横道线和停车线,现状交通量大,车速高,行人过街安全隐患大;

(6)中央渠化岛位置及形状不合理;

(7)现状无信号灯控制,一方面导致交叉口交通秩序非常混乱,另一方面现状交叉口通行能力较低,无法满足现有交通需求,交通拥堵严重,交通安全隐患较大。

4) 改造方案

该交叉口的改造方案如图4-91所示,主要采取以下几个方面的改善措施:

(1) 设置合理的中央渠化岛,并将中央渠化岛作为行人过街的安全岛;

(2) 南进口道进行适当渠化,实行直行和左转分离;

(3) 确保北进口、西进口在高峰小时流量较大的情况下通行顺畅;

(4) 设置信号灯控制,在时间上分离通过交叉口的各向车流,减少交通流之间的相互干扰;

(5) 设置行人过街通道,提高行人过街安全性,同时减少对机动车流的干扰;

(6) 西进口非机动车与机动车用隔离栏隔离,杜绝非机动车任意过街的行为,减少对机动车通行的干扰,同时设置中央隔离栏,规范进出车流;

(7) 南进口东侧人行道进行一定改造,设置独立的非机动车道,保证南进口的凤山路在16m宽的道路情况下有双向四车道的通行能力;

(8) 农产品批发市场机动车右进右出,对凤山路东侧的干扰较少;

(9) 将汽车东站和加油站出口通道看作交叉口的一个进口道,规范进出车辆的通行;

(10) 将公交车站进行移位,减少公交车辆停靠对交叉口交通的影响。

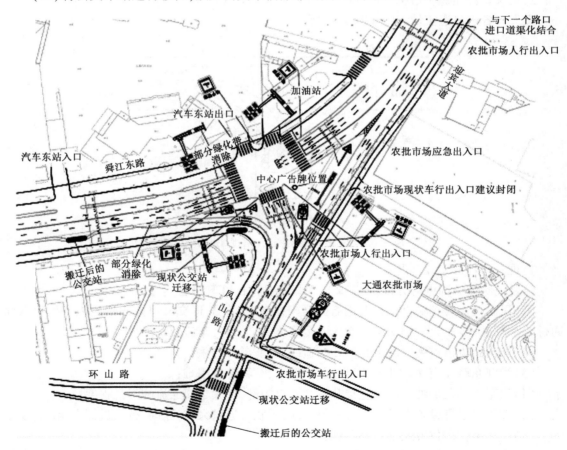

图4-91 交叉口渠化设计图

# 第五节　交通组织专项设计

## 一、大型活动交通组织专项设计

大型活动交通组织专项设计方案应优先保障行人、公交车、活动专属大型客车的通行，在具体设计时，需做好行人交通组织、车辆交通组织、停车交通组织三个方面的交通组织优化。

1. 行人交通组织

行人交通组织应通过连续设置的临时交通标志，明确停车场、公交停靠站点、停车换乘停靠站点至大型活动举办地点的步行路线。

对于大型活动举办地点入口处应通过设置标志、标线和隔离设施，明确不同人群的等待区域与入场路线。在大型活动举办地点内部，应根据出口位置、通行能力、步行距离等因素，制定不同人群离场路线。

2. 车辆交通组织

大型活动入场、离场时段，宜根据机动车、非机动车主要交通流向在举办地点周边的次干路、支路实施临时性单向交通组织或潮汐交通组织，也可根据道路基础条件、停车场位置、交通流特性等因素，对大型活动举办地点周边部分道路实施禁限行交通组织，并通过停车换乘、车辆绕行等措施满足禁限行车辆的交通需求。

可在大型活动举办地点周边满足条件的主干路、次干路设置临时性公交专用车道或活动专属大型客车的专用车道。

停车换乘地点的选择应与参加活动群众的出行路线相匹配。特殊车辆的入场、离场线路应尽量避开易发生交通拥堵的路段和交叉口，且道路沿线应便于实施交通管制等应急措施。

3. 停车交通组织

机动车、非机动车停车场入口应与行人入口分离设置，且宜对进出停车场的机动车实施"右进右出"交通组织方式，可结合区域内禁行道路设置路边（路内）停车场，或利用周边闲置场地、公共用地等设置临时停车场。

临时性公交停靠站点和活动专属大型客车停靠站点应设置在靠近大型活动举办地点入口处。特殊车辆停车场应设置在最靠近大型活动举办地点的停车场。

4. 案例分析

以下以2016年宁波山地马拉松比赛为案例进行分析。

2016年宁波山地马拉松比赛在宁波江北区举办，这是目前华东地区规模最大的山地越野类赛事，共有4100名选手参赛。山地马拉松通常具有时间长、人数多、路面情况复杂等特点，对城市日常交通影响较大。结合过往举办大型活动赛事的经验，制定和实施专门的交通组织管理方案。

1）停车交通组织

为鼓励市民绿色出行，减轻交通压力，考虑到本次赛事举办地点附近无轨道交通路线，且周围缺乏停车场地，公交公司根据主办方要求对部分公交路线临时改道，提供临时公交车从固定地点接驳至马拉松赛事附近，对于其余私家车出行的人员需设计停车交通组织，具体如下（图4-92）。

图 4-92 马拉松停车场引导标志系统

(1) 停车路线规划。确定临时停车场的选址及路径,通过现场考察,在周边共设置 3 处停车场,将其中 1 个作为工作人员专用内部停车场,并临时开放酒店停车场用于本次赛事,保障交通安全。

(2) 指引系统设置。停车流线分为三个方向,需设置引导标志系统,区分不同停车场的方位、路径和车辆类型等信息。对沿线区域进行交通管制,规定绕行路线和通行时间,部分路段只允许特殊车辆出入。

(3) 停车场管理系统。以禁令标志为主,规范三处停车区域,对停车场设置相关要求和制度等。

2) 赛事指引设置

大型活动由于参与人数众多,且同时进行多种赛事,需要设置指路标志系统,对选手的参赛路线和其他无关人员进行指引。指路标志应标注前往活动目的地的方位、距离、重要交叉口和出入口的指引信息等内容,具体如下(图 4-93):

(1) 远程指引信息。将其他方向驶来的车辆指引至马拉松赛事指定地点,此类标志可设置于马拉松赛事附近主路和次干路的分叉口。

(2) 详细项目指引信息。本次赛事分为马拉松、大半马、团队跑、体验跑四项,路线有部分重合。因此以实际情况为准,对不同赛事的路线进行指引时,可将指引标志进行信息组合或设置不同标志分别引导各类项目参赛人员。

(3) 到达指引信息。可在马拉松路线分段设置标注终点距离的标志牌,需配合标识具体项目和地点。

3) 赛事分流设置

为优先保证马拉松赛事的举办,需对周边路网进行人车分流,确保安全,可以通过隔离围挡、设置护栏、三角锥、水马等隔离方式实现。主要目的是将活动区域与其他无关人员或城市交通流进行分离。

图 4-93 马拉松指路标志系统

根据赛事的进行,可在不同时段采取不同围挡方案进行分流,如图 4-94 所示。

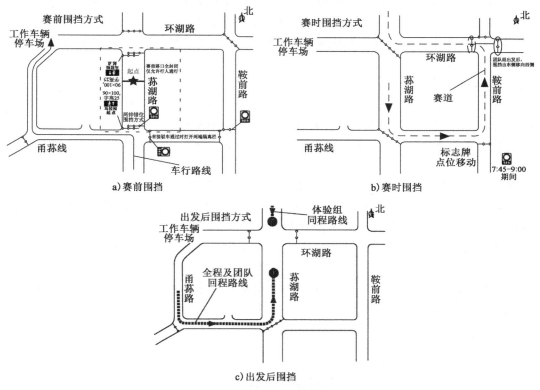

图 4-94 不同围挡方案

此外,为应对大型赛事进行期间可能发生的安全、应急情况,需对工作车辆、组委会和医疗救护车等制定专门的路线规划、备用预防和应急方案,同时针对管控方案做好人员配备,并与当地交通管理人员进行衔接和配合。

## 二、占路作业交通组织专项设计

占路作业交通组织专项设计方案应满足作业控制区沿线居民、单位工作人员的基本出行需求,优先保障行人、非机动车及公交车通行。占用部分或全部车道进行作业时,应修建同等数量的临时便道,降低占路作业对交通的影响。

因占路作业调整公交线路、站点时,临时公交站点应保障乘客安全上下车。在占路作业区内和周边道路设置相关标志、标线等安全设施,保障作业区内交通安全运行,并对作业区周边交通流提前引导外流。

以下以轨道交通3号线一期工程为例,进行案例分析。

城市轨道交通施工对城市道路的影响主要取决于施工方式,施工方式从时间上分为白天、夜间、全天施工等,从封闭方式上分为半封闭、全封闭与不封闭。其中全天全封闭式施工对城市道路的影响最大,应尽量避免采取这种方式。

宁波轨道交通3号线贯穿江北区、鄞州和奉化区,其中一期工程为高塘站至大通桥站,全长约16.72km,串联起南部商务区、鄞州万达、印象城、宁波体育馆、儿童公园和博物馆等多个宁波繁华商圈和城市地标。

轨道交通3号线一期工程施工期间需注意影响较大的站点及相关桥梁拆复,对沿线道路,如鄞州大道、天童南路、天童北路、嵩江中路、中兴路等做好保通围挡方案,对关键区域制定交通组织预案。在施工期间还需确保外围边界的交通指引,如设计禁行方案、外围交通诱导、过境交通组织等。

施工阶段还需注意以下事项:

(1)路口和路段节点原则上按照"占一还一"要求布置车道,路口节点条件受限时至少应保证路口社会车辆的车道数,进口道车道数应与路段车道数匹配。

(2)进口道每条车道宽度不小于3.0m;路段机动车道宽度应保证3.2m,条件受限时不小于3.0m。

(3)保证交叉口内部的基本视距和线形,保证交叉口进出口道对齐。

(4)需保证交叉口内行人及非机动车过街的安全性,避免出现机非冲突,人非混行车道宽度应视行人及非机动车流量而定,且应保证接坡平顺。

(5)道路线形不应过分恶化,圆曲线半径、转弯半径、视距等应满足30km/h以上的设计车速要求。

(6)对施工的各阶段进行细分,视条件许可,考虑减少施工占地,逐段恢复路面功能。

图4-95为锦寓路站导改示意图。

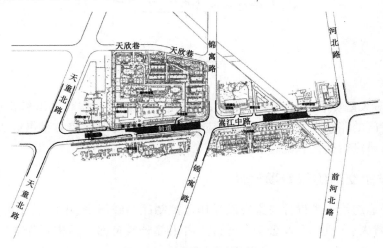

图4-95　锦寓路站导改示意图

## 习 题

4-1 试分析交通组织设计中的区域禁货与路段禁货的区别。

4-2 试论述单向交通的优缺点及其实施条件。

4-3 如图 4-96 所示,迎宾大道为城市主干路,保驾山路为次干路,恒利路为支路。为缓解迎宾大道与保驾山路交叉口的交通拥堵,拟对恒利路实行机动车单行交通组织,试确定单行方向,并作图表示恒利路单行线必要的标志和标线,包括相交路口上的禁令标志。其中,恒利路车行道宽度为 7m,在断面布置时,要求设置一排路侧停车位,要求标明宽度。

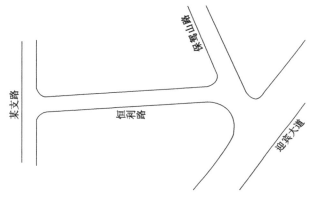

图 4-96 路网示意图

4-4 试分析在城市道路中设置中央隔离栏与机非隔离栏的利弊。

4-5 某一机动车道为双向四车道的道路,现要对机动车道进行"四改五"改造,试画出中间渐变段的方案(非机动车道和人行道可不示意)。

4-6 已知某交叉口进口道所在路段的设计车速为 60km/h,经观测,该进口道高峰 15min 内每信号周期的左转车平均排队车辆数为 3 辆,试计算该进口道左转车道的展宽段和渐变段所需的长度,并进行简单图示。

4-7 某条双向二车道的城市道路,设计车速为 40km/h,$v_{85}$ 车速为 45km/h,法定限速为 50km/h,则其限速值宜定为多少?

4-8 试分析环岛控制交叉口出现交通"锁死"现象的原因。

4-9 试列出改造型交叉口交通组织设计的主要方法。

# 第五章
# 常规公交交通组织设计

**【本章主要内容与学习目的】**

本章主要内容包括公交停靠站交通组织设计、公交专用道交通组织设计以及公交优先信号控制策略等。学习本章的主要目的为了解常规公交交通运行的基本特性,掌握公交停靠站、公交专用道的交通组织设计要点和内容,并理解公交优先信号控制的基本策略。

## 第一节 概 述

### 一、城市公共交通系统的组成和定位

城市公交系统的
组成和定位

城市公共交通体系往往由大运量快速公交系统(地铁、轻轨)、中运量快速公交系统(有轨电车、BRT)、常规公交(公共汽车、公共电车)、出租汽车、公共自行车等方式组成。一般而言,大中运量的快速公交系统是城市公共交通系统中的骨架,常规公交是主体,出租汽车和公共自行车则为补充和延伸。在绝大部分城市的公交体系中,常规公交的线路和车辆数最多,承担的客运量最大,常规公交的运行和服务质量直接关系到整个城市公交体系的服务质量。并且,与大中运量快速公交系统往往具有相对封闭的运行空间不同,常规公交一般是全开放式的,即公交车辆的运行与社会车辆、非机动车和行人是混合通行

的,其交通组织和管理也较为复杂。因此,本章主要对常规公交的交通组织设计进行介绍,下文所提到的"公交"均指的是由公共汽车和公共电车所组成的常规公交。

## 二、公交优先的必要性

本节所讲的公交优先主要是指常规公交的优先。与其他交通方式相比,公交客运具有无可替代的优越性。

(1)从单车载客量来看,若取自行车的系数为1.0,则小汽车的系数为1.5,公交车的系数为45~60;

(2)从人均动态占用面积来看,若取公交车的系数为1,则自行车的系数为3~4,小汽车的系数为12;

(3)从人均能耗角度来看,公交车相当于小汽车的1/10~1/8。

公交与其他交通方式的经典对比如图5-1所示。实施公交优先是发挥常规公交在城市公交系统中主体作用的重要保证,也是缓解我国城市交通需求和基础设施供给之间矛盾的重要途径。

图5-1　公交与其他交通方式的对比图

## 三、公交优先的实现方式

"公交优先",从广义上理解是指有利于公共交通系统发展的一切政策和措施;狭义上理解是指通过交通设施建设、交通管理及控制等措施,在通行空间和时间上赋予公共交通优先通行权。

公交优先有哪些实现方式

公交车辆行驶一般从首末站出发,在正常路段上行驶,中途需在停靠站停靠并完成乘客的上下车,遇信号控制交叉口时需排队通行,公交车辆行驶模式如图5-2所示。

由图5-2可知,公交车行程时间由路段行驶时间、交叉口因信号控制引起的延误时间和公交车进站停靠时间三部分构成。分别改善这三部分的通行条件,均可以缩短公交车辆的行程时间、提高公交车运行的效率与可靠性,进而提高其服务水平。因此,公交优先主要应实现以下三个目的。

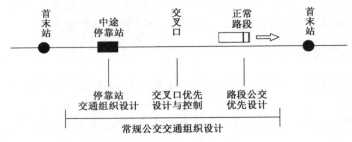

图 5-2　公交车辆行驶模式示意图

（1）公交停靠站处通行优先（公交停靠站交通组织设计）：合理的停靠站形式、长度及位置，可以有效减少公交车辆进出停靠站的时间损失。公交换乘枢纽的有序化设计，可以非常有效减少公交车辆进出枢纽的时间。

（2）道路沿途行驶优先（公交专用路交通组织设计）：通过减少公交车辆在沿线行驶过程中的干扰来提高行程车速及其平稳性，主要措施有设置公交专用路、公交专用车道，减少道路沿途进出交通对公交的影响等。

（3）交叉口通行优先（公交优先设计与控制）：通过给予公交车辆在交叉口处的优先通行权，以减少其信号控制延误，主要方法有设置公交专用进口车道并实施优先通行控制。

本章将分别介绍以上三部分公交优先的具体实现方式。

## 第二节　公交停靠站交通组织设计

如何对公交停靠站进行交通组织设计

### 一、公交停靠站的类型

公交停靠站的类型，按其几何形状的不同可分为直线式和港湾式两类，如图 5-3、图 5-4 所示。

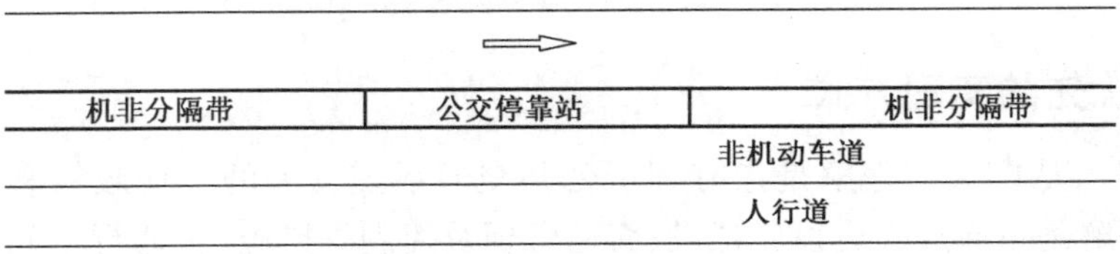

| 机非分隔带 | 公交停靠站 | 机非分隔带 |
|---|---|---|
|  | 非机动车道 |  |
|  | 人行道 |  |

图 5-3　直线式公交停靠站示例

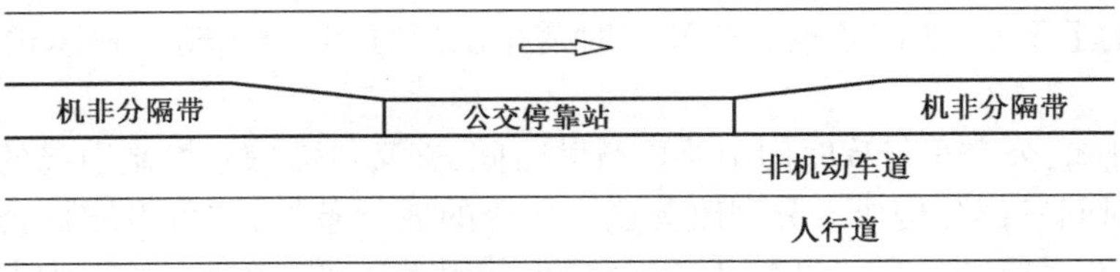

| 机非分隔带 | 公交停靠站 | 机非分隔带 |
|---|---|---|
|  | 非机动车道 |  |
|  | 人行道 |  |

图 5-4　港湾式公交停靠站示例

从图 5-3、图 5-4 可以看出,直线式公交停靠站设置较为简便,但公交车在直线式停靠站停靠时将占用一个车道的位置,对路段交通将产生较大的影响;而公交车在港湾式停靠站停靠时,由于停靠的公交车驶入"港湾"并没有占用原先的车道,对路段交通的影响较小,但港湾式停靠站的设置将占用机非绿化带或非机动车道和人行道的空间,设置成本也相对较高。

根据国家相关规范和行业标准,在选择公交停靠站类型时应遵循如下原则:

(1)在主干路及郊区的双车道道路上,公交停靠站不应占用车行道,应采用港湾式停靠站。

(2)符合以下情况时,应设置港湾式停靠站:

①机非混行的道路,且机动车只有一条车道,非机动车的流量较大(1000 辆/m·h),人行道宽度≥7.0m 时,应设置成港湾式停靠站;

②机非混行的道路,高峰期间机动车、非机动车交通饱和度皆大于 0.6,且人行道宽度≥7.0m 时,可设置外凸式港湾停靠站(非机动车在驶近公交停靠站时上人行道行驶);

③机动车专用道路,外侧流量较大(大于该车道通行能力的一半),且外侧机动车道宽度加人行道宽度≥8.25m 时,应设置成港湾式停靠站;

④沿机非分隔带设置的公交停靠站,最外侧机动车道宽度加机非分隔带宽度≥7.0m 时,应设置成港湾式停靠站。

(3)当公交线路较少、道路交通流量不大,或道路条件受限时,可设置直线式停靠站。

## 二、公交停靠站的设计要素

公交停靠站主要有候车站台(候车厅)、停靠站车道、公交车辆进出引道、公交停靠站交通标线等设施组成,如图 5-5 所示,以下主要对该四种设施的设计进行介绍。

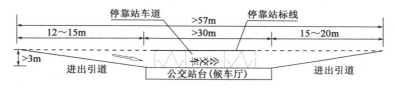

图 5-5　公交停靠站主要交通设施示意图

1. 候车站台设计

候车站台是用于乘客候车等待的区域,站台高度主要用于保证乘客候车的安全,站台宽度主要用于满足乘客候车的需要,站台长度在满足乘客候车需要的情况下还需满足公交车辆停放的需要。

通常公交停靠站候车站台的高度宜为 15~20cm,站台宽度不应小于 2.0m。当人行道宽度确有多余时,可压缩人行道设置公交停靠站,以保证站台宽度。但人行道的剩余宽度应保证大于行人交通正常通行所需的宽度,最小宽度不宜小于 2.5m,行人较少的区段也应确保宽度不小于 1.5m,必要时可在停靠站局部范围内拓宽道路红线。

站台长度至少应有停靠 2 辆车的长度,即不小于 30m,但最长不应超过同时停靠 4 辆车的长度。另外,设置在同一站台的公交线路条数也不宜超过 6 条,否则均应进行分开设置。具体站台长度可按下式计算:

$$L_b = n(l_b + 2.5) \tag{5-1}$$

式中：$L_b$——公交停靠站站台长度(m)；

$n$——公交停靠站同时停靠的公交车辆数，无实测数据时，取 $n$ = 公交线路数 +1；

$l_b$——公交车辆长度(m)，一般为 15~20m。

2. 停靠站车道设计

对于新建道路，公交停靠站车道宽度宜为 3.0m；改建或治理性道路，受条件限制时，公交停靠站车道宽度最窄不得小于 2.75m。

3. 公交车辆进出引道设计

对于港湾式公交停靠站，公交车驶入引道的长度宜为 12~15m，驶出引道的长度宜为 15~20m。

4. 公交停靠站交通标线设计

1）港湾式停靠站

港湾式停靠站的交通标线由渐变段引道白色虚线、正常段外边缘白色实线或白色填充线组成、停靠车辆类型文字、黄色实折线四部分组成，如图 5-6 所示。

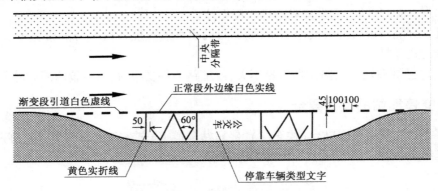

图 5-6 港湾式停靠站交通标线设计示例(一)(尺寸单位：cm)

渐变段引道白色虚线用于引导公交车辆的驶入和驶出；正常段外边缘白色实线用于隔离公交车辆和相邻车道的其他车辆，当停靠站较宽时，可将白色实线改为白色填充线，以保证停靠区域宽度处于合适的范围，如图 5-7 所示；停靠车辆类型文字一般写为"公交车"，沿车辆行驶方向排列，用于指示该停靠站为公交停靠站；黄色实折线用于填充停靠站正常段的其他区域，指示除公交车辆外，其他车辆不得在此区域停留。图中，黄色实折线与黄色竖线间距为 50cm，黄色实折线角度为 60°，停靠车辆类型文字间距为 200cm、字高为 250cm、字宽为 100cm，停靠站白色虚线线宽 45cm、间距为 100cm，后同。

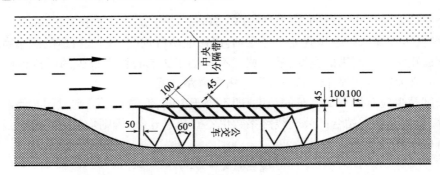

图 5-7 港湾式停靠站交通标线设计示例(二)(尺寸单位：cm)

2）直线式停靠站

直线式停靠站交通标线由外围的黄色实线、停靠车辆类型文字、内部填充的黄色实折线三部分组成。由于直线式停靠站需要占用机动车道或非机动车道，在停靠站之前一般需要设置注意前方路面状况标记，提醒其他车辆注意前方路面状况发生变化，及早采取措施，其形状为白色实折线。当直线式停靠站直接设置在机动车道时，如图5-8所示，设置在非机动车道时，如图5-9所示，图中还需在机非分隔线上设置虚实线，以指引公交车辆穿越机非分隔线。

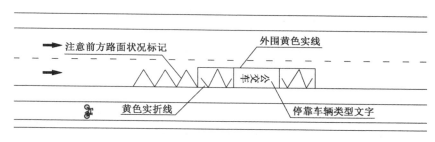

图5-8 直线式停靠站交通标线设计示例（一）

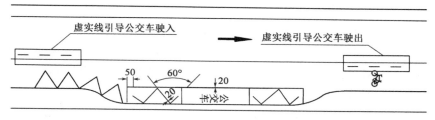

图5-9 直线式停靠站交通标线设计示例（二）（尺寸单位：cm）

## 三、公交停靠站的设置位置

### 1. 公交停靠站设置的原则

公交停靠站用于给公交车辆停靠、乘客上下车提供服务。公交停靠站的设置类型及规模应满足公交线路路网规划的要求，同时应充分考虑道路性质、沿线两侧用地性质、换乘便利性、临近路段和交叉口交通状况及用地可能条件等的约束。设置时应遵循以下原则：

如何从交通组织的角度合理设置公交停靠站的位置

（1）保证乘客的安全；
（2）方便乘客换乘、过街；
（3）有利于公共汽车安全停靠、顺利驶离；
（4）与路段及交叉口通行能力相协调。

以下分别对路段及交叉口处公交停靠站的设置要点进行介绍。

### 2. 路段公交停靠站设置要点

1）港湾式停靠站设置方法

为充分利用有限的道路资源，并对非机动车和行人产生的影响尽可能小的前提下，路段上可通过以下方式来设置港湾式停靠站。

(1) 利用机非分隔带设置港湾式停靠站。

当分隔带宽度≥5m时，港湾式停靠站设置方法如图5-10所示；当分隔带宽度<5m而人行道有多余宽度时，港湾式停靠站设置方法如图5-11所示。

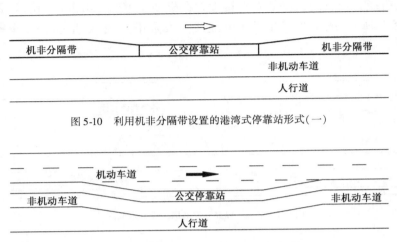

图5-10　利用机非分隔带设置的港湾式停靠站形式(一)

图5-11　利用机非分隔带设置的港湾式停靠站形式(二)

(2) 通过缩减人行道并调整非机动车道来设置港湾式停靠站。

对于机非之间用标线隔离的路段且人行道宽度较宽时，可利用缩减人行道、调整非机动车道的方式设置港湾式停靠站，如图5-12所示。为减少公交车站附近的非机动车干扰，在近公交车站处可设置一定长度的机非隔离栏。

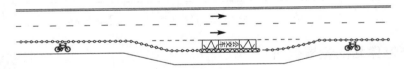

图5-12　通过缩减人行道和调整非机动车道来设置港湾式停靠站

该类方法设置的停靠站相比于图5-9而言，明显的优势便是消除了公交车与非机动车之间的冲突，提高了非机动车行驶的安全性，也减少了公交车进站和出站时的交通干扰。

(3) 通过压缩机动车道设置港湾式停靠站。

当人行道及机非分隔带宽度均不足，而机动车道宽度又较大时，可以通过适当压缩机动车道、偏移道路中心线来设置外凸式港湾停靠站，如图5-13所示。

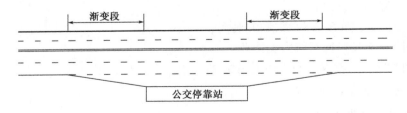

图5-13　外凸式港湾停靠站

2）直线式停靠站设置方法

对于直线式停靠站,由于公交停靠时将占用原先的通行道路,存在一定的交通拥堵和交通安全隐患,在具体设置时应结合道路交通条件研究确定如何选择直线式停靠站的配对设置。

在双向两车道、无中央隔离带且机非混行的道路上,为了防止公交车辆停靠而引起的路段瓶颈,应使公交车站迎面错开。如图 5-14 所示,对于迎面错开设置的公交停靠站,当两辆公交车同时停靠时,受阻的社会车辆仍可利用站台之间的间隙借道通行;如图 5-15 所示,对于背面错开设置的公交停靠站,当两辆公交车同时停靠时,将形成瓶颈,受阻的社会车辆无法借道通行。

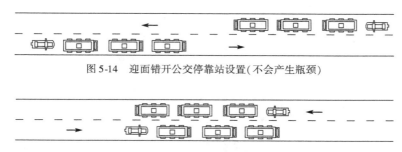

图 5-14　迎面错开公交停靠站设置(不会产生瓶颈)

图 5-15　背面错开公交停靠站设置(易产生瓶颈)

在双向四车道以上且设有人行横道的路段上,为了避免公交车停靠而产生的视线遮挡,公交停靠站应越过人行横道设置,且为背面错开设置。如图 5-16 所示,当两个公交停靠站设置于人行横道前方时,公交车辆停靠将形成视线遮挡,不利于社会车辆及时发现过街的行人,将产生极大的交通安全隐患,在实际设置时应予以避免;如图 5-17 所示,当两个公交停靠站均设置于行人横道后方时,公交车辆停靠时不会形成视线遮挡,交通安全性较高。

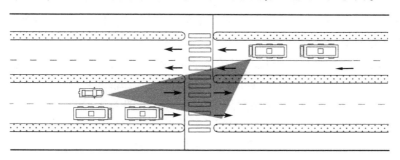

图 5-16　公交停靠站设置于人行横道前方时存在视线遮挡

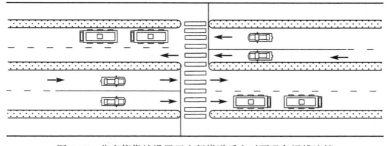

图 5-17　公交停靠站设置于人行横道后方时可避免视线遮挡

3) 路段公交停靠站与人行横道联合设置

在公交停靠站附近设置人行横道线时,既要考虑到行人过街的安全性,又要充分尊重行人过街的实际需求,在道路条件允许的情况下,尽量使人行横道线设置于公交停靠站与对向主要交通吸引点之间,使行人的实际过街流线与期望流线一致,如图5-18a)所示,以此提高行人过街的遵章率;同时,需避免出现人行横道线设置于公交车站与交通吸引点的同一侧,使行人需通过"绕行"才能到达交通吸引点,如图5-18b)所示,此类设置易造成行人不走人行横道而"走捷径"到达交通吸引点。

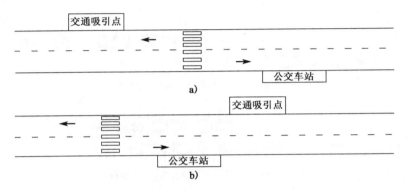

图5-18 路段公交停靠站与人行横道联合设置示意图

**3. 交叉口附近公交停靠站设置要点**

在公交出行的起点和终点,乘客一般要通过步行或者利用非机动车到、离公交停靠站,公交停靠站的设置应使乘客步行和骑行时间最短。交叉口是各方向人流汇聚和分散最为便捷的地方,因而交叉口附近是公交站点布置的重要位置。但交叉口公交停靠站应保证乘客安全,方便乘客换乘,满足公交车辆安全停靠和顺利进出的要求,降低对交叉口交通的影响。

1) 出口道设置公交停靠站

在交叉口处设置公交停靠站时应尽可能设置在出口道上,并应与出口道进行一体化展宽,靠近交叉口人行横道设置,但停靠站的布置不应造成公交停靠排队溢出。

当公交停靠站设置在出口道,且出口道右侧有展宽增加的车道时,停靠站应设置在车道展宽段向前不小于20m处,并将公交站台与展宽车道做一体化设计,如图5-19所示,展宽车道宽度不应小于3.5m,加速段长度不应小于25m;当出口道右侧无展宽时,停靠站在干路上距对向进口车道停止线不应小于50m,在支路上不应小于30m,如图5-20所示。

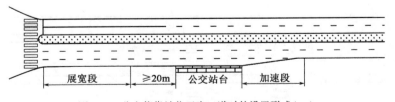

图5-19 公交停靠站位于出口道时的设置形式(一)

2) 进口道设置公交停靠站

当公交停靠站设置在进口道时,由于公交车辆进站、停靠、出站及在交叉口转向都会对进口道的交通产生严重干扰,尤其是公交车辆在进口道处停靠后再左转,将在短距离内连续变更多个车道,交通拥堵和交通安全隐患均较大。因此,在实际工作中,应尽量避免将公交停靠站设置在进口道处。一般而言,只在以下情况下才在进口道设置公交停靠站:

(1)设站停靠的线路均为右转线路;

(2)改建交叉口在出口道布设公交停靠站确有困难时,可将直行或右转公交线路的停靠站设在进口道。

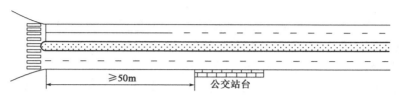

图 5-20　公交停靠站位于出口道时的设置形式(二)

当公交停靠站设置在进口道,且进口道右侧有展宽增加的车道时,停靠站应设在该车道展宽段之后不小于 20m 处,并将公交站台与展宽车道做一体化设计,如图 5-21 所示;当进口道右侧无展宽增加的车道时,停靠站应在右侧车道最大排队长度再加 20m 处设置,如图 5-22 所示。

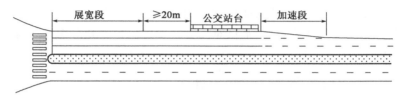

图 5-21　公交停靠站位于进口道时的设置形式(一)

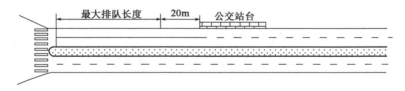

图 5-22　公交停靠站位于进口道时的设置形式(二)

## 四、公交停靠站的间距控制

根据国家标准,公交停靠站的服务面积以 300m 半径计算,不得小于城市用地面积的 50%;以 500m 半径计算不得小于 90%,且公交停靠站的站距应符合表 5-1 规定。

公交停靠站的站距　　　　　　　表 5-1

| 公　交　车 | 市区线(m) | 郊区线(m) |
| --- | --- | --- |
| 公共汽车与电车 | 500~800 | 800~1000 |
| 公共汽车大站快车 | 1500~2000 | 1500~2500 |

公交停靠站点之间的换乘距离,同向换乘不应大于 50m,异向换乘和交叉换乘不应大于 150m。

# 第三节　公交专用道交通组织设计

公交专用道有哪些类型和设置条件

## 一、公交专用通道的形式

目前,国内外公交系统专用通道根据使用特点,主要包括以下四种形式:

(1)公交专用路:道路上,公交车拥有全部的、排他的使用权,包括单向道路系统中的公交逆行专用道,全封闭的专用通道等。

(2)公交专用道:在特定的路段上,通过标志、标线划出一条或几条车道给公交车专用,但公交车同时拥有在其他车道的行驶权,根据公交专用车道在道路断面的位置主要可以分为路中式公交专用道和路侧式公交专用道。

(3)公交专用进出口车道:在交叉口进出口道处,专门为公交车设置的进出口车道,包括只允许公交车转向的管理设施。

(4)公交优先道路:在混合交通中,公交车比其他车辆具有优先使用某条道路的权利,当其他车辆影响公交车的运行时,必须避让公交车辆。

考虑到实际工作中应用的重点,本书仅对公交专用进出口车道和公交专用道的交通组织设计内容进行介绍。

## 二、公交专用进出口车道交通组织设计

当交叉口公交车流量较大时,宜增设公交专用进口车道。其设置的相关要求如下:

(1)公交专用进口车道的宽度不应小于3m,专用出口车道的宽度不应小于3.5m;

(2)公交专用进口车道设置于右转机动车道的右侧时,其长度不应小于停靠3辆公交车所需的长度,并应设置右转专用信号灯;

(3)公交专用进口车道设置于右转机动车道的左侧时,应在公交专用进口车道后端与路段最右侧车道之间设置交织段,其长度不宜小于40m;

(4)公交专用出口车道的起点距右转缘石半径起点的距离应大于70m。

## 三、公交专用道交通组织设计

公交专用道是指在较宽的道路上,用交通标线或硬质分离的方法划出一条车道作为公交车专用通道,在特定的时段内,供公交车行驶而不允许其他车辆通行。

公交车载客量大,人均占用道路面积较小,采用公交专用道可在空间上为公交提供足够的优先权,提升公交的快速性、准时性,提高公交运行效率和服务质量,全面提升公交服务水平和吸引力,从而实现减少城市交通量、提高整个城市交通服务质量的目的。

1. 公交专用道设置条件

是否设置公交专用道,应从需求和供给两方面进行分析。需求分析,即设置专用道的交通条件,主要考虑拟设专用道的道路上公交车流量以及客流需求量等;供给条件,即由于道路资源有限,专用道的设置可能会减少社会车辆的可利用通行资源,不同道路对社会车辆交通和公共交通优先权的定位不同,需要根据道路与交通的规划定位和设计的运行条件加以权衡。

根据《公交专用车道设置》(GA/T 507—2004)中的相关规定,相关道路公交专用道的设置条件如下。

城市主干道满足下列全部条件时应设置公交专用道:

(1)路段单向机动车道3车道以上(含3车道),或单向机动车道路幅总宽不小于11m;

(2)路段单向公交客运量大于6000人次/高峰小时,或公交车流量大于150辆/高峰小时;

(3)路段平均每车道断面流量大于500辆/高峰小时。

城市主干道满足下列条件之一时宜设置公交专用车道:

(1)路段单向机动车道4车道以上(含4车道),断面单向公交车流量大于90辆/高峰小时;

(2)路段单向机动车道3车道,单向公交客运量大于4000人次/高峰小时,且公交车流量大于100辆/高峰小时;

(3)路段单向机动车道2车道,单向公交客运量大于6000人次/高峰小时,且公交车流量大于150辆/高峰小时。

在实际工作中,拟设置公交专用道的道路车道数应具备不低于双向4车道的条件。

2.公交专用道的类型

公交专用道分为沿路外侧机动车道设置的公交专用道、沿路内侧机动车道设置的公交专用道及沿路中间机动车道设置的公交专用道三类。其中,沿路中间机动车道设置的公交专用道较少使用。下面分别介绍这三种公交专用道的设置方式。

(1)沿路外侧机动车道设置的公交专用道。

沿路外侧机动车道设置的公交专用道是指将公交专用道设置于机动车道行驶方向的最右侧,亦称为"外侧式"公交专用道,如图5-23所示。

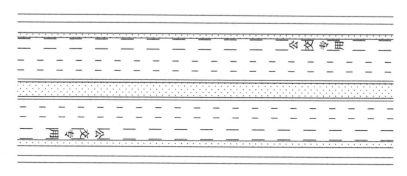

图5-23 沿路外侧机动车道设置的公交专用道

(2)沿路内侧机动车道设置的公交专用道。

沿路内侧机动车道设置的公交专用道是指将公交专用车道设置在机动车道行驶方向的最左侧,亦称为"内侧式"公交专用道,如图5-24所示。

(3)沿路中间机动车道设置的公交专用道。

沿路中间机动车道设置的公交专用道是指将公交专用道设置于机动车道行驶方向的中间车道上,亦称为"中间式"公交专用道,如图5-25所示。

以上三类公交专用道的优缺点及适用条件分析如表5-2所示。

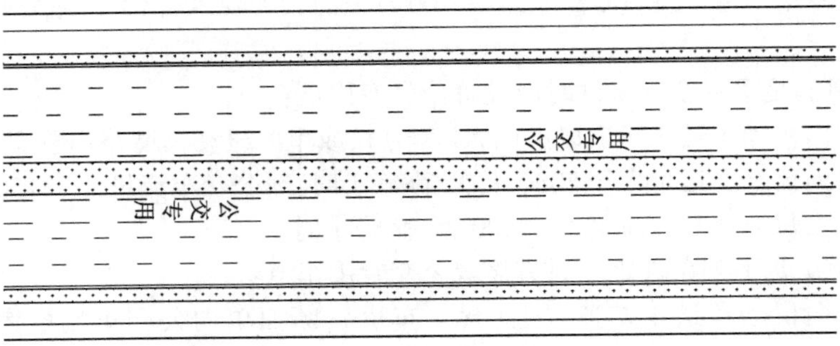

图 5-24　沿路内侧机动车道设置的公交专用道

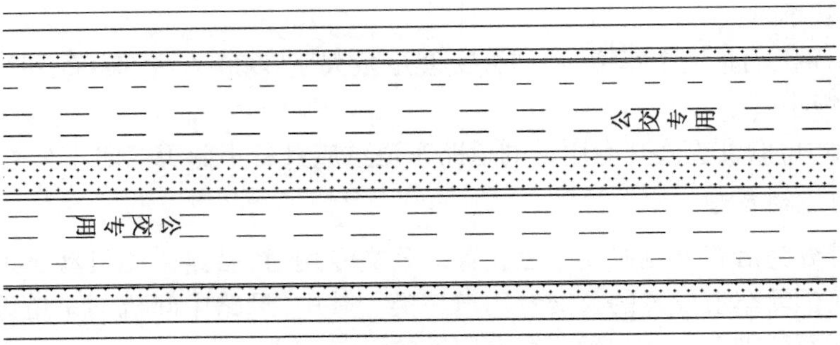

图 5-25　沿路中间机动车道设置的公交专用道

**三类公交专用道特性分析表**　　　　表 5-2

| 类型 | 优　点 | 缺　点 | 适　用　性 |
|---|---|---|---|
| 外侧式 | ①便于设置公交停靠站；<br>②不需要对公交车辆的乘客门进行改造；<br>③实施方便易行，投资少 | ①容易受到非机动车、行人和沿线道路和单位进出车辆的干扰；<br>②不利于左转公交车的运行；<br>③不利于社会车辆右转；<br>④不利于设置出租汽车停靠站 | 适用于在前方交叉口右转或直行公交车流量较多，且机动车道与非机动车道（或人行道）之间采用物理分隔，同时路侧机动车进出口和出租汽车停靠站均较少的情况。在实际工作中，外侧式公交专用道使用较多 |
| 内侧式 | ①不受路边停车影响；<br>②没有非机动车的影响；<br>③不受沿街小路口和单位进出交通的影响 | ①不利于设置公交停靠站；<br>②不利于右转公交车的运行；<br>③不利于社会车辆左转；<br>④乘客出行的安全隐患比较大 | 适用于道路交叉口间距比较大，在前方交叉口左转或直行公交车流量较多，且道路中间有较宽（最好有 3m 以上宽度）的物理分隔带（如绿化带）的情况，以方便将公交停靠站设置在道路中间分隔带上 |
| 中间式 | ①公交车辆行驶时不受路边停车、非机动车、单位进出口等因素干扰；<br>②公交专用道可以一直延伸到交叉口，减少公交车与社会车辆的交织；<br>③便于为公交车辆提供优先通行信号 | ①不利于公交车辆进站停靠；<br>②不利于转向公交车辆的运行；<br>③对社会车辆的行驶造成一定的阻隔 | 适用于直行公交车流量较大，道路交叉口间距较短或大站快运公交，且路段上不设置公交停靠站的情况 |

3. 公交专用道的通行条件保障

在进行公交专用道的设置时,需保证公交专用道 3.5m 宽的车道宽度。为保证公交车辆的专用通行空间,在设置时可采用路面划线隔离、硬质分离、彩色路面隔离等方式。

如何进行公交专用道的交通组织设计

1) 路面划线隔离

路面划线隔离是指通过施划公交专用车道线的形式,区分公交专用车道与一般社会车辆车道,如图 5-26 所示。

公交专用车道线由黄色虚线及白色文字组成,表示除公交车外其他车辆及行人不得进入该车道。标写的文字为"公交专用",沿车辆行进方向竖向排列,如该车道为分时专用车道,可在文字下加标公交车专用的时间。

公交专用车道线从起点开始施划,每经过一个交叉口重复出现一次字符。如果交叉口间隔距离较长,也可在中间适当地点增加施划字符。公交专用车道线应与公交专用车道标志(图 5-27)配合设置。

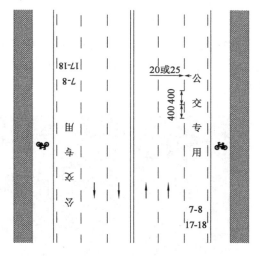

图 5-26　公交专用道标线(尺寸单位:cm)

图 5-27　公交专用车道标志

路面划线隔离具有工程投资量较小,实施简单,改造也容易,并便于公交车辆进出专用车道的优点,在实际工程中使用较多。但同时路面划线隔离的方式也存在公交专用车道容易被社会车辆占用的缺点。

路面划线隔离的保障措施,适用于需要进出专用车道进行停靠或转向行驶的公交车较多且路段社会车道饱和度较低的情况。

2) 硬质分离

硬质分离的方式是指在专用道与其他车道之间用硬质设施强行隔离。常用的物理隔离的方式有侧石、道钉、隔离栏、绿带等。

硬质分离对阻止其他交通方式进入公交专用车道有着良好的隔离作用,能较好地保证专用道的实施效果。但硬质分离既不方便公交车辆进出专用道,也不利于非公交专用时段内社会车辆进入专用道。针对这一缺陷,可以在硬质隔离设施上每隔一段距离设置一个开口,使公交车辆能够在紧急情况下离开专用道,保证行车的畅通。图 5-28 所示为公交专用道硬质隔离示例。

图 5-28　公交专用道硬质隔离示例

使用硬质设施隔离的公交专用道只能适用于道路饱和度比较低,且全天供公交车专用的公交专用道。对于路外侧和路内侧的公交专用道,可以用隔离栏、带路缘石的绿化带等不可穿越的隔离设施;对于路中间的专用道,可以采用道钉等可穿越的隔离设施。

3)彩色路面隔离

为增强公交专用道的视认性,可以把公交专用道路面用规定的某种颜色划出,与一般车道形成反差,以利于驾驶人辨认。彩色路面颜色一般采用红色或绿色,车道边界的标线可用白色或黄色。图 5-29 所示为彩色路面隔离方式示例。

图 5-29　彩色路面隔离方式示例

彩色路面隔离的方式与路面划线隔离的方式类似,适用于需要进出专用车道进行停靠或转向行驶的公交车较多且路段社会车道饱和度较低的情况。

4. 公交专用道在路段开口处的处理

1)单位开口的处理

对于设置于最外侧车道的公交专用道,经常会遇到沿线有单位开口的情况,此时,需在公交专用道上施划黄色网格线,作为公交车辆和社会车辆的交织区域,如图 5-30 所示。

2)有道路相交时的处理

为避免相交道路的右转车辆驶入公交专用道,可在交叉口处设置相应的右转导流线;当相交道路的右转流量较大时,可在相交道路的进口道设置右转专用信号进行控制。图 5-31 为有道路相交时的处理方式示意图。

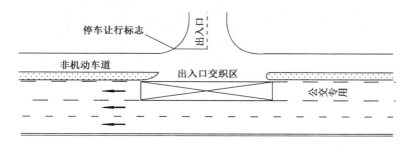

图 5-30　单位开口处理方式示意图

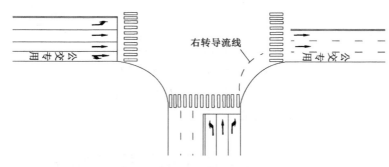

图 5-31　有道路相交时的处理方式示意图

5. 公交专用道在交叉口进口道的处理

公交车辆在交叉口处的延误是影响公交运行车速的主要因素之一。在交叉口采取合适的公交优先方式对提高交叉口的通行能力,减少公交车延误非常有必要。公交专用道在进口道的处理方式主要有以下三种类型。

(1) 公交专用道在进口道处取消(图 5-32)。

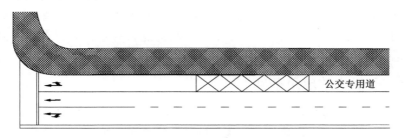

图 5-32　公交专用道在进口道处取消

当转向的公交车流量较大,且进口道渠化条件受限,无法渠化出足够的进口车道时,可在进口道处取消公交专用道,具体设置为在公交专用道上靠近交叉口处划定一个交织段,长度要求大于 40m,允许右转社会车辆驶入。

(2) 公交专用道设置于右转车道左侧(图 5-33)。

当右转社会车辆较多,且靠近交叉口处可以满足设置交织段长度要求的情况下,将公交专用道设置在右侧第二条进口道,交织段长度需大于 40m。此时,进口道公交专用车道的长度需保证公交车辆排队时不至于排至交织段,否则,不宜采用该种设置形式。

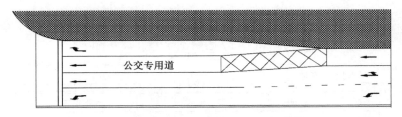

图 5-33　公交专用道设置于右转车道左侧

(3) 公交专用道设置于右转车道右侧(图 5-34)。

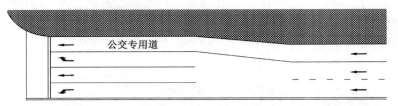

图 5-34　公交专用道设置于右转车道右侧

当右转社会车辆较多,且靠近交叉口处公交车辆排队长度较长的情况下,宜将公交专用道设置在右转车道右侧,并设置右转专用信号相位。

## 第四节　公交优先信号控制策略

### 一、公交信号优先的基本原理

公交信号优先是基于公交车辆检测信息或车辆/系统发出的优先请求,为特定的公交车辆提供优先通行服务(图 5-35)。当检测到的公交车辆是在红灯相位到达时,可采用绿灯早启等策略来提前结束正在运行的其他方向的绿灯相位而提前启动本方向的绿灯相位。当检测到的公交车辆恰好是在绿灯相位到达时,可采用绿灯延长等策略来延长本方向的绿灯显示时间。由于绿灯显示时间的延长并不需要另外的灯色过渡显示时间,所以绿灯延长策略的效率更高。

### 二、公交信号优先的应用条件

(1) 相交道路上公交车的流量差要大,即公交流量的比值≥1∶4。如公交车辆优先的和让行的数量接近,则体现不出优先的效益。优先的效益应体现在公交车与社会车之间,而不是公交车之间。

(2) 要应用特殊功能的信号控制器。该信号控制器要有足够信号相位;各相位绿灯有延时迟起、缩时早断和重新排序优先放行功能;必要时应和上游车站、路口连网协调控制,以保证公交车有足够的绿波带宽。

### 三、公交信号优先的主要策略

1. 绿灯延长

公交优先系统检测到公交车辆,并计算出其需要优先的相位,当前绿灯正是该相位。若绿灯的剩余时间不能保证公交车辆按照正常的速度通过交叉路口,则可延长本相位的绿灯时间(但不能超过最大绿灯时间),使得公交车辆通过交叉口。这种信号优先策略就是"绿灯延长"。

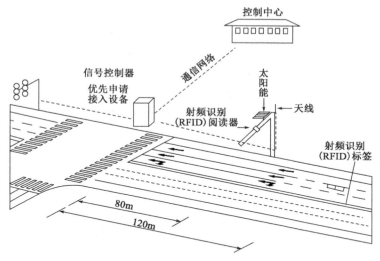

图 5-35　公交信号优先系统构成图

"绿灯延长"策略能够减少本相位的公交车辆的延误,但是会加大其他相位的拥堵程度和加重后继交叉路口的负担。在交叉路口车流量较多时会加大交叉路口的拥堵程度。例如在上下班高峰期,"绿灯延长"策略会使得某些相位的车辆排队过长,造成路面拥堵,加大交叉路口的平均延误。"绿灯延长"策略适用于相位优先请求相对集中的交叉路口。

2. 绿灯提前

公交车辆到达交叉口,但是所需要的相位是当前绿灯相位的下一个相位,如果绿灯运行时间没有超过最小绿灯时间,则将绿灯剩余时间修改成最小绿灯时间和当前已运行时间的差。如果绿灯运行时间已经超过最小绿灯时间,则将绿灯的剩余时间修改为车辆通过交叉路口的平均时间,若绿灯剩余时间小于将要修改的时间则不做修改。此策略使得公交车辆能够提前通过交叉路口,称为"绿灯提前"。

"绿灯提前"策略能够让每个相位的公交车辆较快地通过交叉路口,对每一个相位的优先相对平均,但是会减少每个信号周期的通行车辆数,因此在车流量较大时,例如上下班时,这种策略会使得交叉路口的通行能力急剧下降。

3. 相位提前

当下一个相位没有公交信号优先请求,而下一个相位之后的某个或多个相位有公交信号优先请求时,将公交车辆请求的相位提前执行,而下一相位延后执行,提前的相位只执行最小绿灯时间。

"相位提前"策略能够让其他相位的公交车辆得到优先通行,但是会使相位的执行顺序处于混乱状态,如果一直处于混乱状态,最终将造成交叉口拥堵,从而降低交叉口的通行能力,平均延误也会加大。

4. 相位插入

在每个相位的最小通行时间和正常结束时间之间插入一个公交相位,该公交相位可以让任何非本相位的车辆提前通过,该公交相位执行完后回到原相位,按照原相位顺序执行。

"相位插入"策略能够让每个相位的公交车很快地通过交叉路口,特别是当多个相位有优先请求时。但是插入相位顺序不当的话,反而会增加平均延误,加重交叉口拥堵程度。

5. 公交通行专用相位

当检测到交叉路口有多个相位需要优先通行时,这时启用公交通行专用相位。在该相位内,各交叉路口的公交车辆可以同时通行,公交车辆按照让行的方式通过交叉路口,公交通行专用相位启用后信号恢复到正常顺序运行。

"公交通行专用相位"策略适合车流量不大,但是有多个相位请求的情况。这种策略容易造成交通拥堵。

### 四、公交信号双向绿波的设计

1. 基本原理

公交被动优先是指以平均延误最小为控制目标,体现公交优先和公平性策略。根据公交运营车速、站点间停靠时间、历史流量数据等设计多交叉口信号协调控制方案。

2. 基本假设条件(图 5-36)

当相邻交叉口间有公交站点时,假设公交停靠时间相对稳定,如:

(1) 路口 1 与路口 2 之间平均延误时间为 $t_1$;

(2) 路口 2 与路口 3 之间平均延误时间为 $t_2$;

(3) 路口间无公交站点时平均延误时间为 0。

公交绿波带速根据路口间距和平均延误时间计算得到。

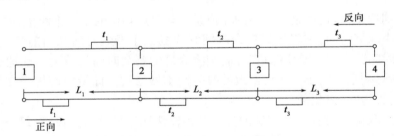

图 5-36　公交信号双向绿波基本假设条件

3. 基于多维同步优化的公交绿波带设计

根据公交车运行特征,通过五维同步优化,对各交叉口相位、相序、相位差、绿灯比、周期进行干线协调控制,可以得到以下计算式:

$$\begin{cases} \max\{\min(B_{1i}) + \min(B_{2i})\} \\ B_{1i} \subset [y_{i\min}, y_{i\max}] \\ B_{2i} \subset [b_{i\min}, b_{i\max}] \end{cases} \quad i = 1, 2, \cdots, n \tag{5-2}$$

式中:$B_{1i}$——正向绿波带在第 $i$ 个路口的绿灯范围;

　　　$B_{2i}$——反向绿波带在第 $i$ 个路口的绿灯范围;

　　　$y_{i\min}$——第 $i$ 个路口正向绿灯开始时间;

$y_{i\max}$——第 $i$ 个路口正向绿灯结束时间;
$b_{i\min}$——第 $i$ 个路口反向绿灯开始时间;
$b_{i\max}$——第 $i$ 个路口反向绿灯结束时间;
$n$——干道协调路口总数。

4. 主要意义

为了提高公交信号优先通行效率,通过公交双向绿波带可以减少公交车在路口的停车延误,实现公交信号优先通行;提高公交行程车速,提升公交运行效率和公交吸引力;减少公交频繁制动,有助于降低公交燃油消耗和尾气排放,实现节能减排。

5. 案例分析

以宁波市江北区大闸路为例进行分析:

1)道路现状

大闸路(大庆南路—通途路)位于宁波市江北区,共有 4 个灯控路口,路段总长 1125m,双向六车道,其中两侧为公交专用道,中间设有两对公交停靠站,道路通行条件良好,如图 5-37 所示。

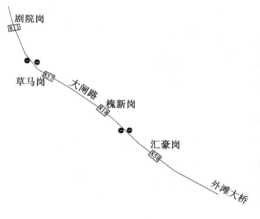

图 5-37 大闸路现状图

2)公交现状问题

沿线大闸南路上途经外滩大桥西公交站的有 4 路、11 路、13 路、36 路和 306 路(图 5-38)。受站点停靠延误(无法避免)和路口信号控制延误(可避免)的影响,平峰时公交车平均行程车速不足 20km/h,公交专用道作用未能有效发挥。

3)计算公交行程车速

根据调查涉及公交站点各条线路的减速时间、停靠时间、加速时间等,计算公交车在公交站停靠的总延误时间。表 5-3 为公交车停靠公交站总延误时间调查表。

**公交车停靠公交站总延误时间调查表** 表 5-3

| 公交站点:外滩大桥西(南向北) | | 路程:400m | | |
|---|---|---|---|---|
| 公交车班次 | 减速时间(s) | 停靠时间(s) | 加速时间(s) | 总延误时间(s) |
| 4 | 7.53 | 14.30 | 8.05 | 29.88 |
| 11 | 7.15 | 16.52 | 8.18 | 31.85 |

续上表

| 公交车班次 | 公交站点:外滩大桥西(南向北) 路程:400m ||||
| --- | --- | --- | --- | --- |
|  | 减速时间(s) | 停靠时间(s) | 加速时间(s) | 总延误时间(s) |
| 13 | 8.52 | 17.23 | 8.33 | 34.08 |
| 36 | 8.35 | 15.41 | 7.38 | 31.14 |
| 306 | 7.23 | 15.99 | 8.67 | 31.89 |
| 平均值 | 7.76 | 15.89 | 8.12 | 31.77 |

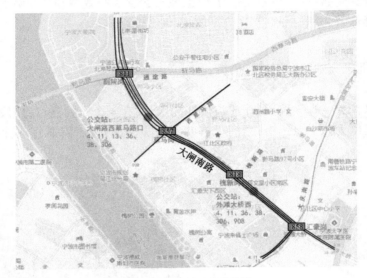

图 5-38 大闸路公交路线图

同理,用同样方法调查、计算反向公交车在公交站点停靠的总延误时间,如表 5-4 所示。

反向公交车停靠公交站总延误时间调查表　　表 5-4

| 公交车班次 | 公交站点:外滩大桥西(北向南) 路程:400m ||||
| --- | --- | --- | --- | --- |
|  | 减速时间(s) | 停靠时间(s) | 加速时间(s) | 总延误时间(s) |
| 4 | 7.31 | 10.14 | 8.41 | 25.86 |
| 11 | 7.41 | 12.89 | 8.01 | 28.31 |
| 13 | 6.75 | 9.61 | 7.32 | 23.68 |
| 36 | 6.93 | 12.11 | 8.45 | 27.49 |
| 306 | 7.11 | 10.18 | 7.75 | 25.04 |
| 平均值 | 7.10 | 10.99 | 7.99 | 26.08 |

4)公交绿波带方案

通过五维同步优化,针对公交车运行特征设计绿波带,实现公交车一路绿灯通行,同时为了不影响其他相位,适当增加大庆南路、通途路两个路口的绿灯结束时间,调整前后的变化如图 5-39 所示。

根据时距图得出具体相位配时方案、相位差方案,如图 5-40 所示。

5)实施效果分析

实施公交绿波带后,通行效率明显提高,直行方向公交车速提高 66%,小汽车车速提高 30%,基本实现公交车和小汽车的同步双向绿波协调控制,如表 5-5 所示。

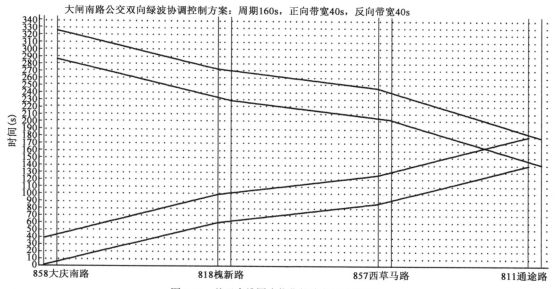

图 5-39 基于多维同步优化的公交绿波带设计

| | | | | | | | | | | |
|---|---|---|---|---|---|---|---|---|---|---|
| 大闸南路(大庆南路—通途路)公交双向绿波相位设计(平峰) | | | | | | | | | | |
| 1) | 858大庆南路 | 相序 | A | G | C | D | E | F | B | |
| | -140 | 时间(s) | 40 | 0 | 30 | 40 | 0 | 30 | 20 | 0.25 |
| 2) | 818槐新路 | 相序 | | | | | | | | |
| | -91 | 时间(s) | 85 | 35 | 40 | | | | | 0.53 |
| 3) | 857西草马路 | 相序 | | | | | | | | |
| | -101 | 时间(s) | 96 | 37 | 27 | | | | | 0.60 |
| 4) | 811通途路 | 相序 | | | | | | | | |
| | 0 | 时间(s) | 70 | 21 | 45 | 0 | 24 | | | 0.44 |
| 周期：160s；带宽：正向40s，反向40s | | | | | | | | | | |
| | | 160 | | | | | | | | |
| | 以811的C相位的起始点作绝对相位差，其余各路口以A相位为起始点 | | | | | | | | | |

图 5-40 具体相位配时方案和相位差方案图

注：-140、-90、-101、0 为绝对相位差(单位：s)，160 为信号周期(单位：s)，0.25、0.53、0.60、0.44 为 *A* 相位所占信号周期比例。

**公交绿波带协调前后比较表** 表 5-5

| 状态 | 公交车<br>平均行程车速<br>(km/h) | 公交车<br>路口停车比例<br>(%) | 小汽车<br>平均行程车速<br>(km/h) | 小汽车<br>路口停车比例<br>(%) |
|---|---|---|---|---|
| 实施前 | 18.6 | 约 50 | 22.1 | 约 50 |
| 实施后 | 30.9 | <10 | 28.7 | 约 25 |

注：以上为大闸路东西直行方向实测数据。

由于未改变两个关键路口(剧院岗和汇豪岗)的配时，对相交道路通行影响较小。

## 习　　题

5-1　试论述在进行公交停靠站类型选择时应遵循的原则。

5-2　某港湾式公交车站在进行设计时,同时在站台停靠的公交车辆数取为 3 辆,公交车辆长度定为 15m。试计算该停靠站的站台长度,并画出该停靠站的草图,需标明减速段、站台和加速段的长度。

5-3　试绘出路边型公交专用车道在交叉口进口道处的三种处理方式,并简要说明各自的适用条件。

5-4　试说明直线式停靠站在设置时需注意的交通安全问题。

5-5　试说明进口道处设置公交停靠站会产生的主要问题。

5-6　简述公交信号优先的主要策略。

# 第六章
# 交通枢纽交通组织设计

【本章主要内容与学习目的】

本章主要内容包括交通枢纽的概述、对外交通枢纽交通组织设计和轨道交通枢纽交通组织设计等。学习本章的目的为了解交通枢纽的系统功能、分类及构成，了解对外交通枢纽的交通组织设计，重点理解和掌握轨道交通与其他交通工具之间换乘的交通组织设计方法。

## 第一节 概 述

交通枢纽是以全方式公共交通为主的城市多方式交通的集散地，是城市交通网络的锚固节点，具有出行方式转换与组合、客流集散等多元功能。作为城市交通组织优化设计的重要组成部分，交通枢纽的交通组织设计合理与否，直接影响到整个交通系统的最佳化、公共交通出行者的效率与舒适性，也决定了整个城市客流移动的顺畅性和便利性。

城市对外交通枢纽
交通组织设计

### 一、交通枢纽的系统功能

交通枢纽作为锚固城市交通网络体系的基础和衔接各种客运交通方式的纽带，是公共交通网络中不同交通方式、不同方向客流的转换点，在城市和城市交通中的功能主要体现在以下两个方面。

1. "点"上的交通衔接功能

衔接功能是指交通枢纽从整体上作为一个衔接点,根据居民的出行需求,把不同线路、不同交通方式的交通出行与运输活动连接成为整体。具体而言,一是枢纽可以和所服务区域内的需求点相连接,实现客流从需求点到枢纽中心的汇集和从枢纽中心到目的地的分散;二是枢纽和枢纽之间相连接,实现规模化的网络输送功能,降低客运成本;三是枢纽可以实现城市内外交通的衔接,有效改善内外交通由于运输组织方式差异造成的"瓶颈"现象。

2. "面"上的客流集散功能

交通枢纽可以利用各枢纽站场系统及其连接的公交线路,实现由"点"到"面"的功能扩张。枢纽的客流集散主要针对运输对象而言,公共交通枢纽利用枢纽中心的吸引性,以扩大吸引面为目标,为公交网络提供客源和疏散客流,实现客流向公交干线的汇集和向公交支线的渗透。

## 二、交通枢纽分类

交通枢纽具有不同的层次,从交通功能、承担的客流性质、交通方式、布置形式、服务区域等不同角度分析,可以将交通枢纽加以分类,如表6-1所示。

**不同性能的城市交通枢纽分类** 表6-1

| 枢 纽 性 能 | 枢 纽 分 类 |
| --- | --- |
| 交通功能 | 城市对外交通枢纽、城市公共交通枢纽 |
| 客流性质 | 中转换乘型枢纽、集散型枢纽、混合型枢纽 |
| 交通方式 | 线路换乘枢纽、方式换乘枢纽、复合型枢纽 |
| 布置形式 | 立体式枢纽、平面式枢纽 |
| 服务区域 | 都市级枢纽、市区级枢纽、地区级枢纽 |

基于以上分类,本书主要对城市对外交通枢纽(主要包括航空、铁路和公路客运枢纽)、城市公共交通枢纽(主要包括轨道交通、常规公交及与其他交通方式之间的综合换乘枢纽)的交通组织设计进行介绍。

## 三、交通枢纽的构成

枢纽内乘客的换乘是通过各种功能的换乘设施完成的。根据各子系统的不同作用,交通枢纽有6个基本组成部分:运送子系统、设备子系统、信息子系统、人员子系统、技术管理子系统和延伸服务子系统。各系统的定义和主要涉及交通组织设计的内容如表6-2所示。

**交通枢纽的基本构成** 表6-2

| 分 类 | 定 义 | 主要涉及交通组织设计的内容 |
| --- | --- | --- |
| 运送子系统 | 系统内外各组成部分之间联系的运送方式及设施 | 布局设计、流线组织设计、交通衔接设计、枢纽内部交通设施细节设计 |
| 设备子系统 | 包括枢纽外部运送方式设备,中转换乘服务设备和其他设备 | — |

续上表

| 分 类 | 定 义 | 主要涉及交通组织设计的内容 |
|---|---|---|
| 信息子系统 | 为乘客的出行和换乘提供各种信息服务,提高换乘效率 | 交通信息服务设计 |
| 人员子系统 | 包括被服务者(乘客)和服务提供者(内部员工) | 行人流组织设计 |
| 技术管理子系统 | 包括各种作业技术、方法和管理制度,属于系统软件部分 | 提供需求分析 |
| 延伸服务子系统 | 主要包括便利店、咖啡吧、休闲广场、书报栏等商业设施和社会服务设施,满足人们通勤、购物、休闲、交流、住宿等需要 | 交通语言系统与交通流线组织设计等 |

## 四、交通枢纽交通组织设计体系

### 1. 乘客在交通枢纽的活动链解析

从交通组织设计的角度理解,交通枢纽的空间包括三个部分,即站体、与其他交通方式换乘的设施(以下简称"换乘设施")以及连接站体与换乘设施的集散通道系统。而出行者使用交通枢纽的活动可以抽象表达为进入枢纽、在枢纽中移动以及离开枢纽三个过程。

枢纽交通组织设计首要关注的是乘客在枢纽系统中的移动条件与移动效率,乘客在枢纽内的活动链如图6-1所示。

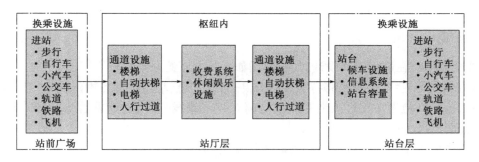

图 6-1 乘客在枢纽内的活动链

### 2. 交通枢纽交通组织设计的基本概念

交通枢纽交通组织设计是以枢纽内交通"资源"(包括时间、空间、运输方式、运能和投资水平等)为约束,对枢纽的各组成部分进行交通组织优化设计,以实现枢纽内的安全、高效、通畅和高品质的服务。

交通枢纽交通组织设计依据从宏观、中观到微观的设计程序进行,任一层次的设计如遇有难以调和的矛盾时,均可反馈到上位规划设计中求得协调。交通枢纽交通组织设计以出行者为主体,设计要考虑出行者如何在各类交通工具之间交互,各类交通工具如何为其服务。交通枢纽交通组织设计丰富了交通组织设计的内容,同时也为交通组织设计的体系化提供了新的思路和方法。

### 3. 交通枢纽交通组织设计的目标

根据乘客在交通枢纽内的活动分析,枢纽需要为出行者在移动过程中的各种行为提供服

务。因此进行交通枢纽交通组织设计时,应达到以下几方面的目标:

首先,交通枢纽交通组织设计应保证乘客换乘所需的服务能力、便利性和安全性,即保证乘客在枢纽中的移动路线必须是清晰的、简捷的,尽量减少交叉冲突,如果冲突不能避免则须加强安全性设计;同时,枢纽内各种交通方式及交通设施间应确保运能的匹配,保证换乘过程的连续性和可靠性,使乘客在枢纽内的换乘、停留等待的时间最短。

其次,枢纽交通组织设计应保证一定的可识别性,空间的通透性及识别系统都应被纳入设计内容,同时在乘客的分流点应设置较完善的交通语言系统。

最后,应特别注重残障人士、儿童和老年人的通行要求,交通枢纽交通组织设计需要考虑紧急疏散通道、紧急救援通道和环境照明等因素。

# 第二节　对外交通枢纽交通组织设计

本书所讲的对外交通枢纽主要是指航空客运枢纽、铁路客运枢纽和公路客运枢纽。一般而言,对外交通枢纽交通组织设计主要包括进出站交通组织设计和换乘设施交通组织设计。而在具体的交通组织设计中,各种流线的组织设计是其中的关键,也是枢纽各种设施和广场总体布局的主要依据。流线设计的好坏,不但影响枢纽设施的作业能力和效率,同时也关系到对乘客服务质量的优劣以及枢纽工作人员工作方便与否等问题。因此,合理的流线组织是交通枢纽交通组织设计中的重要内容。

## 一、流线设计的原则

对外交通枢纽在进行流线设计时,应遵循如下几方面的原则:

(1)应以乘客流线为主导,将各种流线分开,各行其道,尽量避免各种流线互相交叉干扰。

(2)大型枢纽应考虑将进入乘客流线与离开乘客流线分开,长途乘客与市郊乘客进出流线分开,公交车与出租汽车、小汽车流线分开。

(3)最大限度地缩短乘客在枢纽内的步行距离,避免流线迂回,把缩短乘客进入和离开路线放在首位。

(4)尽量避免离开的人流拥挤,在大型枢纽引导乘客从多出口疏散,以最快速度分流。

(5)流线组织要具有一定的灵活性,既要考虑平时正常情况下乘客流线组织,也要考虑节假日、春运、暑运等特殊条件下的客流组织;既要考虑一般乘客需求,也要考虑特殊乘客的多种需求。

(6)应考虑城市各类公共交通设施及主要干道的布置,主要行人流线、车辆流线的分布,处理好枢纽与城市交通流线的衔接问题。

## 二、进出站交通组织流线设计

根据枢纽设施总平面布局和空间组合的不同,乘客在进出站体的流线组织方式主要有以下几种:

(1)主要进出流线在同一平面上错位设置,如图6-2a)所示。为了更好地配合枢纽广场的车辆流线组织,需将进出流线在同一平面上的左、右侧分开。通常把进入流线安排在站体的右侧,离开流线安排在站体的左侧。这种流线组织方式避免了主要进、出流线在枢纽内部交叉,方便了进出客运交通组织,但是在站体内部以及枢纽广场上仍然存在各种流线的交叉。

(2)主要进出流线在空间上立体分离,如图6-2b)所示,这是利用枢纽设施不同平面来组织进出流线。一般将进入流线安排在上层,离开流线安排在下层。上下各层均设有多条平行通道,供不同去向的乘客通行,并建有较大坡度从地面通向上层的通道,供出发乘客直接进入二层进站。这种流线组织方式不但避免了各种进出流线在枢纽内的交叉,也大大方便了进出客运组织,而且在站体内以及枢纽广场上各种流线的交叉也得到了很好的疏解。

(3)主要进出站流线进行平面错开、空间跃层式组织,如图6-2c)所示。进入流线由下层入站经自动扶梯进上层候车,然后经高架交通厅检票上车,离开流线经站房左侧跨线地道由下层出站。上下层一般也设有多条平行通道,供不同去向的乘客通行。这种流线疏解方式避免了各种进出流线在站体内部的交叉,方便了客运组织,但是在枢纽广场上仍然存在各种流线的交叉。

(4)主要进出流线由枢纽设施的多通道多流线进出,流线可采用平面错开、空间跃层或全立体分离,如图6-2d)所示。进入流线上层候车,经高架交通厅检票上车,离开流线经跨线地道由下层离开。上下层均设有多条平行通道,供不同去向的乘客或行包通行。这种流线疏解方式避免了各种进出流线在枢纽内的交叉。

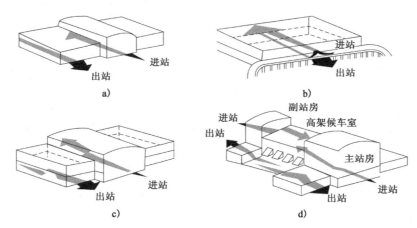

图6-2 进出站乘客流线组织示意图

以北京首都机场为例,首都机场航站楼为双层式客运航站楼,如图6-3所示。到达旅客进港流线主要引导至一层,出发旅客出港业务主要引导至二层。航站楼二层前设有立体的出发旅客迎接场,通过两侧高架引桥连通机场公路,设置送站车辆短暂停靠点,供乘客下车,避免了接送车辆流线在枢纽内的相互干扰,避免了到发旅客的流线交叉。航站楼通过廊道与卫星厅连通,为方便旅客走行,在廊道内安设了自动人行道,即"水平电梯"。

## 三、换乘设施交通组织流线设计

枢纽换乘设施是枢纽与城市交通的接合部,是客流、车流集散的地点,是枢纽交通组织的重要内容。

1. 换乘设施的流线分析

换乘设施的交通流主要是人流和车流,交通流线可分析如下:

换乘设施的人流中,大部分是乘客,进入广场之后,可能去候机、候车、购票、问询等,流线组织时应使乘客方便、安全地到达所要去的处所。对于公路枢纽、铁路枢纽和航空枢纽，在人流中还有部分是接送乘客人员，该部分人流主要集中在进出口处，亦可能进入候车厅、候机厅。

图 6-3　首都机场航拍图

换乘设施的车流中，公共交通发车间隔、行车路线固定；出租汽车则机动灵活，没有固定路线，接送客车停留时间短，路线不固定。小汽车行驶自由度较高，行车路线不固定；非机动车的灵活性强，对停车区域要求相对较低。

2. 换乘设施流线组织设计方法

换乘设施流线组织的目的是使换乘设施上的人流、车流运行安全、顺畅，能尽快集疏。与换乘设施连接的城市干道的具体情况、枢纽设施出入口的位置、各种商业服务设施的分布情况、换乘设施地形特点、客流车流的流量流向等对换乘设施的交通流线组织均有很大影响。换乘设施流线组织的具体要求与设计方法如下：

（1）尽量使换乘设施内的各种交通流线分离，各行其道，避免交叉干扰。

（2）应使车流尽量靠近枢纽出入口，停车场不要离得太远。

（3）流线组织既要考虑平时正常情况下的人流组织，亦要考虑节假日的人流组织，应有一定的灵活性。

（4）各种流线分流的方法，可采用前后分流或左右分流。前后分流是把人流车流分别组织在换乘设施前后两个部分，前部行驶停靠车辆，上下乘客，后部为乘客活动区，乘客可安全进入站房，前后互不干扰，但车辆不能紧靠出入口，增加了乘客步行距离；左右分流是将车流、人流沿换乘设施横向分布，人流右边进站，左边出站，车流按流向、流量分别组织在不同的场地，从而使人车分流，互不干扰，这是比较常用的分流方式。

3. 换乘设施交通组织设计举例

以下以站前广场为例，对换乘设施交通组织的方法进行介绍。换乘设施交通组织流线设计如图 6-4 所示。

图 6-5 所示为按车辆类型划分停车场的广场交通组织流线设计方案，无轨电车和公共汽车分别在广场两侧停靠，小汽车和出租汽车设在广场中部。停车场划分明确，车辆相互交叉少，车辆不穿行广场，对广场干扰也少。但由于站房纵向距离较长，三个停车场间距较大，乘客来往于各停车场与站房进出口之间的距离较远，离开乘客往站房右侧乘无轨电车与左侧乘公共汽车的进入乘客在广场上有交叉。

# 第六章 交通枢纽交通组织设计

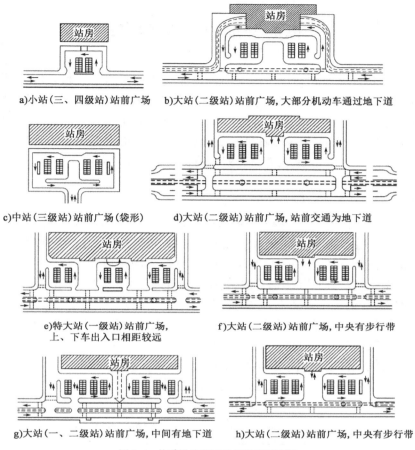

图 6-4 换乘设施交通组织流线设计图

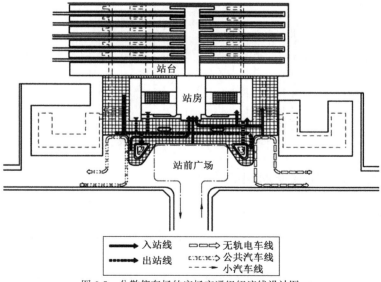

图 6-5 分散停车场的广场交通组织流线设计图

## 第三节 轨道交通枢纽交通组织设计

轨道交通枢纽交通组织设计

城市公共交通枢纽主要包括以轨道交通为主体交通方式的枢纽和以常规公交为主体交通方式的枢纽两大类。随着城市公共交通枢纽向综合化、立体化、大型化的方向发展,枢纽的交通设施逐渐增加,交通流线更为复杂。以轨道交通为主体交通方式的枢纽(以下简称轨道交通枢纽)在城市交通中更为常见也更为重要,因此,本节主要介绍轨道交通枢纽的交通组织设计方法。

### 一、轨道交通枢纽设施构成

城市轨道交通枢纽是一个由各种交通设施构成的、以实现客流在不同方式间换乘接续的场所,主要由轨道交通车站、换乘设施和连接通道三部分组成。本书主要针对轨道交通车站和各类换乘设施的候乘站台或候乘区域展开研究,因此包含的设施有:

(1)通道类设施:包括通道、楼梯或扶梯、换乘大厅等。
(2)服务类设施:包括检票闸机、售票机等。
(3)换乘类设施:包括轨道交通站台、公交站台、社会车辆停车场等。
(4)信息类设施:包括导向标识、信息诱导设施等。
(5)轨道交通枢纽设施构成如图6-6所示。

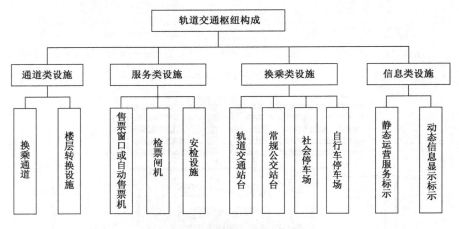

图6-6 轨道交通枢纽设施构成

### 二、轨道交通枢纽换乘交通组织设计

1. 轨道交通间的换乘交通组织设计

轨道交通间的换乘主要分为平行换乘、节点换乘和通道换乘三种换乘形式。

(1)平行换乘。

利用共用的站台层或站厅层供乘客换乘,是最为方便的换乘形式,无须出闸口二次付费,适用于有大量直接换乘客流的换乘站。其不足处是地下站厅要求较宽,轨道线间竖向平行布置,易引起线路的绕行和较大工程数量。

①同台换乘。

同站台换乘是指乘客在同一站台即可实现转线换乘,乘客只要走到车站站台的另一边就可以换乘另一条线路的列车。对乘客来说,这是最佳的换乘方式,尤其是在客流很大的时候。但这种车站往往要花费较大的工程投资。

同站台换乘的基本布局是双岛式站台的结构形式,可以在同一平面布置,也可以双层布置,如图6-7所示。图中 $A_1$ 和 $B_1$、$A_2$ 和 $B_2$ 分别代表两条换乘路线,$A$ 和 $B$ 分别代表同一条换乘线路的上行方向和下行方向。

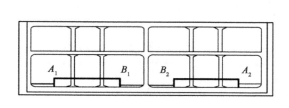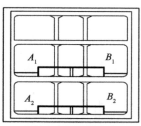

a)站台同平面换乘　　　　　　b)站台上下平行换乘

图6-7　同站台换乘示意图

站台同平面换乘是将供两条线路使用的车站站台相互并列,且平行布置在同一平面上,形成并列式的站位。站台上下平行换乘是将供两条线路使用的车站站台采用上下平行的立体布局形式,即将站台同平面换乘方式中的两个岛式站台上下叠置,一个岛式站台位于另一个岛式站台的正上方,形成行列式的站位。

②站厅换乘。

站厅换乘是设置两条线或多条线的公用站厅,或将不同线路的站厅相互连通形成统一的换乘大厅。乘客下车后,无论是出站还是换乘,都必须经过站厅,再根据导向标志出站或进入另一站台进行换乘。由于下车客流只朝一个方向流动,减少了站台上人流交织,乘客行进速度快,在站台上的滞留时间减少,既可避免站台拥挤,又可减少楼梯等升降设备的总数量,增加站台有效使用面积,有利于控制站台宽度规模。因此,站厅换乘是一种较为普遍的换乘方式。

站厅换乘一般用于相交车站的换乘。它的换乘距离比站台直接换乘要长,很多情况下,乘客在垂直方向上往返行走,带来一定的高度损失。站厅换乘方式与站台直接换乘相比,乘客换乘路线通常要先上(或下)再下(或上),换乘总高度大,换乘距离长。

若是站台与站厅之间是自动扶梯连接,可改善换乘条件。由于所有乘客都必须经过站厅进行集散和换乘,因此站厅内客流导向和指示标志以及各种信息显示屏等换乘诱导系统设施的设置显得尤为重要,它是保证旅客有序流动必备的硬件环境。

(2) 节点换乘。

在两条轨道地下线路的交叉处,将两线隧道重叠部分的结构做成整体的节点,并采用楼梯或自动扶梯连接两座车站的上下站台,如图6-8所示,从而实现节点换乘,这样任一方向的乘客只需通过上下楼梯或自动扶梯一次,便能换乘到另一条线路。

节点换乘设计的关键是要注意上下楼的客流组织,避免进出站客流与换乘客流的交织紊乱。该方式与同站台换乘方式一样,多用于两线之间的换乘,如用于三线或三线以上的换乘,则枢纽布置和建筑结构变得相当复杂,必须与其他换乘方式组合应用。节点换乘的换乘距离稍长,对站厅层间自动扶梯通道要求高。

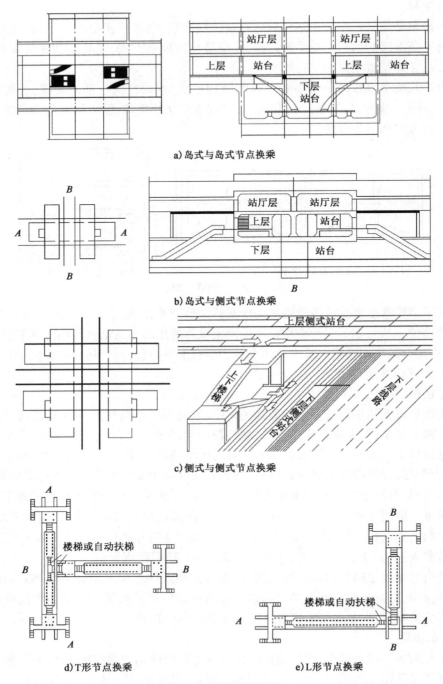

图 6-8 节点换乘示意图

(3) 通道换乘。

如果两轨道线路的车站靠得很近,但又无法建造成同一车站,那么可以采用通道换乘的形式,如图 6-9 所示。这种换乘方式通过专用的通道以及楼梯或自动扶梯将两座结构完全分开的车站连接起来,供乘客换乘。通道可以连接两个车站的站台或站厅的付费区,也可以连接两个车站站厅的非付费区。通道长度不宜超过100m,应有一定的坡度,并朝向换乘客流较多的方向。

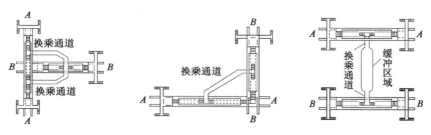

图 6-9　通道换乘示意图

通道换乘的优点是通道布置较为灵活,对两线的交角和车站的位置有较大的适应性,预留工程少,并可根据换乘客流量来确定通道的宽度,也可根据不同方向换乘客流的大小分别采用两个方向换乘客流使用同一通道的单通道换乘和两个方向换乘客流分离的双通道换乘的换乘组织方式。

通道换乘的缺点是通道换乘对乘客来说不是一种理想的换乘方式,换乘条件取决于通道的长度及其通过能力。由于换乘通道的通过能力有限,且不能无限拓宽通道宽度和增加通道的数量,因此通道换乘一般与其他换乘方式配合使用。

2. 常规公交与轨道交通换乘交通组织设计

常规公交与轨道交通的换乘衔接模式主要包括路边停靠公交模式、常规公交与轨道交通同面模式、常规公交与轨道交通异面模式以及集中布局模式。

1) 路边停靠公交模式设计

这种模式即公交车直接在路边停靠,利用地下通道与轨道车站站厅或站台直接相连,如图 6-10 所示。

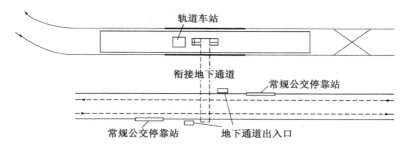

图 6-10　常规公交与轨道交通换乘的路边停靠公交模式

2) 常规公交与轨道交通同面模式设计

常规公交与轨道交通处于同一平面,公交停靠站和轨道车站的站台合用,并用地下通道联系两个侧式站台。该形式确保有一个方向换乘条件很好,而且步行距离短,如图 6-11 所示,图中 S 表示轨道车站,Ank 表示到达站,Abf 表示出发站。

3) 常规公交与轨道交通异面模式设计

常规公交与轨道交通处于不同平面,通过长方形路径,使公交车的到达站与轨道交通出发站同处一侧站台,而常规公交的出发站与轨道交通到达站同处另一侧站台,如图 6-12 所示。

该形式使轨道交通与公交车共用站台,两个方向都有很好的换乘条件,就近解决了换乘并保证两股乘客流不互相干扰。

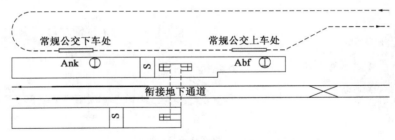

图 6-11 常规公交与轨道交通换乘的同面布局模式

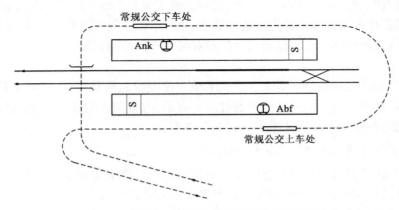

图 6-12 常规公交与轨道交通换乘的异面布局模式

4) 集中布局模式设计

在繁忙的轨道交通车站,衔接的公交线路较多,采用上述三种分散的沿线停靠模式会因停靠站空间不足而造成拥挤,同时给周边道路交通带来阻塞。为解决以上问题,可采用图 6-13 所示的集中布局模式,形成路外有多个站台集中在一起的换乘枢纽。为避免客流进出站对车流造成干扰,每个站台均以地下通道或人行天桥与轨道车站站厅相连。当常规公交从主要干道进入换乘站时,最好提供常规公交优先的专用道或专用标志,以减少乘客的时间延误。

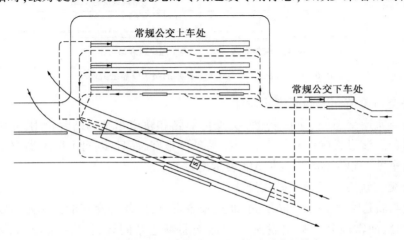

图 6-13 常规公交与轨道交通换乘的集中布局模式

### 3. 私人小汽车与轨道交通换乘交通组织设计

私人小汽车与轨道交通的换乘在小汽车拥有率较高的国家非常普遍,即由居住点开车前往轨道交通车站,再利用轨道交通前往目的地,即所谓的停车换乘(Park and Ride,P+R)。

停车换乘是现代化公共交通系统中不可缺少的一个组成部分。为了满足停车换乘的需要,吸引居民出行由私人交通方式向公共交通方式的转变,有必要进行轨道交通停车换乘方式的衔接布局规划,其主要内容包括P+R停车场的规划布局与周边道路的交通组织规划设计,并必须遵循以下设计原则:

(1)轨道交通的停车换乘方式比较适合位于城市周边地区和高档居住小区的轨道枢纽;而位于中心城区的轨道枢纽,由于用地紧张,难以设置规模适量的停车场,加之车辆进出停车场会对本已拥挤不堪的道路交通带来更大的影响,因此建议不宜采用。

(2)采用停车换乘方式的轨道枢纽必须提供足够规模的停车设施,停车面积的大小必须满足停车换乘的需求量。

(3)停车设施应力求靠近轨道车站,并与车站集散大厅之间设置规模适合的专用衔接换乘通道,避免停车换乘的乘客穿越城市道路以及与其他人流混杂,以免给换乘造成不便。

(4)应采取适合的停车场收费政策和管理措施,停车换乘收费力求低廉,以鼓励乘客转乘轨道交通,并保证乘客的使用安全。

(5)为减少建造停车场对周边用地、道路交通及其他客运方式造成的不良影响,必须进行车辆行驶线路的组织设计,并设置明确的行车线路指示标志。

(6)为方便车辆进出停车场,宜对周边道路的瓶颈路段和交叉口采取一些增容措施,减少乘客出行过程中的延误,缩短出行时间。

### 4. 出租汽车与轨道交通换乘交通组织设计

出租汽车的发展要求出租汽车交通流和人行系统的必要重叠交叉。因此轨道交通枢纽出租汽车换乘站的设计需要合理实现出租汽车和乘客的有效衔接,既满足出租汽车乘客的需求,又尽可能减少出租汽车对道路交通的干扰。

轨道交通枢纽的出租汽车换乘是在道路空间外,通过设置的出租汽车站,提供集中实现出租汽车和乘客之间供需关系的场所,主要功能在于满足乘客搭乘出租汽车的需求:为出租汽车进出道路系统提供缓冲的区域;实现交通功能转换,完成乘客在不同交通方式和出租汽车之间的换乘。枢纽出租汽车换乘设施的主要组成要素为下客区域、等车循环区、排队区、上客区域。

出租汽车上下客区域可以在同一个位置,也可以分散布置。出租汽车下客区域的位置尽可能设在车站进口附近较方便的位置;上客区域相对可以灵活布置,尽量考虑人行系统相配合设计,其位置应比公共汽、电车的停靠点远。出租汽车进出以及上下客的流线和等车循环区、排队区应尽可能与公共汽、电车车行路线分离,减少出租汽车对公共汽、电车停靠和行驶的干扰。同时加强对出租汽车停靠管理,有序流动,禁止随意停车。

出租汽车换乘系统结构如图6-14所示。

### 5. 非机动车与轨道交通换乘交通组织设计

非机动车与轨道交通之间的换乘也是城市公共交通中一种重要的衔接方式。特别是在我国城市公共交通整体服务质量不佳的情况下,非机动车以其经济、方便、灵活、污染少等特点,在客运交通中占有重要地位。非机动车与轨道交通衔接布局规划的主要内容包括非机动车衔接停车场的规划布局以及轨道枢纽非机动车合理交通区内行驶线路的组织设计。在进行非机动车与轨道交通的衔接设计时应遵循以下原则：

(1) 该衔接换乘方式比较适合于城市外围区或居住区内的轨道枢纽，而对于市区尤其是中心区的枢纽，由于路面空间和停放空间不足，不宜采用。

(2) 采用该衔接换乘方式的枢纽，为了避免非机动车的停放占用有限的城市道路空间以及对行人交通、机动车交通产生影响，必须提供足够数量的非机动车专用停车位。

(3) 对于非机动车换乘量较大的轨道枢纽应设置集中的专用路外停车场，且不宜相距太远，两者之间也应设有专用的衔接换乘通道；对于换乘量较小的枢纽可以采用分散停放的方式，但停放场地不宜过分靠近车站集散大厅的出入口，以免非机动车的停放影响乘客进出车站。

(4) 停车场内建议设置一定数量的支架和遮挡设施，并安排专人管理，收费力求低廉。

(5) 发挥非机动车近距离出行的优势，控制或限制其远程出行的比重。在非机动车合理交通区内组织好非机动车的行驶路线，将它从主、次干道上分离出来，构成非机动车专用道系统，减少非机动车对干道交通的影响，并为非机动车出行的乘客提供方便、安全、舒适的换乘环境。

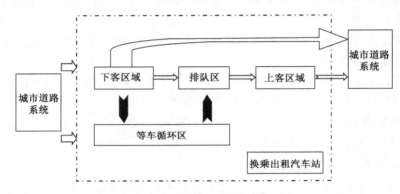

图 6-14　出租汽车换乘系统结构

非机动车停车换乘设施作为联系非机动车与轨道交通系统的纽带，在换乘过程中起相当重要的作用。它主要由三部分构成：换乘停车场、换乘通道、配套的服务设施。其中，换乘停车场是停车换乘设施的核心；换乘通道如同一座桥梁将非机动车交通与轨道交通站台连接起来，出行者可以利用换乘通道从非机动车交通转向轨道交通方式，完成出行过程；服务设施可以提高停车换乘设施的服务质量。非机动车停车换乘设施构成如图 6-15 所示。

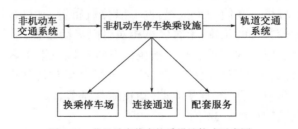

图 6-15　非机动车停车换乘设施构成示意图

1) 停车场与站点衔接模式

(1) 在车站出入口附近路侧设置非机动车停车场。

利用轨道交通车站出入口附近的边角用地设置换乘停车场，这种衔接模式造价低廉、易于管理,是最主要也是最为常见的模式,如图 6-16 所示。

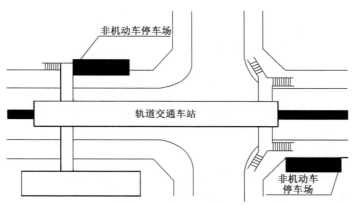

图 6-16　在车站出入口附近设置非机动车停车场

(2)在高架桥下设置非机动车停车场。

这类型适合高架轨道线车站与非机动车的衔接,直接利用高架桥下面的空间配置非机动车停车场。高架桥下设置非机动车停车场最节省用地。

(3)与地下站厅结合设置非机动车停车场。

处于城市中心区的站点,周边土地利用开发已成熟,用地紧张,路面停放空间不足,应结合车站大厅的布局,直接在车站地下站厅同一层设置专用非机动车停车场。车站出入口需要设计带有斜坡的台阶,以方便非机动车上下。非机动车坡道设计时坡度不宜大于 1:4;当出入口楼梯设置休息平台时,考虑非机动车推行,平台的长度不宜小于 2m。

此类型换乘停车场与轨道交通车站衔接最紧密,换乘距离最短,非机动车管理也方便,但造价较高,而且由于车站出入口设计了便于非机动车上下的斜坡,对出入口坡度的要求较高,增加了设计难度;同时换乘停车场需要与轨道交通车站同步设计及同步建设。

(4)在站前交通广场设置非机动车停车场。

对于换乘客流较大和换乘方式复杂的城市轨道交通枢纽站,宜设置有常规公交车、出租汽车及非机动车等多种换乘设施的交通广场。非机动车停车场应靠近车站的出入口布置,并尽量避免与机动车衔接设施混合布设,以减少非机动车流与机动车流的交织冲突,如图 6-17 所示。

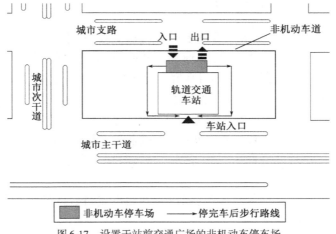

图 6-17　设置于站前交通广场的非机动车停车场

2) 公共非机动车租赁系统

公共非机动车租赁系统是指在某个区域内，隔一定距离规划出非机动车停放点（地铁出入口、商业圈、大学城、旅游景点出入口等），每个租赁点放置一定数量的非机动车可供租赁。公共非机动车租赁系统是一种随到随取的系统，在某一站点进行租车，到达目的地在相应的站点还车即可。

公共非机动车租赁系统的出现改变了传统的非机动车出行方式，为以轨道交通换乘模式为主的多模式交通提供了更多选择。公共非机动车的发展为轨道交通提供了一种新的接驳方式。公共非机动车与轨道交通衔接的交通组织方式与私人非机动车类似。

6. 步行交通与轨道交通衔接

步行交通是轨道交通最主要的衔接方式，只有通过步行的接驳，轨道交通这种定时、定线、定站点的公共客运系统才能真正实现对乘客"门到门"的服务。两者衔接规划布局的内容主要包括轨道枢纽合理步行区内的人行步道系统、过街设施和人车分离设施的规划设计、导向指示标志设置以及步行线路组织设计等。因此在设计轨道交通换乘枢纽时，步行应当优先考虑。考虑到轨道交通车站附近土地使用强度较高，各种活动亦较为频繁，适宜提供独立的人行步道，以连接车站合理步行吸引范围内的街道、住宅区、商店等，并尽量与机动车流分开。行人过街的横道线和中央安全岛以及交通标识系统的设置在这个区域内不可或缺。在枢纽内步行道与车站月台的连接除了满足便捷的需要外，还要达到疏散的要求，同时亦要有良好的导向标志。

轨道枢纽的建设会改变其合理步行区内的土地利用性质，大大提高土地开发强度，特别是位于中心区的枢纽，周围云集了商业娱乐中心、写字楼等公共建筑。在这种开发强度高、人流量大的地域，应遵循"以人为本"的指导思想，建立以枢纽为中心，以独立人行步道为主干，具有良好导向标志的城市公共空间体系。这种城市公共空间体系意味着枢纽周围的人行设施不再只是单一要素（如独立设置的过街天桥或地下通道）的布置，而是要构成彼此连续的线形体系，采用"并联"和"串联"的方法，将枢纽与周围的公共建筑紧密地结合起来，从而形成包容枢纽流动人群所有相关活动的便捷的、富有生气的立体空间网络，实现枢纽步行交通流的"不停顿流动"。同时为了保证出行者的安全，枢纽周边行人过街横道线和中央安全岛、人车分离设施以及导向指示标志系统的设置也应纳入公共空间体系的设计。

### 三、轨道交通枢纽信息服务设计

轨道交通枢纽信息服务设计是指通过多种方式和手段，向乘客提供枢纽及其相关信息服务，以引导乘客在枢纽内实现最佳的移动（便利、快捷、舒适），从而"主动"诱导枢纽内客流的合理分布。轨道交通枢纽中的导向服务对乘客十分重要，一般由以下五个部分组成。

（1）枢纽外部导向信息服务：为引导关联交通（换乘交通和集散交通）快捷地到达轨道枢纽，应在轨道枢纽外部附近区域内的主要路段和交叉口设置轨道交通标志和站名指示牌，给出该站的轨道线号、线路标识和换乘交通平面图，特别应标出至枢纽的距离。

（2）枢纽出入口与站厅间导向信息服务：基于标志、标示引导乘客利用自己所选择的交通方式和线路。

（3）枢纽站台与站厅间导向信息服务：以快捷到达枢纽站台或站厅为目的，分别面向进站乘客或出站乘客的信息服务。

(4)枢纽站台间导向信息服务：为引导乘客有序、快捷地进行站台间的移动而提供的枢纽总体布置示意图和路线指引。

(5)轨道交通和城市其他公共设施联络导向信息服务：连接轨道交通与周边商业、办公、休闲空间的导向服务。

除提供导向指示信息服务外，还应配备广播信息服务以及提供车辆实时到发信息服务。

## 习 题

6-1 试简述交通枢纽交通组织设计的目标。

6-2 试说明乘客在交通枢纽内的活动主要集中在哪几个地方，其活动链由哪几部分内容组成。

6-3 试简述对外交通枢纽流线设计的原则。

6-4 试论述在轨道交通枢纽中，轨道交通间的换乘形式有哪些。

# 第七章
# 停车交通组织设计

**【本章主要内容与学习目的】**
　　本章主要内容包括路外停车场交通组织设计、路内停车场交通组织设计、道路智慧停车等。学习本章的主要目的为了解停车场库的分类和停车交通组织设计的基本理念,重点掌握路外停车场和路内停车场交通组织设计的相关内容,了解道路智慧停车的技术手段,培养解决实际停车问题的能力。

## 第一节　概　　述

　　车辆不可能一直在道路上运行,车辆一次出行到达目的地之后必然要停靠,必须有让其停泊的空间。有关统计表明,平均每辆机动车的停驶时间约占车辆全周期寿命的90%以上。通常将与车辆停放相关的交通称之为静态交通,与车辆行驶相关的交通称之为动态交通。动态交通和静态交通是城市道路交通不可分割的两个组成部分,且相互依存。
　　城市交通是一个复杂的巨系统,各组成部分之间都在随时随地相互转换与影响。个体的静态交通可以干扰和影响动态交通,而整体的静态交通环境对于动态交通的发展变化又具有引导和制约作用。同样,动态交通以相同的作用来影响和约束静态交通,这就是城市交通与停车之间最为直接的辩证关系。

混乱的停车秩序是影响城市交通良好运行的重要原因之一。科学的停车场库交通组织对于改善交通具有极其重要的意义,本章将重点讲述停车场库交通组织设计的基本内容和方法。

## 一、停车场库的分类

根据停车场的功能、空间位置及结构形式等的不同,停车场可划分为多种类型,其规划、设计方法与管理措施存在较大的差异。停车场常用的分类方法如下。

1. 按停车场库性质分类

(1) 路内停车场

在道路用地控制线(红线)以内设置的停车场,包括公路路肩、城市道路路边或较宽的绿化带、人行道外绿地内的临时停车位,或高架路、立交桥下的停车空间。路内停车场一般不设在重要的道路上,其特点是:设置简单,使用方便,用地紧凑,投资少,适宜车辆临时停放。缺点是减少了道路的有效宽度和容量,会干扰车流的正常通行,易发生事故。

(2) 路外停车场

在道路红线外专门兴建的停车场、停车库、停车楼、各类公共建筑附设的停车空间及各类专业性停车设施等。这类停车场由停车泊位、出入口、通道、主体结构和其他附属设施(如通风、防火、通信、给排水等)组成。其特点是功能明确,设施齐全,使用安全,但投资大。

2. 按服务对象分类

(1) 机动车停车场

机动车停车场主要为各类汽车、摩托车等提供停放服务,除专业车辆以外,大部分停车场均以小型汽车为标准车进行规划设计。

(2) 非机动车停车场

非机动车停车场主要是指自行车停车场。与机动车停车场相比,非机动车停车场通常分散布置,设施简单。

3. 按停车场库属性分类

(1) 社会公共停车场

社会公共停车场设置在大型商业、文化娱乐、交通枢纽等公共设施附近,面向社会开放,为各种出行者提供停车服务,其投资和建设相对独立。

(2) 配建停车场

配建停车场是指为某建筑或设施配建,主要为与之相关的出行者提供停车服务的停车场。

(3) 专用停车场

专用停车场是指建在行政或企事业等单位内部的停车场,仅为其单位内部车辆提供停车服务。

4. 按停车设施形式分类

(1) 地面停车场

地面停车场是最常见的一类停车场,具有布局灵活、形式多样、停车方便、管理简单、成本低廉等优点,但用地面积较大。

(2) 立体停车库

立体停车库是建于地下或地上的立体停车库,可以缓解城市用地紧张的矛盾,提高土地利用率,但造价较高。立体停车库又可分为单层停车库和多层停车库。多层停车库又常被称为停车楼或立体停车场,根据车辆进入停车位的方式、是否采用机械装置等又可将其分为坡道式停车场库和机械式停车场库。

## 二、停车场库设施的基本构成

停车场库是停车场所的主体,停车场库内部设施主要包括停车位、通道、出入口、收费及管理处、附属设施(如储藏室、防火与通风设施、照明与电器设施、监控设施、给排水及生活管理设施)等,其基本构成如图7-1所示。

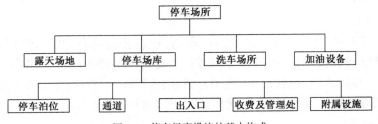

图7-1 停车场库设施的基本构成

## 三、停车场库交通组织设计的主要内容

停车场库交通组织设计,是以城市停车规划的成果、停车场库用地及周边道路交通条件为约束,以停车者一般化的停车行为为参考,以停车交通最优化(停车场库最佳利用及其与周边交通最佳协调)为目标,来最优确定停车场库的空间布局、停车模式、交通流线、出入口设置及管理措施等。

根据停车者的行为目的以及获取信息的不同,其行为过程整体可归纳为两个阶段,即停车选择阶段和实施停车阶段,如图7-2所示。

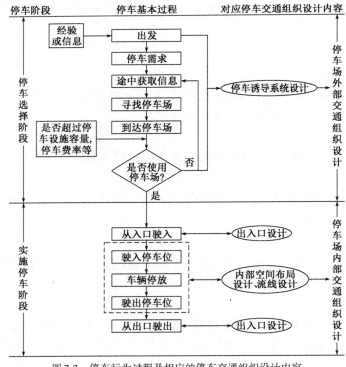

图7-2 停车行为过程及相应的停车交通组织设计内容

从以上分析可以看出,停车场库交通组织设计主要包括以下几方面的内容:
(1)停车场内停车位布局设计;
(2)停车场内流线组织设计;
(3)停车场出入口交通组织设计;
(4)停车场外围交通诱导系统设计。

另外,考虑到路内和路外停车场在外部交通环境上的差异较大,两类停车位布局、流线组织、出入口设置等方面也存在较大差异,因此,本章主要从路外停车场和路内停车场两个层面对停车场交通组织设计的内容和方法进行介绍。

## 第二节 路外停车场交通组织设计

### 一、设计车型

我国目前有几百种车型。根据《车库建筑设计规范》(JGJ 100—2015),将设计车型定为小型汽车,以它作为换算标准,将其他各类车型按几何尺寸归并为微型车、小型车、轻型车、中型车和大型车五类,具体外廓尺寸和换算关系如表7-1所示。

停车场库设计车型外廓尺寸与换算关系　　　　　表7-1

| 车辆类型 | | 外廓尺寸(m) | | | 换算系数 |
| --- | --- | --- | --- | --- | --- |
| | | 总 长 | 总 宽 | 总 高 | |
| 微型车 | | 3.80 | 1.60 | 1.80 | 0.7 |
| 小型车 | | 4.80 | 1.80 | 2.00 | 1.0 |
| 轻型车 | | 7.00 | 2.25 | 2.75 | 1.5 |
| 中型车 | 客车 | 9.00 | 2.50 | 3.20 | 2.0 |
| | 货车 | 9.00 | 2.50 | 4.00 | |
| 大型车 | 客车 | 12.00 | 2.50 | 4.00 | 2.5 |
| | 货车 | 11.50 | 2.50 | 4.00 | |

### 二、停车泊位布局设计

1. 车辆停车方式

停车场库的停车方式,应以"占地面积小、疏散方便、保证安全"为原则,并应满足车辆一次性进出停车位的要求。停车方式主要有平行式、斜列式(有倾角30°、45°、60°)和垂直式,或混合采用这三种停车方式。

各类停车方式如图7-3所示。

图中符号意义如下:$W_u$ 为停车带宽度;$W_{e1}$ 为停车位毗邻墙体或连续分隔物时,垂直于通(停)车道的停车位尺寸;$W_{e2}$ 为停车位毗邻时,垂直于通(停)车道的停车位尺寸;$W_d$ 为通车道宽度;$L_t$ 为平行于通车道的停车位尺寸;$Q_t$ 为机动车倾斜角度。

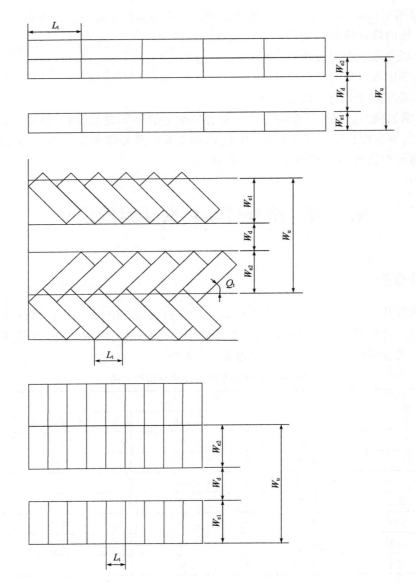

图 7-3 机动车停车方式及基本参数

上述三种停车方式各有其优缺点及适用情况,如表 7-2 所示。在具体设计时,应根据地形条件以占地面积小、疏散方便、保证安全等为选用停车方式的原则。

机动车停车方式优缺点及其适用情况　　　　表 7-2

| 停车方式 | 优 缺 点 | 适 用 情 况 | 备 注 |
|---|---|---|---|
| 平行式 | 车辆驶出方便、迅速,但单位车辆停车面积大 | 路边停车带或狭长场地停放车辆的常用形式 | 车辆停放时车身方向与通道平行 |
| 斜列式 | 车辆停放灵活,驶入驶出均较方便,但单位停车面积比采用垂直停车方式时大 | 较常用 | 车辆停放时车身方向与通道成 $30°$、$45°$、$60°$,或其他锐角斜向布置 |
| 垂直式 | 驶入、驶出车位一般需要倒车一次,用地比较紧凑 | 最常用 | 车辆停放时车身方向与通道垂直 |

## 2. 车辆停发方式

车辆驶入和驶出停车位方式的不同,所需的回转面积和通道宽度也不同。垂直式停发车主要有三种方式:一是前进式停车、后退式发车,二是后退式停车、前进式发车,三是前进式停车、前进式发车,如图7-4所示。第二种形式发车迅速方便,占地不多,被采用得较多。

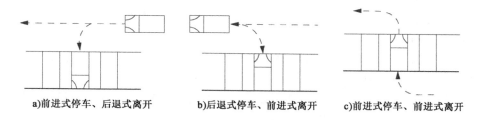

图7-4 机动车停发方式

## 3. 停车位设计基本参数

根据《车库建筑设计规范》(JGJ 100—2015)的规定,停车位设计的基本参数很多,以下仅介绍几个关键的设计参数,分别是停车带的宽度、长度、通道宽度和单位停车面积等,如表7-3所示。在具体设计时,应该根据实际情况选用。

我国机动车停车场设计参数　　　　表7-3

| 停车方式 | | 垂直通车道方向的最小停车位宽度 (m) | | 平行通车道方向的最小停车位宽度 (m) | 通(停)车道最小宽度 (m) |
|---|---|---|---|---|---|
| | | $W_{e1}$ | $W_{e2}$ | | |
| 平行式 | 后退停车 | 2.4 | 2.1 | 6.0 | 3.8 |
| 斜列式 | 30° 前进停车 | 4.8 | 3.6 | 4.8 | 3.8 |
| | 45° 前进停车 | 5.5 | 4.6 | 3.4 | 3.8 |
| | 60° 前进停车 | 5.8 | 5.0 | 2.8 | 4.5 |
| | 60° 后退停车 | 5.8 | 5.0 | 2.8 | 4.2 |
| 垂直式 | 前进停车 | 5.3 | 5.1 | 2.4 | 9.0 |
| | 后退停车 | 5.3 | 5.1 | 2.4 | 5.5 |

通常所说的单位停车面积是指一辆设计车型的停车位的计算面积,应包括停车位面积、均摊的通道面积和其他辅助设施面积。单位停车面积应根据车型、停车方式以及车辆停发所需的纵向与横向跨距的要求来确定。在停车规划阶段估算停车场用地时,以小型车为对象,地面停车场单车停放面积宜采用25~30m²,地下停车库与地上停车楼单车建筑面积宜采用30~40m²,机械式停车库单车建筑面积宜采用15~25m²。

对于城市中心的路内停车,其单位停车面积要小于标准的停车面积,主要原因是路内停车的进出可借用道路通行。另外,中心地区用地紧张,致使单位停车面积减小。

### 三、停车场出入口交通组织设计

1. 基本原则

停车场出入口的交通组织主要取决于两个方面：周围道路交通流量和停车场车辆的高峰时段出入量。入库车辆的排队会影响道路上的车辆的正常行驶，出库车辆的行驶也会影响道路交通秩序和交通安全。在出入口设计时，为尽量减少进出停车场库的交通与道路上动态交通的相互影响，一般需要遵循以下几条原则。

（1）出入口的设置要有利于分散道路上的交通量，尽可能减少因停车场出入而导致的道路服务水平的降低。根据《车库建筑设计规范》（JGJ 100—2015）中的相关规定，机动车出入口数量应满足表7-4的要求。车辆出入口的最小间距不应小于15m；车辆出入口的宽度，双向行驶时不应小于7m，单向行驶时不应小于4m。

机动车库出入口数量要求　　　　　　表7-4

| 停车当量<br>及规模 | 特大型 | 大　　型 | | 中　　型 | | 小　　型 | |
| --- | --- | --- | --- | --- | --- | --- | --- |
| | >1000 | 501～1000 | 301～500 | 101～300 | 51～100 | 25～50 | <25 |
| 出入口数量 | ≥3 | ≥2 | | ≥2 | ≥1 | ≥1 | |

（2）停在场出入口应设在次干道及以下道路上，不应直接与主干道连接，且应尽量远离道路交叉口，以减少对主干道及交叉口交通的影响。停车场出入口与城市人行过街天桥、地道、桥梁或隧道等引道口的距离应大于50m，距离道路交叉口应大于80m。

（3）出入口与城市道路相交的角度应为75°～90°，并应具有良好的通视条件。出入口距离城市道路的规划红线不应小于7.5m，并在距出入口边线内2m处作视点的120°范围内至边线外7.5m以上不应有遮挡视线障碍物，如图7-5所示。

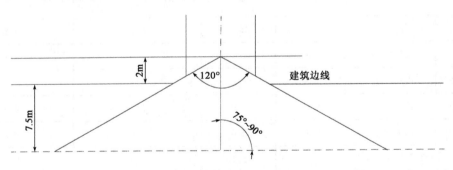

图7-5　机动车库库址车辆出入口通视要求

（4）当入库车辆对道路交通影响较大时，可禁止机动车从社会道路左转或直行进入车库；当出库车辆对道路交通秩序影响较大时，可禁止出库车辆直行或左转进入社会道路。

2. 出入口交通组织模式

停车场出入口交通组织受停车场规模、车辆驶入（出）率、道路交通流条件等客观因素影响，良好的出入口交通组织不仅可以为出入停车场的车辆提供高效的服务、增加停车场的可达性，同时也可以最大限度地减少由于进出口的设置而产生的对相关道路交通的干扰，提高其通行能力。

（1）右进右出组织模式：一般情况下，停车场出入口均应采用右进右出的交通组织模式，如图7-6所示。并且，考虑到停车场出入口处的车辆进出会对路段交通的通行产生影响，因此在出入口处应设置缓冲空间（候车道），于入口处设置减速段和两个待行车位，出口处设置两个待行车位和加速段。此外，为使车辆互不干扰，平顺地驶入、驶出，在出入口处还应设置分流岛（或渠化标线）。

（2）允许左进左出的组织模式：特殊情况下，允许车辆左转进出停车场，如图7-7所示。考虑到出入口处左转进出的车辆对相关道路的安全和通行效率都会产生较大影响，在左转进出车辆较多时，应根据相关道路条件有选择地设置左转待行区，并在道路中央施划导流岛。

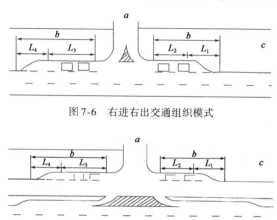

图7-6 右进右出交通组织模式

图7-7 允许左进左出的交通组织模式

图中符号意义如下：$a$-机动车停车库（场）入口；$b$-出入口缓冲区；$c$-非机动车道及人行道；$L_1$-减速渐变段，一般取10~15m；$L_2$-排队段，一般取10~15m；$L_3$-排队段，一般取10~15m；$L_4$-加速渐变段，一般取10~15m。

## 四、停车场内部流线组织设计

### 1. 通道设计

微型车、小型车停车场库内部供车辆双向行驶的通道宽度不应小于6.0m；单向行驶的通道宽度不应小于4.0m，并应同时满足通道两侧相应停车方式所需的通道宽度。

中型车、大型车停车场库内部供车辆双向行驶的通道宽度不应小于7.0m；单向行驶的通道宽度不应小于5.0m，并应同时满足通道两侧相应停车方式所需的通道宽度。

停车场库内尽端式通道长度大于26m时，应满足回车条件，可在尽端附近空余一个泊位，方便回转；大型车库两侧或单侧停车的通道长度大于85m时，应在通道垂直方向设置联通道。

### 2. 车辆流线设计

车辆在停车场内行驶的基本流线为：入口→通道→停车位→通道→出口。为保障车辆在停车场内行驶的顺畅、安全，停车场内流线组织需遵循以下的基本原则：

（1）应尽量减少车辆在停车场库内的交通冲突点；

（2）应尽量减少车辆在停车场库内的绕行距离；

（3）应方便车辆尽快找到空余的停车位。

基于以上原则，停车场内的车辆行驶流线组织主要有以下三种模式。

(1) 单向通行。

停车场内的所有通道均为单向通行。车辆从入口驶入后，按既定的单行流线驶入停车位，离开时，再按单行流线驶离出口。该种流线组织模式的优点是交通冲突点较少，适用于规模较小或视距不良的停车场。但对规模较大或通道长度较长的停车场，如纯粹使用单向交通组织，则易引起绕行距离较长、停车位寻找困难等问题。

(2) 双向通行。

停车场内的所有通道均允许双向通行。优点是绕行距离较短，便于寻找停车位。但对于通道长度较短、通道之间间距较小、视距不良的停车场，易引起交通冲突点较多、交通安全隐患严重等问题。

(3) 混合通行。

停车场内的通道分片区实行单向通行和双向通行的交通组织模式。该类交通组织模式的优点是可以根据停车场的实际布局，有效组织交通；缺点是交通组织方式复杂，在单行与双行的衔接处容易引起交通混乱。

3. 行人流线设计

停车场内的步行者可以分为停车后前往停车场外目的地者和由目的地返回停车场者两类。因此，在组织步行交通时，应当进行连接城市道路和停车场步行出入口通道的组织，以及连接停车场内部各设施步行通道的组织。对于地下停车库，面向街道处应设置直通阶梯，也可以作为停车场紧急出口使用。

4. 指引系统设计

在大型停车场特别是地下停车库中行驶时，由于缺乏方位感，驾驶人完全依靠指引系统进行指路。指引系统设计得合理与否，直接影响到停车库内车辆行驶的便捷性和安全性。一般而言，停车场库指引系统主要包括以下三方面的内容：

(1) 信息指引标志：主要是指停车库引导标志、出入口标志、不同停车层分区编号标志、行人紧急出口标志、配套设施使用标志等。

(2) 交通标志：主要是指直行、转弯、禁止驶入、禁止转弯、线形诱导标志、限速、限高等。

(3) 交通标线：主要是指行车方向标线、停车限制线、停车泊位线、泊位编号、立面标记等。

指引系统的设计必须根据停车库内部的交通组织，以"视线范围内必须设置相关指引标志予以指示车辆安全行驶，方便驾驶人快捷地找到停车位，并保证不误导、不重复、不遗漏"为设计原则，在墙、柱或明显的构件上，设置相关的指示、禁令等交通标志，在地面划设行车方向标线、泊位线及泊位编号。停车场内的交通标志和标线必须按照现行国家标准《道路交通标志和标线》(GB 5768)进行设置和施划。以下分别对主要指引设施的设置方法进行介绍。

1) 出入口指引设施

为保证车库内车辆行驶的安全，停车场库入口设施主要由限高标志、限速标志和其他相关禁令标志组成，出口标志主要由禁止驶入标志和其他相关禁令标志组成。出入口指引设施的设置示例如图 7-8 所示。

2) 分区指引设施

对于大型停车场库，为方便驾驶人尽快找到停车位和停放的车辆，往往将停车场分成若干个区域,并用编号或颜色进行区分,在停车场内部,须在必要位置对不同区域进行充分合理指引,有条件时,还需通过智能系统指示出各区域的剩余车位数,以方便驾驶人尽快地找到空余车位。相关设置示例如图 7-9 ~ 图 7-11 所示。

图 7-8　停车场库出入口指引设施的设置示例

图 7-9　分区指引标志设置示意图

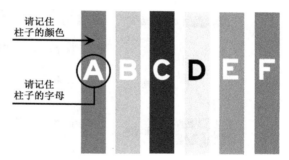

图 7-10　某地下车库提示标志

图 7-11　停车位指引标志示意图

3) 停车泊位交通设施

停车泊位的交通设施主要由停车位标线、编号和车轮定位器等部分组成。对于小型车的停车位,为保证车辆停放安全,车轮定位器与停车位后端标线之间的间距应大于 1.1m。车位设置示例如图 7-12 所示。

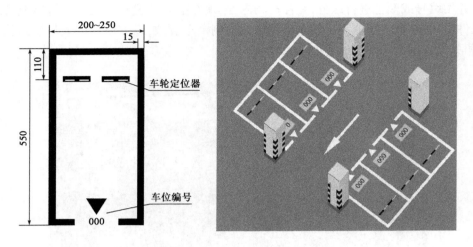

图 7-12　车位设置示意图(尺寸单位:cm)

4)指引系统设置综合示例

图 7-13～图 7-15 为某停车库指引系统设置示例,可供参考。

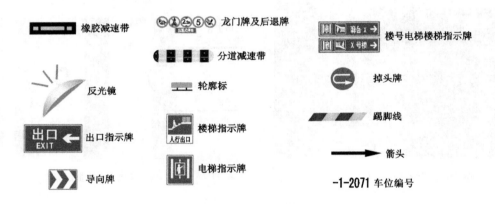

图 7-13　某停车库指引系统设施分类图

图 7-14　停车库指引系统设施示例

图 7-15　停车库指引系统设施设置

### 五、停车场内部空间布局形式

由以上分析可知,停车场的出入口是内部交通和外部交通的综合点,对于调节停车场内的交通流具有阀门的作用;通道则是将入库的车辆顺畅、有效引导到停车位的联系通道,具有进出停车位、供管理者和步行者使用等多种功能。同时,为高效利用停车场的空间需通过几何设计,最大限度地提高停车位的布置数量;而流线组织则是将出入口、通道和停车位之间连接起来的组织方案。因此,出入口、通道、停车位和流线组织四者之间相互影响和制约,在进行停车场整体布局时,应将四者综合考虑,并不断进行反馈与调整,直到实现四者的综合协调。

综合考虑停车场出入口、停车方式、泊位设置、通道设置和流线组织,可以得到多种空间布局形式。图 7-16 所示为几种常见的停车场内部布局形式。

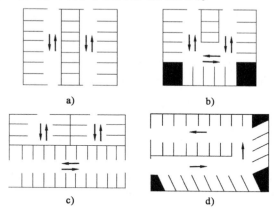

图 7-16　停车场内部空间布局形式

## 第三节　路内停车交通组织设计

### 一、路内停车位设计

路内停车位是指在道路路内用交通标线施划或经工程改造的供汽车停放的区域。路内是指道路用地红线范围内,包括机动车道、非机动车道和人

如何设计城市道路
路内停车泊位

行道。目前与路内停车位设计相关的规范主要有《城市道路路内停车位设置规范》(GA/T 850—2021)、《城市道路路内停车管理设施应用指南》(GA/T 1271—2015)、《城市停车规划规范》(GB/T 51149—2016)以及其他各地方规范。

1. 设置原则

路内停车作为城市停车设施的有效补充已成为解决"停车难"问题的一个重要手段。在一些中小城市或者老旧城区,路内停车位甚至已经成为停车供给的主体。通常设置路内停车位时,需要遵守以下设置原则:

(1)坚持"配建停车为主、公共停车为辅、路内停车为补充"。
(2)遵循保障道路交通有序、安全、畅通的原则。
(3)坚持路内停车位服务"快停快走"的临时停车需求。
(4)充分发挥价格杠杆调节作用,坚持需求调控。

2. 设置要求

(1)行车道剩余宽度。占用行车道设置停车位后行车道剩余宽度应满足表7-5中的要求。在停车泊位配建严重不足的住宅小区周边巷弄可适当放宽条件。

设置停车位后行车道剩余宽度　　　　　表7-5

| 通行条件 | 停车位排列方式 | | 车行道道路路面实际宽度 $W$(m) |
| --- | --- | --- | --- |
| 机动车双向通行道路 | — | | $W \geq 6$ |
| 机动车单向通行道路 | 平行式 | | $W \geq 4$ |
| | 倾斜式(倾斜角 $\alpha$) | 30° | $W \geq 4$ |
| | | 45° | $W \geq 4$ |
| | | 60° | $W \geq 4.2$ |
| | 垂直式 | | $W \geq 5.5$ |

(2)非机动车道剩余宽度(图7-17)。设置有机非隔离带的非机动车专用道,设置停车位后非机动车专用道剩余宽度不宜小于3m,最小不应小于2.5m。图7-17中,$W_s$ 为非机动车专用道剩余宽度。

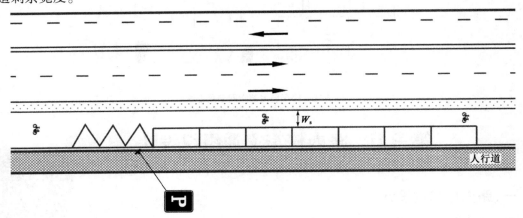

图7-17　设置停车位后非机动车专用道剩余宽度示例

(3）人行道剩余宽度（图 7-18）。占用部分人行道设置港湾式停车位后人行道剩余宽度应满足表 7-6 的要求，当道路空间受限时可采用最小值。图 7-18 中，$W_s$ 为人行道剩余宽度。

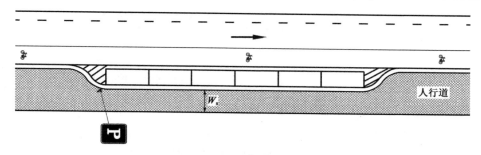

图 7-18　占用人行道设置港湾式停车位后人行道剩余宽度示例

设置港湾式停车位后人行道剩余宽度　　　　　　　　　　　　表 7-6

| 项　目 | 一般值（m） | 最小值（m） |
| --- | --- | --- |
| 各级道路 | 3 | 2 |
| 商业或公共场所集中路段 | 5 | 4 |
| 火车站、码头附近路段 | 5 | 4 |
| 长途汽车站附近路段 | 4 | 3 |

在人行道上设置停车位时应有供车辆进出的出入口，并且停车位设置后应保证行人通行空间的连续性、安全性，人行道剩余宽度不宜小于表 7-7 的要求。

设置停车位后人行道剩余最小宽度要求　　　　　　　　　　　　表 7-7

| 停车位排列方式 | | 人行道剩余宽度（m） |
| --- | --- | --- |
| 平行式 | | 4 |
| 倾斜式（倾斜角 α） | 30° | 4 |
| | 45° | 4 |
| | 60° | 4.2 |
| 垂直式 | | 5.5 |

（4）道路服务水平要求。占用道路设置停车泊位后应保证基本的道路服务水平，在道路本身交通流量接近饱和的情况下，不应设置道路停车泊位。占用机动车道和非机动车道设置停车位后需满足的 $V/C$ 比值见表 7-8、表 7-9。

占用机动车道设置停车位后的 $V/C$ 比值　　　　　　　　　　　　表 7-8

| 机动车单侧道路高峰小时 $V/C$ | 停车位设置 |
| --- | --- |
| $V/C < 0.8$ | 可设置 |
| $V/C \geqslant 0.8$ | 不可设置 |

占用非机动车道设置停车位后的 $V/C$ 比值　　　　　　　　　　　　表 7-9

| 非机动车单侧道路高峰小时 $V/C$ | 停车位设置 |
| --- | --- |
| $V/C < 0.85$ | 可设置 |
| $V/C \geqslant 0.85$ | 不可设置 |

(5) 如占用机非混行车道设置停车位,设置停车位后的道路机动车平均行程车速宜满足表 7-10 的要求。

占用机非混行车道设置停车位后的机动车平均行程车速　　表 7-10

| 机动车平均行程车速 $v(\text{km/h})$ | 停车位设置 |
| --- | --- |
| $v \geq 10$ | 可设置 |
| $v < 10$ | 不可设置 |

(6) 道路沿线出入口的停车视距问题。设置路内停车位后应保证道路沿线出入口的安全视距,满足表 7-11 的要求。

行车速度与停车视距的关系　　表 7-11

| 计算行车速度(km/h) | 80 | 60 | 50 | 40 | 30 | 20 |
| --- | --- | --- | --- | --- | --- | --- |
| 停车视距(m) | 110 | 70 | 60 | 40 | 30 | 20 |

(7) 下述位置不宜设置道路停车位:
①快速路主路;
②人行横道;
③主干路、次干路交叉口渐变段的起点开始的路段,若交叉口未展宽,则距离交叉口停止线 50m 以内的路段;
④支路距离交叉口停止线 20m 以内的路段;
⑤铁路道口、急弯路、宽度不足 4m 的窄路、桥梁、陡坡、隧道及距离 50m 以内的路段附近;
⑥公交车站、急救站、加油站或消防队(站)门前及距离 30m 以内的路段;
⑦水、电、气等地下管道工作井及 1.5m 以内的路段。

(8) 其他可以设置道路停泊位的特殊情况:
①停车供需矛盾突出的老旧住宅小区周边道路需设置停车位时,宜设置夜间限时段停车位;
②幼儿园、中小学等学校周边道路需设置停车位用于上、下学接送学生的车辆停放时,宜设置限时长停车位;
③停车供需矛盾突出的医院周边道路需设置停车位时,宜设置限时段停车位;
④存在物流配送货物需求的路段,可设置物流配送车专用的限时长停车位。

## 二、路内停车带设计

### 1. 港湾式路内停车带设计

港湾式路内停车带,即通过拓展机动车道而设置的停车带,主要包括以下几种形式。

(1) 机非混行道路或机动车专用道路,局部借用非机动车道或压缩人行道设置路内停车带,如图 7-19 所示,这种设计要求人行道有足够宽度且行人流量较少,并做"慢行一体化"处理。

(2) 机非混行道路,有非机动车专用道,但是没有机非隔离带时,利用人行道多余宽度在机动车道与非机动车道间设置港湾式路内停车带,如图 7-20 所示。此时停车带区间的非机动车道高程应提高至人行道的高程,并做"慢行一体化"处理。

(3) 沿机非分隔带设置路内停车带,在分隔带宽度 4m 时,设置方法如图 7-21 所示;在分隔带宽度小于4m,而人行道有多余宽度时,港湾式路内停车带设置方法如图7-22所示。

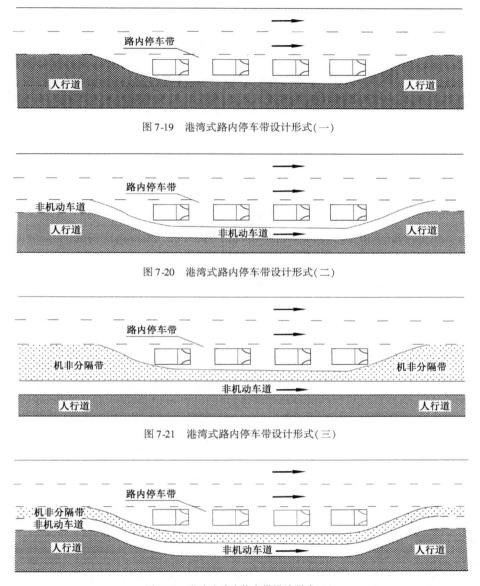

图7-19 港湾式路内停车带设计形式(一)

图7-20 港湾式路内停车带设计形式(二)

图7-21 港湾式路内停车带设计形式(三)

图7-22 港湾式路内停车带设计形式(四)

2. 非港湾式路内停车带设计

非港湾式路内停车带,即占用最外侧机动车道、机非混行车道、非机动车道或者人行道而设置的停车带。主要有以下几种形式:

(1)占用最外侧机动车道或机非混行车道设置停车带,如图7-23所示。这种停车带进出车辆易与主线行驶的机动车和非机动车交通产生交织,特别是右侧上下车者易与非机动车交通产生冲突,应谨慎采用。

(2)利用三块板道路富余的非机动车道设置停车带。此时进出停车带的停车交通易与非机动车和主线机动车交通产生交织,应辅以相应的管理措施,如图7-24所示。

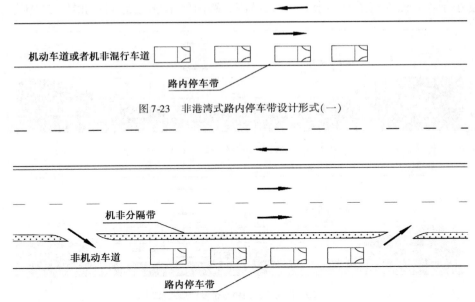

图 7-23　非港湾式路内停车带设计形式(一)

图 7-24　非港湾式路内停车带设计形式(二)

(3)直接设置在人行道上。利用机非分隔带道树木之间空隙设置停车带,机动车道直接进出停车带。进出停车带的车辆易与主线机动车交通流产生相互影响,存在安全隐患,所以应采用借用非机动车道驶入停车带,驶出时直接进入机动车道的模式,如图 7-25 所示。

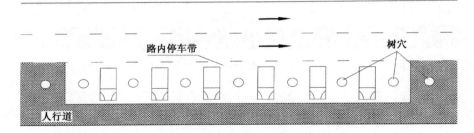

图 7-25　非港湾式路内停车带设计形式(三)

**3. 车位排列设计**

路内停车位常用标线划定,其排列方式有平行式、斜放式、垂直式三种。图 7-26 列出三种基本的路边停车位排列及其尺寸和车位数的计算方法。这里,平行式停放方式也可设计为两个停车位为一组,或多个车位相连。停车位尺寸要求见表 7-12。

停车泊位尺寸(单位:m)　　　　　　　　　表 7-12

| 排列方式 | | 小型停车位 | | 大型停车位 | |
|---|---|---|---|---|---|
| | | 宽度 $L_a$ | 长度 $L_b$ | 宽度 $L_a$ | 长度 $L_b$ |
| 平行式 | | 2.5 | 6 | 3.25 | 15.6 |
| 倾斜式<br>(倾斜角 $\alpha$) | 30° | 4.8 | 4.8 | — | — |
| | 45° | 5.5 | 3.4 | — | — |
| | 60° | 5.8 | 2.8 | — | — |
| 垂直式 | | 5.3 | 2.4 | — | — |

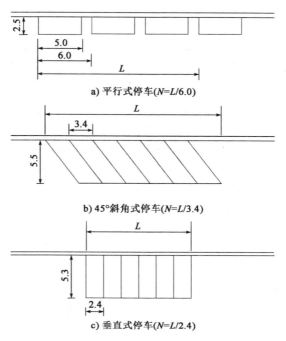

图 7-26　路内停车位常用设计形式(尺寸单位:m)
$L$-多个停车泊位的横向长度;$N$-停车泊位个数

停车位宜采用平行式,大型停车位不应采用倾斜式和垂直式。道路上可因地制宜设置潮汐车位、接送限时停车位、网约车、出租汽车专用上落客车位、装卸车车位等停车位。

平行式小型停车位设置于停车带两端时,其长度可缩小至 5m,两个一组设置时,其长度可缩小至 5.5m。平行式车位在两个停车位一组设置时,每组停车位间隔 $d_1$ 不宜小于 0.8m。多个停车位相连组合时,每组长度 $d_2$ 不宜大于 60m,每组停车位间距应不小于 4m。另外,停车位间隔设置应该与人行道预留的行人进出通道衔接,如图 7-27、图 7-28 所示。

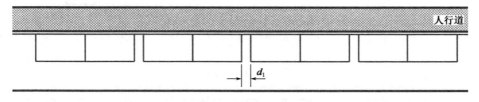

图 7-27　两个停车位组合设置示例

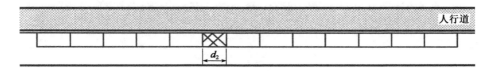

图 7-28　多个停车位组合设置示例

平行式停车位与相邻的机动车道、非机动车道之间宜设置 0.5～1m 的安全开门区,如图 7-29 所示。

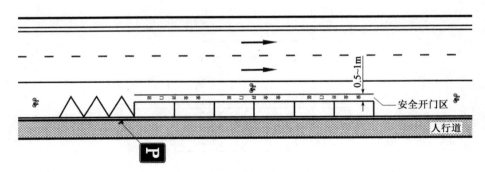

图 7-29　安全开门区设置示例

4. 停车位布设位置

1) 设置在车行道

占用非机动车道或机非混行车道设置平行式停车位时,应施划交通标线引导非机动车避开停车位通行;也可以占用部分人行道在非机动车道右侧设置港湾式停车位,设置停车位处非机动车道宽度不宜小于路段非机动车道宽度。

占用机动车道设置停车位时,应施划交通标线引导机动车避开停车位通行。停车位沿非机动车道一侧可设置柔性警示桩,停车位起点处可设置水马、防撞桶等交通管理设施。道路路段设置停车位后宜在人行横道靠近停车位一侧设置行人驻足区,行人驻足区宜与人行道同平面且设置警示桩。如无法设置行人驻足区,停车位与人行横道距离 $d_3$ 应不小于 10m,如图 7-30 所示。

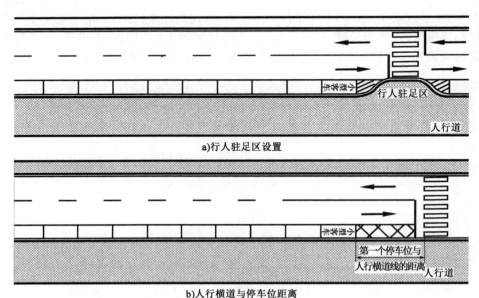

图 7-30　路段人行横道周边停车位设置示例

距离人行横道最近的停车位应停放小型或微型载客汽车,宜在停车位中施划文字标识。

2)设置在人行道

人行道上不应设置大型停车位,在人行道上设置的停车位与盲道的间距应不小于1m。另外需要注意的是,在人行道上停车位的出入口宜设在支路并配套无障碍坡道供机动车通行。

### 三、路内停车管理

1. 设置要求

根据《城市道路交通组织设计规范》（GB/T 36670—2018）,关于路内停车管理的要求如下：

如何设置路内停车管理设施

道路空间足够、交通负荷度较低,不影响行人和非机动车通行时,路段上可设置路内停车位,当交通流发生变化时,路内停车位可取消。距路外停车场出入口200m以内不应设置路内停车位。

路内停车位不应设为专用停车泊位,其泊位内不应设置地锁。主干路和次干路上不宜设置大型停车泊位。同时路内停车位应避开水、电、气等地下管道工作井,并且不能影响路段沿线出入口的视距。

路内停车位宜采用平行式布局,泊位内停放的车辆,应按照道路车流的方向顺向停放,并配套设置相应的标志和标线,告知允许停放的时间段、允许停放的时长。

2. 路内停车管理设施

1)设施设置

路内停车管理设施是指用于管理道路路内停车的交通标志、标线,以及其他相关的交通管理设施,包括停车信息牌、停车智能管理设备、锥桶、临时隔离护栏等。城市道路路内停车管理设施科学设置和应用,对规范城市道路停车执法与管理,合理配置城市停车泊位资源,推进停车信息化系统建设,引导城市绿色交通出行,保障城市道路交通安全、有序、畅通具有重要意义。

路内停车管理设施的设置必须遵循道路交通标志标线相关规范要求,2015年公安部发布的《城市道路路内停车管理设施应用指南》（GA/T 1271—2015）是作为指导性规范而非强制性规范,各地在使用过程中仍然是因地制宜借鉴采用。

2)停车泊位编码

停车泊位编码是进行停车泊位户籍化管理的重要手段,对掌握城市停车设施规模、规范管理有重要作用。

《城市道路路内停车管理设施应用指南》（GA/T 1271—2015）里推荐采用层次码,用22位数字表示（图7-31）：

(1)第1~6位数字表示停车场所在市、区县；

(2)第7位数字表示路内或路外停车场；

(3)第8~16位数字表示停车场具体地理位置；

(4)第17~21位数字表示停车泊位编号；

(5)第22位数字为校验位。

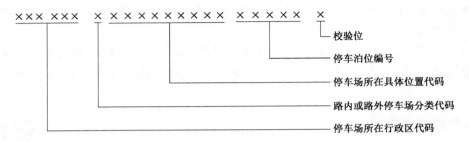

图 7-31 停车泊位编码

但在实际使用过程中 22 位编码过于复杂,不便操作,所以各地都采取了简化措施。比如天津道路收费停车泊位编码采用 8 位编码,首位字母表示区代码,中间 3 位数字表示道路代码,后 4 位数字表示泊位代码,如图 7-32 所示。

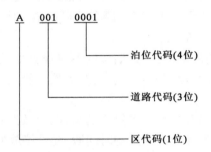

图 7-32 天津停车泊位编码示意图

深圳路内停车位采用 6 位数字编码,首位数字为区编号,中间 2 位数字为片编号,末 3 位数字为泊位编号,如图 7-33 所示。

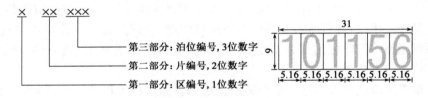

图 7-33 深圳停车泊位编码示意图(尺寸单位:cm)

宁波采用了 8 位编码,由四部分组成,如图 7-34 所示,图中泊位长度为 550cm,宽度为 200~250cm。

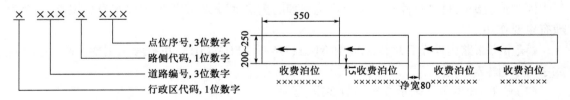

图 7-34 宁波停车泊位编码示意图(尺寸单位:cm)

(1)行政区代码:1 位数字。
(2)道路编号:3 位数字,001~200 为主干路,201~400 为次干路,401~999 为支路。
(3)路侧代码:1 位数字,表示道路方位,东侧为"1",南侧为"2",西侧为"3",北侧为"4"。

(4)点位序号:3位数字,"001"代表第一个点位,东西向道路由东向西编号,南北向道路由南向北编号。

泊位编码可采用铭牌,也可采有热熔材料喷涂于地面或泊位对应位置处路缘石上。

3)停车信息牌

设有收费停车泊位的路段应设置停车信息牌或者称为停车收费告示牌,停车信息牌应标明允许停车标志、允许停车时间、停车信息牌编号、停车泊位编号、收费标准、计费规定、监督电话和管理单位等信息。各地停车信息牌尺寸、样式不一,原则上只要符合道路交通标志设置相应规定,各地可灵活使用,如图7-35所示。

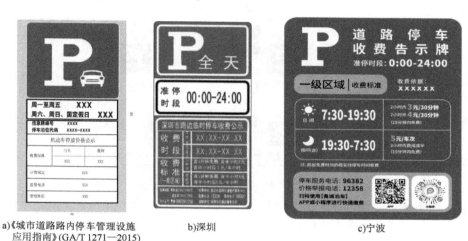

a)《城市道路路内停车管理设施应用指南》(GA/T 1271—2015)　　b)深圳　　c)宁波

图7-35　收费告示牌示例

停车信息牌宜设置于设有停车位路段的两端,如果路段较长,宜每间隔100~200m设置一块。实际使用过程中建议控制在150m以内,或者在长路段中间增设一些小型提示牌,以方便车主查看信息,如图7-36所示。

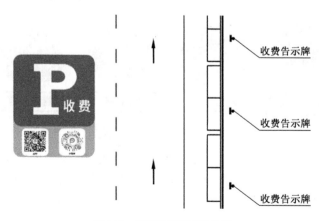

图7-36　收费告示牌设置示例

4)停车指示标志

停车指示标志主要有停车泊位指示标志、限时泊位指示标志、专用泊位指示标志。停车泊位指示标志,表示允许车辆停放的路段,应和停车泊位标线配合使用。限时泊位指示标志,表示允许车辆在特定时段或时长内停放的路段应设置限时停车指示标志。残疾人专用，公交车专用、警车专用等专用泊位等设置专用泊位指示标志，如图7-37所示。

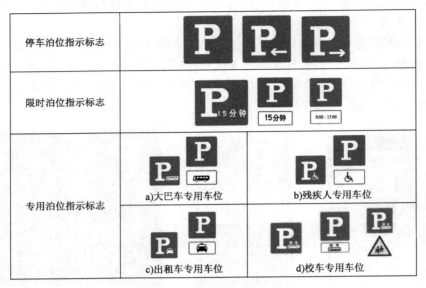

图7-37　停车指示标志示例

5）禁止停车标志

禁止停车标志用于告示不得停放车辆，标志版面可加白色箭头表示禁止停车范围，也可以配合辅助文字使用，包括禁停时段、禁停范围、禁停车型、文字信息等，如图7-38所示。

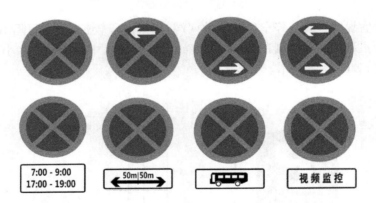

图7-38　禁止停车标志示例

在允许车辆临时停靠，完成上落客、装卸货等需要的地点，应设置禁止长时停车标志，标志版面可加白色箭头表示禁止停车范围，也可以配合辅助文字使用，如图7-39所示。

比较常见的禁止停车标志有图7-40所示几种类型，多采用禁止停车标志配合辅助文字的形式。

禁止停车标志宜设置于禁止停放路段的两端。如果路段较长，宜每隔100～200m增设一块。单侧禁止停车标志设置方向与来车方向成45°，两侧禁止停车标志设置方向与道路平行，如图7-41所示。

第七章 停车交通组织设计

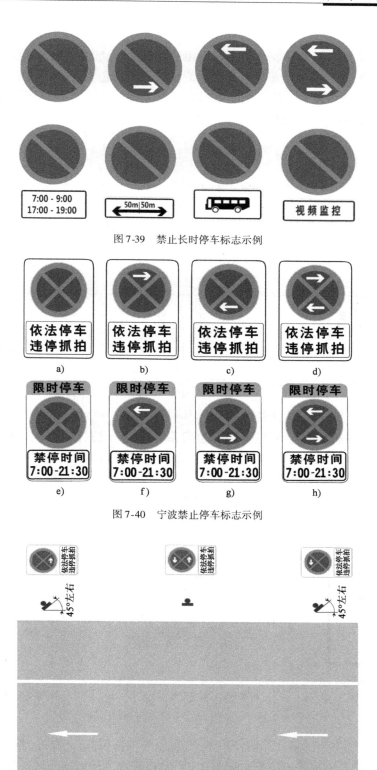

图 7-39 禁止长时停车标志示例

图 7-40 宁波禁止停车标志示例

图 7-41 禁止停车标志设置示例

6)停车标线

在停车位标线上,全日准停路内停车位采用实线框,限时准停路内停车位采用虚线框。收费停车位均采用白色标线;专属车种停车位车位标线采用黄色实线或虚线框;《道路交通标志和标线》(GB 5768)建议免费泊位采用蓝色标线,但实际使过程中蓝色标线与沥青路面区分不清,实际采用较少。路内停车位标线线宽一般应为10~15cm,从实际现场效果来看,建议采用15cm宽标线,如图7-42所示。

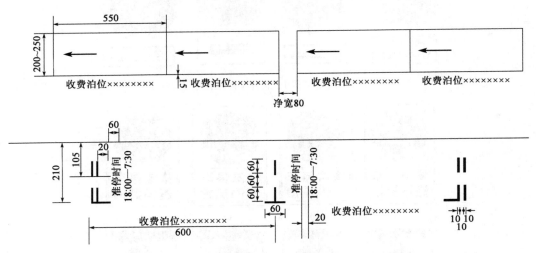

图7-42 停车泊位标线示例(尺寸单位:cm)

残疾人专用、物流配送专用等专用车位可采用专用车位标线,配合地面文字使用,如图7-43所示。图7-43中,除a)中的角度外,其他数字单位为cm;b)中专用车位标线线宽为15cm,汉字高度为100cm,高度间距为50cm,宽度为80cm,汉字与车位线中心水平和垂直距离分别为85cm和25cm,车位长度和宽度分别为600cm和250cm;c)中数字含义参考b)中数字含义。

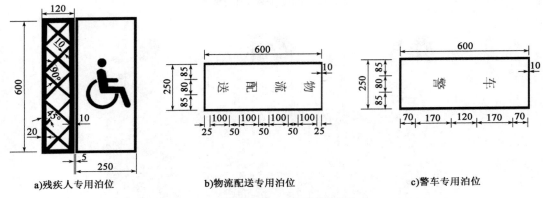

图7-43 专用泊位标线示例(尺寸单位:cm)

禁止停车标线用以指示禁止路边停放车辆,采用为黄色实线,宽度为15cm,施划于道路缘石正面及顶面,无缘石的道路可施划于路面上,距路面边缘30cm,或与缘石宽度相同,施划的长度表示禁停的范围。

禁止长时停车标线用以禁止路边长时停放车辆,但允许上落客或装卸货物的临时停放。

禁止长时停车线为黄色虚线,线段长100cm,间隔100cm。

图7-44为禁止停车和禁止长时停车标线示例。

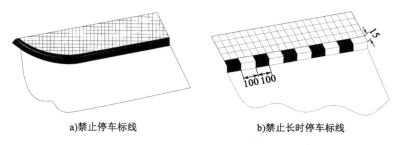

a)禁止停车标线　　　　b)禁止长时停车标线

图7-44　禁止停车和禁止长时停车标线示例(尺寸单位:cm)

停车位编码、停车信息牌、停车指示牌、禁停标志、停车位标线、禁止停车标线等停车标志与停车标线应配合使用,停车标志标线不应被道路绿化景观设施、公共服务设施以及市政设施等遮挡。

## 第四节　道路智慧停车

### 一、道路智慧停车的发展历史

为整治道路停车管理乱象,加快引入社会资本,推进停车产业化,在"互联网+交通"的大背景下,根据《国务院关于创新重点领域投融资机制鼓励社会投资的指导意见》(国发〔2014〕60号)、国家发改委《关于加强城市停车设施建设的指导意见》(发改基础〔2015〕1788号)等文件精神,全国各地创新道路停车管理建设、运营和管理模式,综合利用物联网、无线通信、大数据、人工智能等现代信息技术,开展道路智慧停车管理服务,逐步构建了集停车服务、收费交易、车位共享、停车诱导、执法取证等功能于一体的现代智慧停车服务管理系统。

什么是智慧停车管理?

智慧停车是当前交通强国发展中一个重要"风口",2019年交通运输部正式出台《数字交通发展规划纲要》,明确提出推进智慧停车、车联网、智能公交、网约车和共享单车等交通新业态的应用,2019年习近平总书记主持召开中共中央政治局会议,首次提出"城市停车场"作为"新基建"的重要内容。

### 二、道路智慧停车

道路智慧停车的技术模式不断迭代更新,从20世纪90年代最早的咪表停车开始,到后来手持PDA,再到地磁、视频技术(视频桩、中位视频、高位视频、视频巡逻车、路牙机)、智能车位锁、电子标签、ETC辅助等新技术层出不穷。目前,地磁和高位视频技术是目前使用最为广泛的技术模式,尤其是高位视频技术,近年使用率持续增高,同时技术选型上逐步由单一技术模式向组合技术模式演进。道路停车技术模式的选择时时应该因地制宜,不片面追求最时髦技术,而是要综合投入和产出,选择最适宜的技术组合。另一方面,随着数字中国建设的不断推进,各地纷纷开始建设城市级智慧停车管理平台,打造全城停车"一个平台、一张网、一个

App",实现路内路外一体化、线上线下一体化、动静态交通一体化。

截至 2021 年底,全国已有 400 余个县市区地区正式实施道路停车智能化管理,采用的技术模式包括咪表、手持终端、地磁、视频、智能锁车器等。主流路内停车管理系统技术介绍见表 7-13。

主流路内停车管理系统技术比较　　　　　　　　表 7-13

| 停车管理技术设备 | 示意图 | 工作原理 | 管理方式 | 逃费率 | 支付方式 | 建设成本 |
|---|---|---|---|---|---|---|
| 纯手持终端 | | 通过收费管理人员巡检,利用手持终端进行计时和收费 | 人工管理 | 高 | 人工收费 | 低 |
| 手持终端、地磁 | | 通过地磁车位检测器进行计时收费,手持终端用于辅助管理收费 | 半智能化 | 低 | 电子支付、人工收费 | 中 |
| 智能咪表 | | 通过咪表进行停车计时收费,利用地锁对车辆缴费进行管理,无须配备收费管理员 | 全智能化 | 低 | 专用充值卡、银联卡 | 高 |
| 视频桩 | | 通过路侧的视频桩识别车牌并实现自动计时收费。适用于零散泊位管理 | 全智能化 | 低 | 支付宝、微信、专用充值卡等多种支付方式 | 高 |
| 高位视频 | | 在路侧安装高位视频,通过车辆识别检测车位的占用情况,适用于集中泊位管理 | 全智能化 | 低 | 无感支付、支付宝、微信、专用充值卡等 | 高 |
| 手机 App、地磁 | | 通过地磁车位检测器进行计时收费,通过手机 App 进行缴费 | 全智能化 | 低 | 支付宝、微信、银联、专用充值卡等 | 低 |
| 视频、巡逻车 | | 通过"视频+巡逻车"自动进行计费,通过手机 App 自助缴费 | 全智能化 | 低 | 支付宝、微信、银联、市民卡等 | 低 |

目前,已普遍实施的道路智慧停车系统以宁波城市停车为例,主要有智能咪表、地磁+视频或视频巡逻车+App、全视频+App 三种模式。

1)智能咪表(图 7-45)

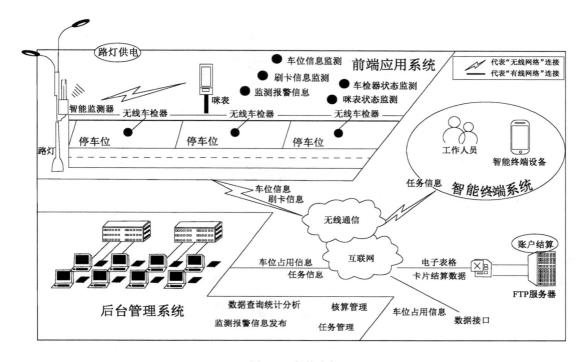

图 7-45　智能咪表

智慧咪表停车管理系统由智能咪表管理系统(后台管理系统)、智能终端系统和前端应用支撑系统组成,集前端数据采集、后端数据统计分析、信息发布、展示为一体,为咪表停车管理部门提供智能化、主动式的停车管理模式,实现对咪表停车过程的实时管理,包括咪表停车数据管理、收费核算管理、执法管理、考核管理等。咪表停车数据主要有车位信息、刷卡信息、车检器状态信息(关联车位信息)、咪表状态信息(关联刷卡信息)、监测报警信息等实时数据。

2)地磁+视频+App 智能停车体系架构(图 7-46)

停车管理系统分为前端设备、车主手机 App、后台管理系统以及其他支撑系统四部分。前端设备包括无线传输设备、车位检测器、手持终端、视频设备等。车主手机 App 为公众提供停车及出行的便民服务,未来将可供市民车位出租等"共享经济"平台功能。后台管理系统是整个系统的核心,主要负责系统前端设备的管理、指挥调度、交易处理、清分结算、用户服务、数据分析等,以及实现与政府、交警、银行、第三方支付平台等对接交换和大数据功能。支撑系统包括网络系统(数据及语音网络)、用户门户网站等。

3)全视频+App 实施效果

宁波"云停车"采用了全视频+App 的模式,运营前后道路状况对比如图 7-47 所示。

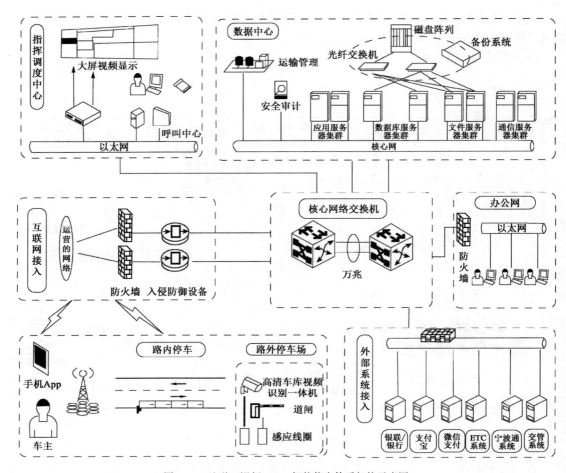

图 7-46　地磁 + 视频 + App 智能停车体系架构示意图

图 7-47　宁波"云停车"运营前后道路状况对比

## 习 题

7-1 试简述停车场库的分类。
7-2 试论述停车场库交通组织设计的主要内容。
7-3 试论述路内停车泊位的设置要求。
7-4 试分析哪些道路位置不适宜设置路内停车泊位。
7-5 试简述道路智慧停车系统的主要模式。

# 第八章 指路系统设计

**【本章主要内容与学习目的】**

本章主要内容包括一般城市道路指路系统设计、车道行驶方向标志设计、快速路指路系统设计、高速公路指路系统设计、旅游指路系统设计等。学习本章的主要目的为了解指路系统的概念、分类及一般规范要求,重点理解和掌握城市道路、快速路、高速公路、旅游等四类指路系统设计的基本方法以及车道行驶方向标志的设计内容,提升设计指路系统的能力。

## 第一节 概 述

近年来,我国在经济领域取得了巨大的成就,保持了强劲快速的增长态势,在经济增长的带动下,各省市加快了交通基础设施建设的步伐,尤其是大城市的路网建设迅速发展,由高快速路、主干路、次干路和支路组成的层次分明、功能明确的立体化道路网络得到了进一步完善。但在

如何识读城市道路上的
交通指路标志

不断有新路开通,路网不断扩展、延伸的情况下,如何使驾驶人全面了解各条道路的通达地点,了解最新的路网组成,从而能够准确迅速地到达目的地,已成为道路交通管理部门需要面对的重要课题。设置科学、准确、合理的指路标志系统是解决这一问题的关键手段。因此,在对路网进行深入分析,对交通流量进行详细调查的基础上,科学、合理地设置指路标志系统,准确及

时地为交通出行者提供有效的道路信息,使不熟悉路网情况的驾驶人能够通过指路标志的指引顺利到达目的地,具有非常重要的意义。

## 一、指路系统的概念及作用

指路系统是指由一系列指路标志及相关设施组成的一个层次分明、信息连贯、相互呼应的综合性系统。

指路标志系统的重要作用是给车辆驾驶人指示通往目的地的正确行驶路线和方向,使不熟悉本市道路系统的驾驶人能够依循指路标志的引导驾车前进,并能顺利到达目的地。指路标志在城市道路系统中起着举足轻重的作用,它应用图形、符号、文字、颜色等组成被广大道路使用者所接受的通用语言,甚至是国际化语言。总体上,城市道路的指路标志系统具有以下几方面的功能:

(1)传递道路信息。这是指路系统最基本的功能,它可以为驾驶人提供明确及时、直观和清晰的交通信息,内容包括道路方向、地点名称、公共服务设施、交通枢纽、旅游区等信息。

(2)实现交通组织意图。指路标志与警告、禁令、指示等标志共同组成法规式的交通语言,在城市交通运行中起到指挥、协调和组织的作用,有效提高道路通行能力、调整运行秩序,使道路达到安全、畅通、低公害和节约能源的目的。

(3)提示前方路况。城市道路网络错综复杂,平面交叉、立体交叉、环岛等设施随处可见,指路标志除了传达文字信息外,还通过图形符号向驾驶人传递道路走向、立交形状等信息,帮助驾驶人提前做好心理准备,合理控制车速,保证行车安全。

(4)均衡路网流量。通过对指路标志信息的合理设计或调整,可以根据实际需求引导车流,使饱和度高的路段流量递减,闲置的道路得到充分利用,交通路网中的流量得到有效均衡。这是指路标志系统的重要功能,并且容易被设计人员所忽视,尤其是基于单条新建道路进行设计时,如果不从路网整体进行考虑,就会弱化指路标志系统均衡路网流量的作用。

(5)点缀城市环境。指路系统不仅是无声的向导,还是城市风貌、城市文明的重要组成部分。在立体化的道路网络体系中,由图案、文字、颜色所构成的色彩鲜艳、图文明快的指路标志是大景观中的小景致,在一定程度上反映了城市的文化底蕴和人文生活。

## 二、指路系统的分类

根据城市道路网络系统分级和指路功能的区别,城市道路指路系统可分为高速公路指路系统、快速路指路系统、一般城市道路指路系统和旅游指引系统等类型,具体的分类情况如下:

(1)高速公路指路系统是指高速公路主线及立交控制区域范围设置的指路标志所构成的体系;

(2)快速路指路系统是指快速路主线及立交控制区域范围设置的指路标志所构成的体系;

(3)一般城市道路指路系统是指主干路、次干路和支路等一般城市道路及沿线设置的指路标志所构成的体系;

(4)旅游指引系统是指专门预告或指示旅游景区等信息的指路标志所构成的体系,可分为单独设置旅游景区指路标志和结合各级道路体系指路标志设置旅游景区指路信息两种形式。

## 三、指路标志的分类

指路标志是指路系统的核心组成部分,是传递道路方向、地点、距离等信息的标志,为驾驶人提供去往目的地所经过的道路、沿途相关城镇、重要公共设施、服务设施、地点、距离和行车方向等信息。高速公路指路系统、快速路指路系统、一般城市道路指路系统、旅游指引系统和重要场所指路系统均由自身对应的指路标志所组成。

按照指路标志的自身功能划分，指路标志可以分为路径指引标志、地点指引标志、沿线设施指引标志和其他道路信息指引标志（表 8-1）。其中路径指引标志设置在一般道路交叉口前后，其他类型指路标志设置在一般道路路段上。

指 路 标 志 分 类　　　　　　　表 8-1

| 序号 | 分 类 | 标 志 名 称 |
|---|---|---|
| 1 | 路径指引标志 | 交叉口预告、交叉口告知、交叉口确认（道路编号、路名、地点距离） |
| 2 | 地点指引标志 | 地名、分界、地点识别 |
| 3 | 沿线设施指引标志 | 停车场（区）、人行天桥、人行地下通道、无障碍设施、观景台、应急避难设施（场所） |
| 4 | 其他道路信息指引标志 | 绕行、此路不通、隧道出口距离、方向 |

考虑到篇幅限制及实际应用的重要程度，本书仅对路径指引标志进行介绍。

### 四、指路标志的一般规定

指路标志属于道路交通标志中的一种类型，其设计和设置均需符合现行《道路交通标志和标线》（GB 5768）中的相关规定。

**1. 指路标志的字体**

指路标志中存在大量的汉字、字母、阿拉伯数字等，均需符合《道路交通标志和标线》（GB 5768）中所规定的规范字体（道路交通标志字体，分为 A 型、B 型、C 型），具体见该规范附录 B。图 8-1 为指路标志字体示例。

如何设计城市道路指路标志（上）

a) A 型交通标志字体

b) B 型交通标志字体

c) C 型交通标志字体

图 8-1　指路标志字体示例

### 2. 指路标志的颜色

除特别说明外,一般道路指路标志为蓝底、白图形、白边框、蓝色衬边;高速公路和城市快速路指路标志为绿底、白图形、白边框、绿色衬边。

其中城市快速路出入口标志为突显重要信息,也可以在同一标志版面内设置白底绿字的反衬形式。一般城市快速路多以高架快速路的形式出现,也有部分为地面快速路。

一般道路指路标志中,需要表示高速公路、快速路、国道、省道、交通枢纽、禁令等信息时,可进行套用设置。当相同底色标志进行套用时,应使用边框;而不同底色标志套用时,则不使用边框。图 8-2 为指路标志示例。

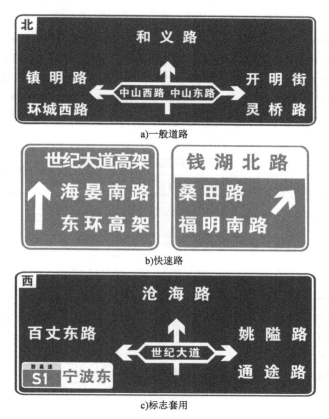

图 8-2 指路标志示例

### 3. 指路标志的版面布局

除特殊规定外,指路标志汉字高度一般值应根据设计速度按表 8-2 选取。字高可根据设置路段自由流第 85 位速度($v_{85}$)进行调整。路上方指路标志、单向三车道及以上道路路侧的指路标志字高可增大 5～10cm。汉字字宽和字高应相等。

汉字高度与速度的关系　　　　表 8-2

| 速度(km/h) | 100～120 | 71～99 | 40～70 | <40 |
|---|---|---|---|---|
| 汉字高度(cm) | 60～70 | 50～60 | 35～50 | 25～30 |

根据《道路交通标志和标线》(GB 5768)的要求,除特殊规定外,指路标志的阿拉伯数字和其他文字的高度应根据汉字高度确定,其与汉字高度的关系宜符合表8-3的规定。特殊情况下,高度经论证可降低,但不应低于规定值的80%。小数点后的阿拉伯数字高度宜为汉字高度的1/2~2/3。

阿拉伯数字和其他文字高度与汉字高度的关系　　　　表8-3

| 阿拉伯数字和其他文字 | | 与汉字高度的关系 |
|---|---|---|
| 字母或少数民族文字 | 大小写 | 1/3~1/2 |
| 阿拉伯数字 | 字高 | 1 |
| | 字宽 | 1/2~1 |
| | 笔划粗 | 1/6~1/5 |

指路标志的版面布局主要是由标志中的文字高度所决定的。一般城市道路指路系统设计汉字字高为单个汉字自身的高度,数字字高也为单个数字自身的高度,英文字高则为一个单词中各字母所组成的整体高度。以宁波地方的指路标志细化设置要求为例,路名信息中英文对照时,英文字高为中文字高的一半,如表8-4所示。各地方应根据实际情况,在不违反国标要求的基础上,进一步确定指路标志字高和版面布局。

文字高度与运行车速($v_{85}$)的关系　　　　表8-4

| 道路等级 | 支路 | 次干路 | 主干路 | 快速路 |
|---|---|---|---|---|
| 单向车道数 | 1 | 1~2 | 2~3 | ≥3 |
| 运行车速(km/h) | <20 | 21~39 | 40~55 | — |
| 中文字高(cm) | 25 | 30 | 35 | 45 |
| 英文字高(cm) | 12.5 | 15 | 17.5 | 22.5 |
| 其他外文字高(cm) | 12.5 | 15 | 17.5 | 22.5 |

距离信息中,当距离值小于1km时,需以"m"做单位,当距离值大于或等于1km时,需以"km"作单位,作为单位值的"m"或"km"的整体字高应为整数字高的一半,距离值出现小数时,小数字高也为整数字高的一半。

指路标志汉字的间隔、行距按照《道路交通标志和标线》(GB 5768)的要求,如表8-5所示。

文字的间隔、行距等　　　　表8-5

| 文字设置 | 与汉字高度的关系 |
|---|---|
| 字间隔 | 1/10以上 |
| 笔划粗 | 1/14~1/10 |
| 字行距 | 1/5~1/3 |
| 距标志边缘最小距离 | 2/5 |

确定文字高度后,可根据文字大小进行指路标志版面的布局,精准确定文字的间距和行距,以及文字和图形之间的相互距离。同一方向的近、远信息两端对齐,若难以实现两端对齐可按照中对齐排列。

标志中的四字路名每个字之间的间距为0.1倍的汉字字高,三字路名每个字之间的间距适当放宽至和四字路名两端对齐,相交道路名称高度为 0.7 倍的汉字字高,左上角的方向指示文字高度为 0.6 倍的汉字字高,高速公路标志入口名称等为正常字高。通过这样细化的设计,来形成指路标志固定的版面格局。图 8-3 为十字路口指路牌结构图。

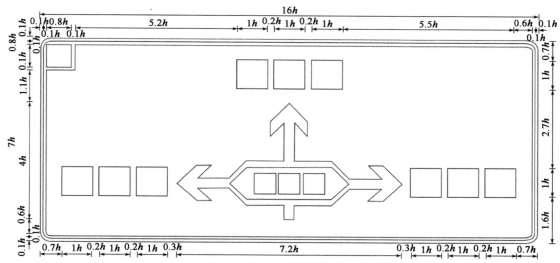

图 8-3　十字路口指路牌结构图

当交叉口有管制措施或遇特殊交通组织时,例如单行线或者路口禁左等,则可将指路标志视为非标准型版面,可以将禁令标志嵌入到指路标志中,作为道路信息的一部分,如图 8-4 所示。

图 8-4　非标准型版面内容设置规则

## 第二节　一般城市道路指路系统设计

### 一、路径指引标志的相关规定

路径指引标志是指设置在交叉路口附近,用以指示并确认相交道路信息或通往地点信息的标志。

根据驾驶特性调查,驾驶人通过交叉路口时为保证行驶在正确的路径上,其驾驶操作过程主要经过三个阶段。

（1）阶段一：驾驶人发现前方交叉路口，开始减速、有意识地判断前方交叉口的形状，同时希望得到交叉道路的信息，为确定下一步行驶路线做好操作准备。

（2）阶段二：到达交叉路口前，驾驶人需决定如何转向，以继续朝目的地行进。

（3）阶段三：通过交叉路口后，驾驶人首先希望确定是否行驶在预期的路线，同时需要确定距前方目的地的距离，以便安排下一步的行驶计划。

驾驶人在交叉路口前后搜寻指路信息过程如图 8-5 所示。

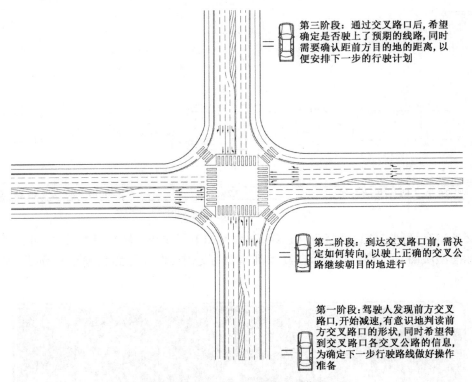

图 8-5　驾驶人在交叉口前后搜寻指路信息过程

为满足驾驶人在交叉路口前后三个阶段不同的需求，需设置对应的路径指引标志，包括设置在交叉路口前的交叉路口预告标志、交叉路口告知标志以及设置在交叉路口后的确认标志。各相关标志的设置位置如下：

（1）预告标志设在交叉路口告知标志前 120～300m 处，具体位置应综合考虑设计速度或运行速度、路侧条件、道路线形等因素确定。设置在城市道路上时，如条件受限，可向交叉路口适当移动，但距交叉路口不应少于 100 m 且不应遮挡交叉路口告知标志；

（2）告知标志可与路口公共设施的杆件共杆设置；

（3）确认标志设置在交叉口的出口道上，距交叉口 10～60m 处。

路径指引标志一般情况下都会设在道路行进方向右侧或车行道上方，也可根据具体情况设置在左侧，便于驾驶人观察。

三种路径指引标志的含义和设置位置如图 8-6 所示。

路径指引标志的设置点位，一般可与路口公共设施的杆件共杆设置。如果两个交叉口相距较近时，较小的交叉口原则上可以不设置指路标志，或视实际需要可设置小型指路标志。指路标志一般情况下应该设在道路行进方向右侧或车行道上方,也可根据具体情况设置在左侧。标志杆通常采用 F 杆形式,安装标志后距地面要求满足 5.5m 的净空高度。

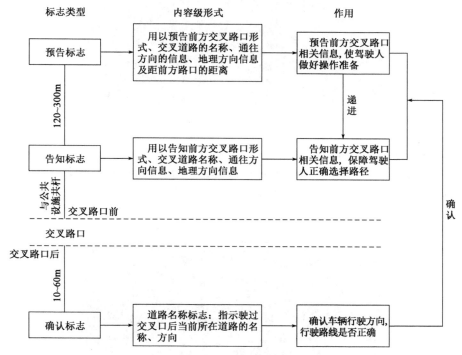

图 8-6　路径指引标志的含义和设置位置

此外,主次干路与支路相交的非信号灯控制交叉口开口一般较小,不适合设置大型指路标志。通常可以在主次干路的开口处,设置小型支路指路标志,该指路标志所写路名为与主次干路相交的支路路名,并标注支路开口方向的箭头。标志设在距支路开口前方 20～40m 处。

对于支路与支路相交的非信号灯控制交叉口,则一般在支路上采用支路指路标志。该指路标志的路名信息不宜超过 3 条,其中直行为当前道路信息,左右转为相交道路信息。支路指路标志如图 8-7、图 8-8 所示。

图 8-7　小型支路指路标志　　　　　图 8-8　支路指路标志

1. 交叉路口预告标志(图 8-9)

用以预告前方交叉路口形式、交叉公路的编号或交叉道路的名称、通往方向信息、地理方向信息以及距前方交叉路口的距离。设在交叉路口告知标志前 120～300m 处。一般城市道路中,一般只有交叉口间距大于 300m 的主干路上才设置预告标志。

图 8-9　交叉路口预告标志

**2. 交叉路口告知标志（图 8-10）**

用以告知前方交叉路口形式、交叉公路的编号或交叉道路的名称、通往方向信息、地理方向信息，可与路口公共设施的杆件共杆设置。该标志一般不标示距离，可在交叉口后配合设置地点距离标志。

图 8-10　交叉路口告知标志

**3. 确认标志（图 8-11 ~ 图 8-13）**

指示当前街道名称，设在城市道路交叉口后临近交叉口的地方。一般当交叉口两侧同一方向道路的路名发生变化时需设置确认标志；快速路与主干路相交、两主干道相交时均需设置确认标志。两交叉路口间距较大时，可重复设置。标志板面应正对行车方向。标志版面中的文字应按自左至右或自上而下的方式排列，文字排列应科学，保证路名易于识认。

图 8-11　主干道上的确认标志

图 8-12　快速路上的确认标志

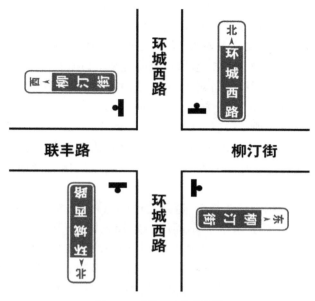

图 8-13 确认标志设置示例

### 4. 材料要求

指路标志的标志板材料应符合《道路交通标志板及支撑件》(GB/T 23827—2009)的规定，标志板的铝板厚度要与标志板的面积大小相对应，如表 8-6 所示。

标志板材料要求　　　　　　　　　　　　　　　表 8-6

| 标志板规格 | 标志板铝板厚度(mm) |
| --- | --- |
| 标志面积≤2m$^2$ | 1.5 |
| 标志面积>2m$^2$ 且≤7m$^2$ | 2 |
| 标志面积>7m$^2$ 且≤15m$^2$ | 2.5 |
| 标志面积>15m$^2$ | 3 |

指路标志上贴示的反光膜，一律应使用超强级以上反光膜，即四类或五类反光膜，底膜和字膜均采用同等级反光膜，其品质应该达到《道路交通反光膜》(GB/T 18833—2012)的要求，包括Ⅳ类、Ⅴ类反光膜类型。

## 二、指路标志版面样式的要求

城市道路指路标志是用于向驾驶人传递行驶路线信息的重要标志。虽然道路信息设施在不断更新发展，但指路标志信息仍是道路信息的主要提供源，即使是应用车内导航系统，驾驶人也需要通过指路标志信息来判断路线的选择是否正确。这就要求指路标志的版面要有一定的规范标准，让所有人能够读识和分辨。

国家标准规范中有关指路标志的设计要求

当前与城市道路交通指路标志相关的国家标准规范主要有《道路交通标志和标线　第2

部分:道路交通标志》(GB 5768.2—2022)、《城市道路交通设施设计规范》(GB 50688—2011)、《城市道路交通标志和标线设置规范》(GB 51038—2015)三部规范。其中与交通指路标志版面样式内容有关的国家规范主要为《道路交通标志和标线　第 2 部分:道路交通标志》(GB 5768.2—2022)、《城市道路交通标志和标线设置规范》(GB 51038—2015)。

在《城市道路交通标志和标线设置规范》(GB 51038—2015)中,有明确条款要求:"一个城市指路标志版面信息排列顺序及布置方式,应协调一致。"由此可见,根据国家标准规范的要求,在同一个城市中不应该出现 2 种以上的指路标志版面。当前一些城市里有多种样式的指路标志主要是由于设施建设的历史因素造成的。指路标志建设的年代跨度较大,不同年代的版面样式遗留下来,形成这种混乱的局面,随着城市的建设发展和交通设施的逐步更新,这种情况将会越来越少。

在《道路交通标志和标线　第 2 部分:道路交通标志》(GB 5768.2—2022)中,给出了关于指路标志版面与信息的布局模式和 3 种不同的指路标志样式(图形式、堆叠式、车道式)。同样的,在《城市道路交通标志和标线设置规范》(GB 51038—2015)中,也给出 1 种指路标志版面与信息的布局模式和 4 种不同的指路标志样式。从两者对比来看,共有 2 种指路标志版面与信息的布局模式和 8 种指路标志样式,这也使指路标志版面设计出现多种多样、各不相同的版面和样式。

通过对比《道路交通标志和标线　第 2 部分:道路交通标志》(GB 5768.2—2022)中的第 4 种指路标志的版面样式与《城市道路交通标志和标线设置规范》(GB 51038—2015)的指路标志版面布局模式,两者十分相近。再对比一下两部国家标准中的告知标志版面和预告标志版面,也会发现两者几乎完全相同,不同之处在于后者更注重于在路名信息上使用双层信息,见表 8-7。

指路标志版面样式对比　　　　　　表 8-7

| 标准规范 | 《道路交通标志和标线　第 2 部分:道路交通标志》(GB 5768.2—2022) | 《城市道路交通标志和标线设置规范》(GB 51038—2015) |
|---|---|---|
| 指路标志版面信息 | | |
| 十字路口示例 | | |

续上表

| 标准规范 | 《道路交通标志和标线 第2部分:道路交通标志》(GB 5768.2—2022) | 《城市道路交通标志和标线设置规范》(GB 51038—2015) |
|---|---|---|
| 告知标志版面 | | |
| 预告标志版面 | | |

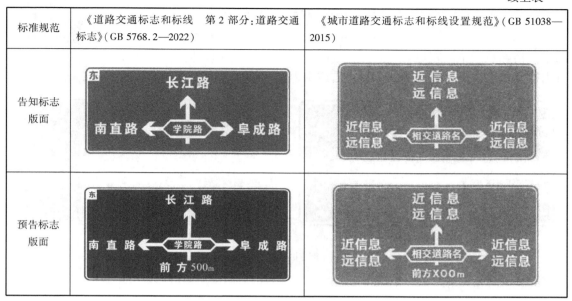

其次,在指路标志的文字尺寸方面,两部国家标准中汉字高度与速度的关系如表8-8、表8-9所示。两者的差异仅是后者的汉字高度更为具体和精确。

GB 5768.2—2022 汉字高度与速度的关系　　　　　　　　　　　表8-8

| 速度(km/h) | 100~120 | 71~99 | 40~70 | <40 |
|---|---|---|---|---|
| 汉字高度(cm) | 60~70 | 50~60 | 35~50 | 25~30 |

GB 51038—2015 汉字高度与设计速度的关系　　　　　　　　　表8-9

| | 设计速度(km/h) | 100 | 80 | 60、50、40 | 30、20 |
|---|---|---|---|---|---|
| 指路标志 | 汉字高度(m) | 0.65、0.60 | 0.60、0.55、0.50 | 0.50、0.45、0.40、0.35 | 0.30、0.25 |
| | 道路编号标志中的字母标识符、数字及出口编号标识中的数字高度(m) | 0.45、0.40 | 0.40、0.35 | 0.30、0.25 | 0.20、0.15 |

在两部国家标准中关于指路标志信息数量的要求也相同,为在一块指路标志版面中,各方向指引的目的地信息数量之和不宜超过6个,同一方向指引的信息数量不应超过2个。

因此,根据国家标准进行指路标志版面设计可以做到标准化、规范化和统一化,同时满足《道路交通标志和标线 第2部分:道路交通标志》(GB 5768.2—2022)和《城市道路交通标志和标线设置规范》(GB 51038—2015)的要求。具体设计如下:版面样式采用《城市道路交通标志和标线设置规范》(GB 51038—2015)的指路标志版面与信息的布局模式。文字尺寸采用0.5cm、0.45cm、0.4cm和0.35cm这4种规格。标志信息数量在同一块标志中不宜超过6个,同一方向不应超过2个。

### 三、指路标志信息的选取

1. 信息选取的原则

指路标志信息选取应遵循以下原则:

(1) 信息之间应关联、有序。
(2) 应便于不熟悉路网的道路使用者顺利到达目的地。
(3) 信息量应适中。同一方向指示的信息数量不宜超过 2 个,整个版面的主要信息数量不应超过 6 个。同一方向需选取两个信息时,应在一行或两行内按照信息由近到远的顺序由左至右或由上至下排列,如图 8-14 所示。

如何设计城市道路指路标志(下)

a) 国标示例      b) 宁波地方现实案例

图 8-14 标志版面信息排列示例

### 2. 信息分类方法

指路标志指示信息依据重要程度、道路等级、服务功能等因素分为三层,如表 8-10 所示。

城市道路标志信息分层     表 8-10

| 信息类型 | A 层信息 | B 层信息 | C 层信息 |
| --- | --- | --- | --- |
| 路线名称信息 | 高速公路、国道、快速路 | 省道、主干路 | 次干路、重要支路 |
| 地区名称信息 | 重要地区(城市中心区、市政府、大学城区、大型商业区、城市休闲娱乐中心区、著名地区等) | 主要地区(大学、重要商业区、大型文化广场、中型商业区、主要生活居住区等) | 一般地区(重要街道、一般生活居住区) |
| 交通枢纽信息 | 飞机场、特等或一等火车站 | 二等或三等火车站、长途汽车总站、大型环岛、大型立交桥 | 重要路口 |
| 文体、旅游信息 | 国家级旅游景区、自然保护区、大型文体设施 | 省、市级旅游景点、自然保护区、博物馆、文体场馆 | 县(区)级旅游景点、博物馆、纪念馆、文体中心 |
| 重要地物信息 | 国家级产业基地、大型城市标志性建筑 | 省、市级产业基地、市级文体场馆、科技园 | 县(区)级基地和企业,县级文化中心 |

不同的城市可以根据自身城市的特征研究制定各层级的信息内容。

## 四、版面信息设置方法

### 1. 单路名标志

单路名标志的各指向中只显示一个路名信息。该道路为各行经方向上将要到达的相交道路(信息),该信息一般为 C 层以上的信息,如图 8-15 所示。

### 2. 双路名标志

双路名标志的各指向中显示两个路名信息。其中,一个为近信息,即到达性信息,为各行经方向上将要到达的相交道路(信息),该信息一般为 C 层以上的信息;另一个为远信息,即控制性信息,为各行经方向上具有方向指示作用的重要信息,该信息一般为 A 层或 B 层信息,当 A、B 两层信息均可选用时优先考虑 A 层信息,如图 8-16 所示。

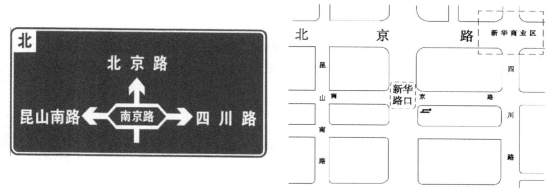

图 8-15　单路名标志设置示例

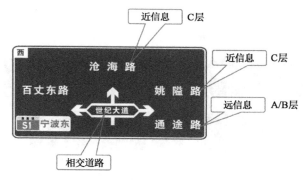

图 8-16　宁波地方双路名标志版面示例

当同一条道路在某个交叉口两侧的两段路段被分别命名时,常见的例如将南北向道路以南北路来命名,解放南路和解放北路、彩虹南路和彩虹北路就是属于这一情况。在这种情况下,同一条路在交叉口两侧有两个不同的名字,就使得路名信息的选取面临困难。

通常的办法是,南进口指路信息选取北侧路名,而北进口指路信息则选取南侧路名,按行驶前进方向进行道路信息的选取,避免信息选取的混乱。同理,东西向道路也应该按相同原则选取。

双路名标志的设置示例如图 8-17 所示。

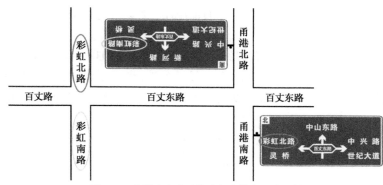

图 8-17　分段命名道路指路标志信息选取示例

# 第三节　车道行驶方向标志设计

城市道路车道行驶方向标志是用符号及图形表示为驾驶者提供当前道路车道行驶方向信息，便于道路使用者更早地明了车道行驶方向，及时减速和变换车道，减少道路拥堵和事故率；是与车道使用目的相关的指示标志。

## 一、标志样式

车道行驶方向标志的样式分为两大类，一类是一般车道行驶方向标志，以单个车道的指示为基本单元。例如，直行的车道行驶方向标志、直行和左转合用的车道行驶方向标志等。另一类是分向行驶车道标志，它是将所有进口车道组合在一块标志板上，进行车道指示。这两种样式都属于车道行驶方向标志。两种样式的适用条件基本相同，只有当道路的车道数大于6条时，一般建议采用分向行驶车道标志。图8-18为车道行驶方向标志示例。

如何设计车道行驶方向标志

图8-18　车道行驶方向标志示例

## 二、设置条件

设置车道行驶方向标志的前提条件如下：

（1）当交叉口某方向进口交通流量较大，转弯车辆较多或渠化车道数大于或等于4条车道时，应设置车道行驶方向标志。

（2）当交叉口渠化车道布置不够充分、不规则，或者地面导向箭头易被积雪遮埋时，应设置车道行驶方向标志。

结合实际设计工作来看，一般在有条件的情况下，交叉口进口渠化超过2条机动车道的，都可以考虑设置车道行驶方向标志。

另外，根据《城市道路交通标志和标线设置规范》（GB 51038—2015）的要求，车道行驶方向标志是不可以代替指路标志的，不能因为设置了车道行驶方向标志，而省掉了指路标志。另外，如果指路标志已明确反映车道布置以及各个方向的去向、地点路径，则可以不设置车道行驶方向标志。

当前很多城市实际采用的都是车道行驶方向标志中的分向行驶车道标志的形式，并添加了辅助文字指明行进方向的道路，以宁波市为例，如图8-19所示。

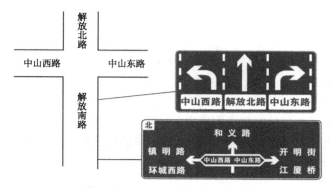

图 8-19　分向行驶车道标志设置示例

## 三、颜色要求

一般形式的车道行驶方向标志采用白色衬边,其中图案部分为蓝底白图案,如果添加辅助的文字,则文字部分可以采用白底蓝字进行反衬。有些城市添加相关路名作为辅助文字,可以起到对指路标志信息的补充作用。例如宁波市就采用的这种形式,如图 8-20 所示。

图 8-20　车道行驶方向标志(宁波市)示例

## 四、版面布局

以宁波市的车道行驶方向标志为例。

宁波的车道行驶方向标志主要为分向行驶车道标志。一般设置于信号灯控制交叉口的进口道处,一般形式的分向行驶车道标志由方向箭头、车道分道线和指引路名三部分组成。

从标志版面的空间利用和视觉协调去考虑,标志中的左转和右转箭头的高度通常低于直行箭头 10cm,箭头方向和数量需与地面车道导向标线一致。

车道分道线通常为虚线。当同向车道数仅为一条时,分道线之间的间隔为 120cm。当同向车道数为两条及以上时,分道线之间的间隔可减少至 100cm。分向行驶车道标志下方的路名应为对应车道驶入方向的道路名称。当同向车道数多于两条时,同向车道下方只设一个路名。

标准路口(进口道在同一断面)进口道数≥6 个时,应采用车道行驶方向标志和路口车道空间位置一一对应,标志尺寸统一为 120cm×170cm,并采用门架安装。

当交叉口进口道设有绿化带时,建议在绿化带两侧道路上均需设置对应车道的分向行驶车道标志,并悬挂于 T 形杆件两侧;也可以在一块标志版面上用绿白相间的图案,并外加白色边框表示绿化带,用悬臂杆支撑标志。

当进口道设有导流岛时,可用绿白相间的图案予以示意,图案外加白色边框,设置于导流岛端头，用 T 形杆支撑。当导流岛右侧的右转车道数为两条及以上时，分向行驶车道标志上的车道数也应与之对应设置两条。

当车道指示为组合箭头时，下方的路名一般取左转或右转方向所对应的道路信息，并在路名旁边标注一个对应方向的蓝色小箭头，直左车道下的蓝色小箭头一般位于左转方向路名右侧，直右车道下的蓝色小箭头一般位于右转方向路名左侧。

当交叉口车道管理措施情况复杂时，可以在版面中组合禁令、辅助等标志。对特殊车道的使用时间、车种、车速等情况进行限制，使交叉口的车道使用要求更加清晰明了。图 8-21 为车道行驶方向标志版面布局示例。

图 8-21　车道行驶方向标志版面布局示例

根据以上各种情况下的版面设计，可以对车道行驶方向标志中的分向行驶车道标志版面，以及所使用的支持杆件臂长进行统一的尺寸规定，使城市道路上的同类标志有一致的标准，避免出现大小不一、长短各异的情况。

也要注意如果标志杆件没有安装在通常的道路机非绿化带或中央绿化带上，则需要对杆件臂长做适当调整，以免出现臂长不足或超长的情况。标志杆安装标志后距离地面同样需要满足 5.5m 的净空高度。

一般形式车道行驶方向标志形式见表 8-11，含导流岛的车道行驶方向标志形式见表 8-12。

一般形式车道行驶方向标志形式　　　　表 8-11

| 路口进口道数 | 2 车道 | 3 车道 | 4 车道 | 5 车道 | ≥6 车道 |
|---|---|---|---|---|---|
| 版面（cm×cm） | 170×250 | 170×365 | 180×440 | 190×520 | 120×170 |
| 面积（m²） | 4.3 | 6.2 | 7.9 | 10.3 | 2.04×车道数 |
| 标志杆 | 7m 长臂杆 | 7m 长臂杆 | 9m 长臂杆 | 11m 长臂杆 | 门架 |

含导流岛的车道行驶方向标志形式　　　　表 8-12

| 路口进口道数 | 4 车道 | | 5 车道 | | 6 车道 | |
|---|---|---|---|---|---|---|
| | 左侧 3 | 右侧 1 | 左侧 4 | 右侧 1 | 左侧 5 | 右侧 1 |
| 版面（cm×cm） | 180×320 | 180×150 | 190×430 | 190×160 | 200×500 | 200×170 |
| 面积（m²） | 5.8 | 2.7 | 8.2 | 3.0 | 10 | 3.4 |
| 标志杆 | 9m 长臂杆 | | 11m 长臂杆 | | 12m 长臂杆 | |

车道行驶方向标志一般设置在交叉口进口车道的导向标线起点处,如果条件受限,也可以设置于导向标线内。例如距离停车线 25~30m 处,这种情况主要是考虑到与交叉口科技设施共杆安装的需要,这也是目前道路设施建设中对精简设备、多杆合一的设计要求。其中,分向行驶车道标志一般的支持杆件应该采用悬臂式,设置于指路标志下游或与指路标志并列设置。

根据《城市道路交通标志和标线设置规范》(GB 51038—2015)的要求,车道行驶方向标志的设置位置应该保证车辆在进入导向车道前能清楚识别。除了分向行驶车道标志以外的车道行驶方向标志,均应设置在所指示车道的中心上方。也就是说每块标志的中心线与对应的进口车道的中心线在垂直空间上要一一对应。

而分向行驶车道标志的标志杆伸臂长度应该适当。首先,要确保足够空间能放下标志牌;其次,要确保标志不被树木或其他设施遮挡。在满足前两项臂长要求的前提下,分向行驶车道标志设置应该使整块标志的中心线与交叉口进口车道的中心线对齐,使标志能够清楚醒目地出现在驾驶人眼中。

## 第四节 快速路指路系统设计

快速路是城市中专供汽车快速行驶并全部控制出入且控制出入口间距和形式的快速道路。快速路设计车速为 60~100km/h,与其他道路相交时一般采用立体交叉,是城市中为长距离交通服务的重要道路。快速路的交通运行特征介于高速公路和一般城市道路之间,因此,指路系统的设计也兼具两者的相关特性。

如何设计快速路指路标志

### 一、快速路的基本交通特性

1. 快速路基本断面形式

城市道路中的快速路,往往采用"高架+地面辅道"的形式组织断面,其中,高架部分为快速路,地面辅道部分一般为主干路,如图 8-22 所示。

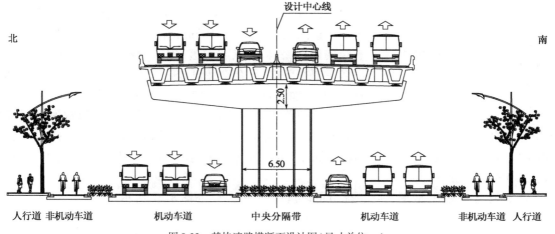

图 8-22 某快速路横断面设计图(尺寸单位:m)

2. 快速路与其他道路连接方式

快速路与其他道路连接的主要有两种方式,一种是平行匝道(图8-23),高架道路通过上下匝道与地面辅道相接,再通过地面辅道与其他道路的平面交叉口与其他道路相接;另一种是互通立交(图8-24),高架道路通过立交与其他道路直接相接。

图 8-23　某平行匝道效果图　　　　　　　图 8-24　某互通立交效果图

## 二、快速路指路系统的组成

快速路的工程技术标准、配套服务设施的完善程度及使用功能虽然比高速公路要低一些,但从整体上看,快速路的运行方式很接近高速公路体系,快速路指路系统的设置与高速公路指路系统的设置也有很多相似之处。参考高速公路指路系统的组成内容,快速路指路系统一般由入口指引标志和出口指引标志组成。

1. 入口指引标志

1)入口预告标志

与高速公路入口预告标志类似,快速路入口预告标志由快速路路名信息、目标地名信息和方向距离信息三部分组成,三者按从上到下的顺序排列。其中路名信息一般为被指引的快速路的名称,目标地名信息为通过该快速路可以到达的目标性地点,方向距离信息为驶往该快速路的方向和距离,如图8-25所示。

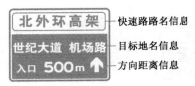

图 8-25　入口预告标志版面示例

入口预告标志应设在进入快速路前的被交道路上适当位置。快速路入口周边 2~10km 范围内,由县级以上城市、较大乡镇集聚地、著名地点或国道、省道、城市主干路驶往快速路的各主要交叉口、复杂交叉口和路段上,应指示前方快速路信息,一般单独设置或含在相应道路的指路标志上。

与快速路相交的道路上,当被交道路为城市快速路时,按照快速路自身的指路标志设置预告标志。当被交道路为一般城市道路时,应在距基准点 500m、200m 以及基准点处对应设置 500m、200m 入口预告标志及带行车方向指引的入口预告标志,如图8-26所示。

若安装条件受限,根据实际情况也可以选用简易形式,如图8-27所示。

2)入口告知标志

一般设在快速路入口匝道与地面道路的分岔点处,用于指示快速路和地面道路的两个行驶方向。其中,指向快速路的标志采用绿底标志,指向地面道路的标志采用蓝底标志。该标志版面内容应与入口预告标志相对应。图 8-28 为入口告知标志示例。

图 8-26　入口预告标志

图 8-27　简易形式预告标志示例

图 8-28　入口告知标志示例

3)入口确认标志

确认标志在驶入高架道路后设置,确认标志版面内容主要包括近、中、远三个出口信息。其中,近信息为沿着高架行驶方向能到达的第一个出口信息,中信息为第二个出口信息,远信息为具有控制意义的远程出口信息或重要出口信息。图 8-29、图 8-30 为入口确认标志示例。

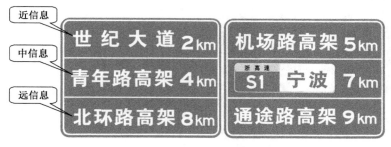

图 8-29　入口确认标志示例

## 2. 一般出口指引标志

一般出口指引标志分为预告标志和告知标志两种类型。预告标志一般为 500m 预告和 0m 预告,0m 预告标志设置于渐变段起点处。当出口间距较大时,可在 500m 预告之前设置 1km 预告,如图 8-31、图 8-32 所示。

出口告知标志设置于分流鼻处的匝道方向上,为提高路径指引的辨识性,同时在分流鼻处的主线方向上同时设置下一出口预告标志。

预告标志的版面采用双路名信息表示,从左到右分别为近信息和远信息。其中,近信息为从该匝道驶出快速路后到达的第一条相交地面道路,即出口名称;远信息为有必要从该匝道驶出快速路并沿地面道路顺向行驶可到达的最远的相交地面道路,作为远信息的道路一般应为主干路或重要的次干路。如果需在快速路中央隔离带上加装预告标志时,可采用简易形式。

出口告知标志的路名信息与预告标志相同,基本没有版面上的区别。

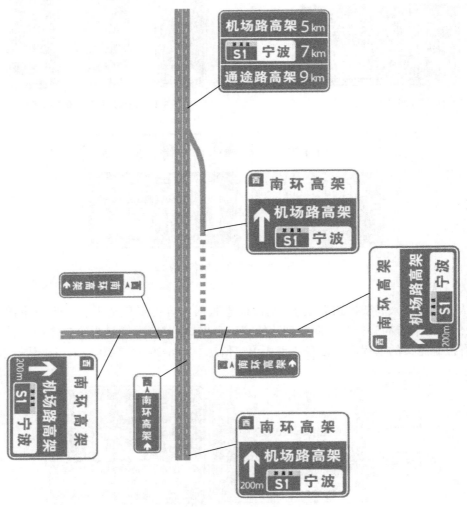

图8-30 快速路入口确认标志设置示例

a) 1km预告标志　　　　　　b) 500m预告标志　　　　　　c) 0m预告标志

图 8-31

d)简易形式预告标志　　　　　e)下一出口预告标志　　　　　f)告知标志(匝道方向)

图 8-31　一般出口指引标志设置示例(一)

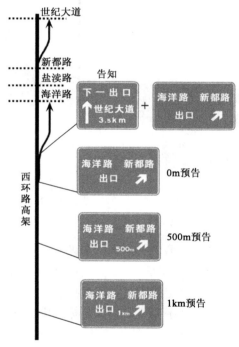

图 8-32　一般出口指引标志设置示例(二)

3. 互通枢纽出口指引标志

1) 枢纽预告标志

枢纽预告标志一般为 500m 预告和 0m 预告,其中 500m 预告采用立交图形的形式,0m 预告采用文字表述的形式。当出口间距较大时,可在 500m 预告之前设置 1km 预告标志,此时 1km 预告采用立交图形的形式,500m 预告和 0m 预告则采用文字表述的形式。预告标志中的立交线形应按照立交的空间位置排列,空间位置居上的线形应连续,居下的应在重叠位置断开。

立交图形形式的预告标志中,图形中镶嵌的路名信息为相交道路名称,左转、直行和右转方向的路名信息分别为左转、直行和右转能够到达的远程控制性道路或出口名称。立交图形形式的预告标志采用单路名或者双路名信息,左右转信息需与立交图形的左右转信息保持一致。图 8-33 为互通枢纽预告标志设置示例。

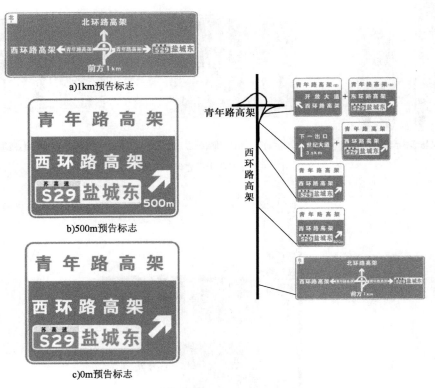

图 8-33 互通枢纽预告标志设置示例

2) 枢纽告知标志

告知标志分为第一层告知标志和第二层告知标志两种。其中,第一层告知标志设置于主线与匝道分流鼻处,为提高路径指引的辨识性,在分流鼻处的主线方向上同时设置下一出口预告标志。第二层告知标志设置在两个定向匝道分流鼻处。

第一层告知标志的路名信息与文字表述形式预告标志中的路名信息一致。第二层告知标志的路名信息采用双路名形式,近信息和远信息按从上到下的顺序排列。其中,远信息为第一层次告知标志中的转向信息,近信息为转向后能够到达的下一出口或道路名称。图 8-34、图 8-35 为互通枢纽告知标志示例。

a) 第一层分流鼻处下一出口预告标志

b) 第一层分流鼻处告知标志

图 8-34

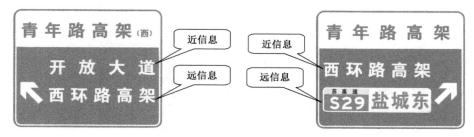

c) 第二层分流鼻处告知标志

图 8-34　互通枢纽告知标志示例(一)

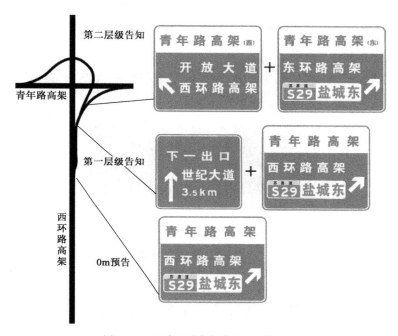

图 8-35　互通枢纽告知标志设置示例(二)

## 三、指路标志信息的选取

指路标志信息选取方法与一般城市道路信息的相似,一般采用近远信息结合的方式设置。主线信息选取主线上继续行驶将要达到的出口,出口信息则选取通过出口可以顺向到达的相交道路的信息。

### 1. 平行匝道形式的出口

对于平行匝道形式的出口,目标地名信息可以设置 2～3 个,其中上端(最近)信息是指沿着下匝道往前行驶,即将达到的第一条地面相交道路的路名;下端(最远)信息为沿着辅道行驶,在下一个出口匝道可到达的第一条地面道路之前的主要相交道路的路名,即表示如要前往该道路及其之前的相交道路,需要从当前的出口离开快速路。如目标地名信息设置了 3 个,则可在近信息与远信息之间插入两者之间的最重要的一条道路或节点信息的名称。图 8-36 为平行匝道出口信息选取示例。

图 8-36　平行匝道出口信息选取示例

**2. 互通立交形式的出口**

对于互通立交形式的出口,其目标地名信息的选取与一般城市道路指路标志类似,如图 8-37 所示。

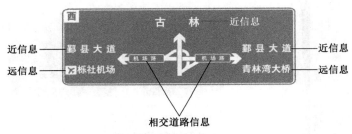

图 8-37　互通立交出口信息选取示例

## 第五节　高速公路指路系统设计

高速公路是指能适应年平均昼夜小客车交通量为 25000 辆以上、专供汽车分道高速行驶、并全部控制出入的高等级公路。近几十年来,中国的高速公路得到了极为快速的发展,并形成了较为完善的网络体系。由于高速公路为全封闭的系统,因此,要使驾驶人在高速公路上顺利到达目的地,必须建立完善的指路系统。自 2007 年起,交通运输部在全国范围内对高速公路的命名和编号进行了统一和更新,这在高速公路指路系统的设计中极为重要。因此,本节将首先讲解高速公路的命名及编号规则,在此基础上,对高速公路路径指引标志的设置进行介绍。

### 一、高速公路命名及编号规则

公路按行政等级分为国道、省道、县道、乡道、村道和专用公路六个等级。其中,国道包括国家高速公路和普通国道,省道包括省级高速公路和普通省道。按技术等级分为高速公路、一级公路、二级公路、三级公路和四级公路五个等级。其中,高速公路以外的其他公路称为普通公路。

**1. 命名规则**

普通公路和高速公路路线的命名,应按照首都或省会放射线、北南纵线和东西横线的起讫点方向顺序排名,采用起讫点所在地的主要行政区划名称:放射线以首都或省会城市为起点,放射线止点为终点;北南纵线以路线北端为起点,南端为终点;东西横线以路线东端为起点,西端为终点。

普通公路和高速公路路线的起讫点地名应取其所在地的主要行政区单一名称,普通省道与相邻省级行政区域的普通省道或省级高速公路与相邻省级行政区域的省级高速公路连接贯通时,宜视为一整条普通公路或高速公路统一命名。

(1)普通公路命名规则

普通公路路线的全称,由路线起讫点的地名中间加连接符"—"组成,称为"××—××公路",不宜超过12个汉字。其中普通国道和普通省道宜采用县级及以上的地名作为起讫点地名。

普通公路路线的简称,用起讫点地名的首位汉字组合表示,或采用起讫点城市或所在省(自治区、直辖市)的法定地名简称表示,称为"××线",不宜超过8个汉字。县道及以下的公路也可简称为"××路"。如"北京—香港公路"简称"京港线","通州—马驹桥公路"简称"通马路"。

普通公路为城市绕城环线或地区环线时,全称为"××市(地区)环线公路",简称为"××环线"。

国家和省级行政区域内普通国道和普通省道的路线全称和简称不应重复。不同起讫点的普通国道或普通省道路线简称出现重复时,采用起讫点地名的第二位或第三位汉字替换等方式加以区别。相同起讫点间存在两条及以上公路时,后通车公路称为"××—××复线公路",简称"××复线";也可根据路线所在方位命名,如"海口—榆林(东)公路"简称为"海榆东线"等。

普通公路路线名称应采用规范化的汉字地名表示。其中县级及以上的地名按《中华人民共和国行政区划代码》(GB/T 2260—2007)的规定,县级以下的地名按《县级以下行政区划代码编制规则》(GB/T 10114—2003)的规定,未列入标准而实际存在或新变更的地区(地级市)、县(县级市)、乡(乡镇)、行政村(建制村)名称,也可采用国家或省级地名主管部门颁布的地名。

(2)高速公路路线命名规则

高速公路路线的全称,由路线起讫点的地名中间加连接符"—"组成,称为"××—××高速公路",不宜超过12个汉字。起讫点地名宜采用县级及以上的地名。

高速公路路线的简称,用起讫点地名的首位汉字组合表示,或采用起讫点城市或所在省(自治区、直辖市)的法定地名简称表示,称为"××高速",不宜超过8个汉字。如"沈阳—海口高速公路"简称"沈海高速"。

高速公路为地区环线时,以路线所在的地区名称命名,全称为"××地区环线高速公路",简称为"××环线高速"。如"杭州湾地区环线高速公路"简称"杭州湾环线高速"。

高速公路为城市绕城环线时,以路线所在的城市名称命名,全称为"××市绕城高速公路",简称为"××绕城高速"。如"沈阳市绕城高速公路"简称"沈阳绕城高速"。

国家和省级行政区域内高速公路的全称和简称不应重复。不同起讫点高速公路简称出现重复时,采用起讫点地名的第二位或第三位汉字替换等方式加以区别,相同起讫点间存在两条及以上高速公路时,后通车高速公路称为"××—××第二高速公路",简称"××第二高速";也可根据路线的方位或者地理特征命名,如"机场北线高速""广深沿江高速"等;也可增加一中间途经点,如"××—××—××高速公路"。同一城市或地区出现多条高速环线时,应以路线的编号顺序或方位顺序进行区别。

高速公路路线名称应采用规范化的汉字地名表示,地名按《中华人民共和国行政区划代码》(GB/T 2260—2007)的规定。未列入标准而实际存在或新变更的地区(地级市)、县(县级市)名称,也可采用国家或省级地名主管部门颁布的地名。

2. 编号结构

(1)普通公路路线编号结构

通公路的路线编号,应由一位公路行政等级字母标识符"G(S/X/Y/C/Z)"和三位数字编号"×××"组配表示,如表8-13所示。

普通公路路线编号结构　　　　　　　　表8-13

| 普通公路类型 | 路线编号结构 |
| --- | --- |
| 普通国道 | G××× |
| 普通省道 | S××× |
| 县道 | X××× |
| 乡道 | Y××× |
| 村道 | C××× |
| 专用公路 | Z××× |

(2)高速公路路线编号结构

国家高速公路的首都放射线、北南纵线、东西横线和地区环线等主线编号,应由一位国道字母标识符"G"和不超过两位的数字编号"×"或"××"组配表示;国家高速公路的城市绕城环线、联络线和并行线编号,应由一位国道字母标识符"G"和两位主线编号"××"、一位路线类型识别号" * "和一位顺序号"#"组配的四位数字编号表示,如表8-14所示。

国家高速公路路线编号结构　　　　　　　表8-14

| 国家高速公路类型 | | 路线编号结构 |
| --- | --- | --- |
| 主　　线 | 首都放射线 | G× |
| | 北南纵线 | G×× |
| | 东西横线 | G×× |
| | 地区环线 | G×× |
| 城市绕城环线 | | G×× * # |
| 联络线 | | G×× * # |
| 并行线 | | G×× * # |

省级高速公路的省会放射线、北南纵线、东西横线等主线编号,应由一位省道字母标识符"S"和不超过两位的数字编号"×"或"××"组配表示;省级高速公路的城市绕城环线和联络线的编号,宜由一位省道字母标识符"S"和两位数字编号"××"组配表示,如表8-15所示。

省级高速公路路线编号结构　　　　　　表 8-15

| 省级高速公路类型 | | 路线编号结构 |
|---|---|---|
| 主　线 | 省会放射线 | S× |
| | 北南纵线 | S×× |
| | 东西横线 | S×× |
| 城市绕城环线 | | S×× |
| 联络线 | | S×× |

3. 编号规则

1）普通公路路线编号规则

（1）普通国道路线编号规则。

普通国道的路线编号，由国道标识符"G"和三位数字编号组配表示，其数字编号的第一位用"1、2、3、5"分别标识首都放射线、北南纵线、东西横线和联络线，以全国为范围编制系列顺序号。

普通国道的首都放射线编号，从正北方向起，总体上按顺时针方向排列编号；北南纵线编号，按路线的纵向排列，总体上由东向西顺序编号；东西横线编号，按路线的横向排列，总体上由北向南顺序编号。

纳入普通国道的地区环线或城市绕城环线编号，可纳入首都放射线的编号区间。普通国道联络线的编号，在全国范围内总体上按照路线起点位置由北向南的顺序编号，起点位于同一纬度附近的路线按照由东向西的顺序编号。

新增普通国道的编号规则参照上述要求，在相应编号区间内有空号的则使用该空号；利用原有路线延伸起点或终点的普通国道，按原有路线进行编号；其余新增普通国道在原编号序列之后进行编号。

（2）普通省道路线编号规则。

普通省道的路线编号，由省道标识符"S"和三位数字编号组配表示，其数字编号的第一位用"1、2、3、5"分别标识省会放射线、北南纵线、东西横线和联络线，以省级行政区域为范围编制系列顺序号。

普通省道的省会放射线、北南纵线、东西横线和联络线的编号规则参照普通国道路线的首都放射线、北南纵线、东西横线和联络线的编号规则。未纳入普通国道的城市绕城环线编号，宜纳入普通省道省会放射线的编号区间。

新增普通省道的编号规则参照上述要求，在相应编号区间内有空号的则使用该空号；利用原有路线延伸起点或终点的普通省道，按原有路线进行编号；其余新增普通省道在原编号序列之后进行编号。

普通省道与相邻省级行政区域的普通省道连接贯通时，宜统一编号；跨省的普通省道为北南纵线时，宜以北侧省（自治区、直辖市）的路线编号为准；跨省的普通省道为东西横线时，宜以东侧省（自治区、直辖市）的路线编号为准。

（3）县道路线编号规则。

县道的路线编号，由县道标识符"X"和三位数字编号组配表示，编号宜在本省级行政区域内，以县（县级市）或地区（地级市）级行政区域为范围编制系列顺序号，也可按省级行政区域为范围顺序编号。

按省级行政区域为范围编号时，如县道的条数突破三位数字容量，应考虑将跨地区(地级市)的县道行政等级升级为省道，使县道的总条数在三位数字容量的允许范围内，否则应按县(县级市)或地区(地级市)级行政区域为范围编号。

按县(县级市)或地区(地级市)级行政区域为范围编号时，一条县道可能跨越多个地区(地级市)或县(县级市)级行政区域，宜优先考虑将该县道的行政等级升级为省道。

新增县道编号规则参照新增省道的编号规则。

(4)乡道高速公路网编号规则。

乡道的路线编号，由乡道标识符"Y"和三位数字编号组配表示，宜在本省级行政区域内，以县(县级市)级行政区域为范围编制顺序号，也可按地区(地级市)级或省级行政区域为范围编制系列顺序号。

按县(县级市)级行政区域为范围编号时，一条乡道可能跨越多个地区(地级市)、县(县级市)或乡级行政区时，参照县道路线编号中相关的编号规则进行编制。

(5)村道高速公路网编号规则。

村道的路线编号，由村道标识符"C"和三位数字编号组配表示。宜对纳入国家里程统计范围的村道进行编号，宜以县(县级市)级行政区域为范围顺序编制顺序号。

若一条村道跨越多个村级及以上行政区域时，参照县道路线编号中相关的编号规则进行编制。

(6)专用高速公路网编号规则。

专用公路的路线编号，由专用公路标识符"Z"和三位数字编号组配表示，宜以各省级行政区域为范围编制系列顺序号，公路、林业、农垦、油田、矿区等行业管理养护的专用公路需要加以区别时，其编号可分别列入本省(自治区、直辖市)专用公路编号中的不同系列区间。

(7)其他编号规则。

普通国道、普通省道及县道若是绕城环线，同一城市建有多条绕城环线时，其编号从主城区边缘到郊区由内向外按升序编排。

县道、乡道及村道若分系列编号，均应按照《中华人民共和国行政区划代码》(GB/T 2260—2007)规定的行政区划代码序列顺序编排。

2)高速公路路线编号规则

(1)国家高速公路路线编号规则。

国家高速公路的主线编号，由国道标识符"G"和一至两位数字编号组配表示；城市绕城环线、联络线和并行线编号，由国道标识符"G"和四位数字编号组配表示。

国家高速公路的首都放射线数字编号为一位数，总体上由正北开始按顺时针方向升序编排；北南纵线数字编号为两位奇数，总体上由东向西按升序编排；东西横线数字编号为两位偶数，总体上由北向南按升序编排。国家高速公路命名、编号标志示例如图8-38所示。

国家高速公路的地区环线数字编号为两位数，其中第1位为"9"，在全国范围总体上按照由北向南的顺序编排，如图8-39所示。

纳入国家高速公路的城市绕城环线的数字编号为四位数，由两位主线编号加一位识别号"0"再加一位顺序号组成，即G××0#，在全国范围内统一编排。主线编号和顺序号的选取应符合下列规定：主线编号应优先选取该城市绕城环线所连接的北南纵线、东西横线和地区环线中编号最小者,如该主线所连接的城市绕城环线编号空间已全部使用,则选用主线编号次小者,依此类推;城市绕城环线仅连接首都放射线时,主线编号前应以"0"补位,即G0×0#;同一条国家高速公路穿越多个省(自治区、直辖市)时,所连接城市绕城环线的顺序号宜沿主线起讫方向增序排列,如图8-40所示。

图8-38　国家高速公路命名编号标志示例

图8-39　国家高速公路地区环线命名编号标志示例　　图8-40　国家高速公路城市绕城环线命名编号标志示例

　　国家高速公路的联络线数字编号为四位数,由两位主线编号加一位识别号"1"再加一位顺序号组成,即G××1#,在全国范围内统一编排,联络线数量突破容量时,可将识别号扩容至"3",即G××3#。主线编号和顺序号的选取应符合下列规定:主线编号应优先选取联络线所连接的北南纵线、东西横线和地区环线中编号最小者,如该主线所连接的联络线编号空间已全部使用,则选用主线编号次小者,依此类推;联络线仅连接首都放射线时,主线编号前以"0"补位,即G0××1#;同一条国家高速公路主线穿越多个省(自治区、直辖市)时,所连接的联络线的顺序号宜沿主线起讫方向增序排列,如图8-41所示。

　　国家高速公路的并行线数字编号为四位数,由两位主线编号加一位识别号"2"再加一位序号组成,即G××2#,在全国范围内统一编排,并行线数量突破容量时,可将识别号扩容至"4",即G××4#。主线编号和顺序号的选取应符合下列规定:主线编号应优先选取并行线所连接的北南纵线和东西横线中编号最小者,如该主线所连接的并行线编号空间已全部使用,则选用主线编号次小者,依此类推;并行线仅连接首都放射线时,主线编号前以"0"补位,即G0×2#;同一条国家高速公路主线穿越多个省(自治区、直辖市)时,所连接的并行线的顺序号宜沿主线起讫方向增序排列,如图8-42所示。

　　当新增国家高速公路路线时,原国家高速公路路线编号维持不变,新增的路线按其走向及所在位置,分别在原路线编号序列中的预留区间内顺序编号,预留区间不足时,在下一预留区间内编号;利用原有路线延伸起点或终点的国家高速公路,仍采用原路线的编号。

图 8-41　国家高速公路联络线命名编号标志示例　　图 8-42　国家高速公路并行线命名编号标志示例

（2）省级高速公路路线编号规则。

省级高速公路的主线编号规则宜与国家高速公路主线的编号规则保持一致，由省道标识符"S"加一到两位数字编号组配表示；省级高速公路城市绕城环线和联络线的编号，宜由省道标识符"S"加两位数字编号组配表示，如图 8-43 所示。

图 8-43　省级高速公路命名编号标志示例

省级高速公路与相邻省级行政区域的省级高速公路连接贯通时，宜统一编号；跨省的省级高速公路为北南纵线时，宜以北侧省（自治区、直辖市）的路线编号为准；跨省的省级高速公路为东西横线时，宜以东侧省（自治区、直辖市）的路线编号为准。

各省（自治区、直辖市）编制省级高速公路编号时，可根据路网特征和实际需求安排两位数编号区间的使用方法。

## 二、路径指引标志的设置

高速公路路径指引标志分为入口指引标志、行车确认标志和出口指引标志，包含的内容如下：

（1）入口指引标志：包括入口预告标志，入口地点、方向标志，命名编号标志，路名标志。

（2）行车确认标志：包括地点距离标志、命名编号标志、路名标志。

（3）出口指引标志：包括出口预告标志、出口方向标志、出口标志及下一出口预告标志。

高速公路路径指引标志覆盖了驾驶人从互通式立体交叉被交道路驶入高速公路，直至下一互通式立体交叉口出口的过程。入口指引标志、行车确认标志和出口指引标志一般情况下宜依下列顺序设置：入口预告标志→入口处地点、方向标志→高速公路入口标志（命名编号标志或路名标志）→下一出口预告标志、地点距离标志、高速公路命名编号标志或路名标志→出口预告标志→出口处地点→方向标志。

1. 入口指引标志

1）入口预告标志

入口预告标志由线路信息、目标地名信息和方向距离信息三部分组成，三者按从上到下的顺序排列。其中线路信息一般为被指引的高速公路的编号,目标地名信息为通过该高速公路可以到达的目标性地点,方向距离信息为驶往该高速公路的方向和距离,如图8-44所示。

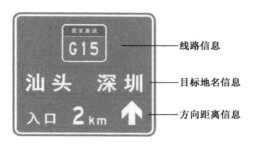

图8-44 入口预告标志版面示例

入口预告标志应设在进入高速公路前的被交道路上适当位置。高速公路入口周边2~10km范围内,由县级以上城市、较大乡镇集聚地、著名地点或国道、省道、城市主干路驶往高速公路的各主要交叉口、复杂交叉口和路段上,应指示前方高速公路信息,一般单独设置或含在相应道路的指路标志上。

由一级公路、二级公路、城市主干路或城市快速路进入高速公路时,宜在距基准点前500m处设置500m入口预告标志,应在基准点处设置带行车方向指引的入口预告标志。图8-45为入口预告标志示例。

图8-45 入口预告标志示例

2)入口处地点方向标志

用于指示高速公路两个行驶方向,一般设在高速公路的匝道分岔点处。该标志版面内容应与入口预告标志相对应,如图8-46所示。

图8-46 入口处地点方向标志示例

2. 行车确认标志

1)命名编号标志

命名编号标志设置在高速公路互通式立交加速车道的渐变段终点后适当位置,也可在高速公路主线适当位置重复设置,帮助驾驶人确认当前行驶的道路信息。根据线路总体走向,命名编号标志可增加地点方向信息,如图8-47所示。

2)地点距离标志

地点距离标志用于预告高速公路前方所要经过的重要信息的名称和距离,一般设置在互通式立体交叉加速车道的渐变段终点以后1km以上路段的合适位置。互通式立体交叉间距大于或等于5km时应设置该标志,互通式立体交叉间距大于10km时可重复设置。

图8-47　高速公路命名编号标志示例

地点距离标志宜设置三行,地点信息由近及远按自上而下的顺序排列,一般情况下,第一行表示经由下一互通式立交可到达的目的地信息,第二行与第三行应分别指示前进方向上最近的B层信息要素及A层信息要素,如图8-48所示。

图8-48　地点距离标志示例

地点距离标志通常用于前方较远处信息的告知,不宜用于需要立即采取行动的与分流、合流、交织等相关的地点距离信息的告知,选用的信息应可供驾驶人思考、比选。地点距离标志的信息应与入口指引标志、出口指引标志信息相呼应,重复设置的地点距离标志应保持信息的一致性。

除了当前高速公路到达的地点距离信息外,还需同时指引前方到达道路上的地点距离信息时,将当前道路的地点距离信息、前方到达道路的地点距离信息以横线分开,当前道路的地点距离信息在上,前方到达道路的地点距离信息在下,并应给出道路编号。

3. 出口指引标志

1) 出口预告标志及出口方向标志

出口预告标志用于预告将要到达的出口的相关信息,由出口编号信息、目标地名信息和方向距离信息三部分组成,三者按从上到下的顺序排列。其中,出口编号信息为当前出口在当前高速公路中的编号,目标地名信息为通过该出口可以到达的目标性地点,方向距离信息为驶往该出口的匝道方向和距离,如图8-49所示。

出口预告标志一般设置在距离基准点2km、1km、500m和基准点处,应分别设置2km、1km、500m出口预告标志,出口方向标志;并应同时附着出口编号标志,如图8-50所示。

直出车道是从主线连续行驶不变车道将直线驶出高速公路的主线车道。有直出车道的互通式立体交叉出口预告标志、出口方向标志的箭头部分应采用黄底黑箭头,如图8-51所示。

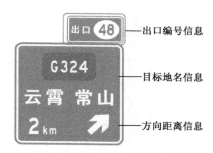

图 8-49　出口预告标志版面示例

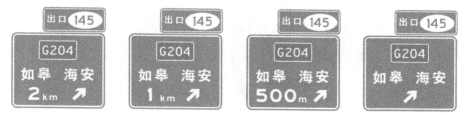

图 8-50　出口预告标志示例

图 8-51　直出车道出口预告标志示例

道路分岔，枢纽互通式立体交叉双出口，枢纽互通式立体交叉的出口匝道为 2 条车道时，出口预告及出口方向标志可采用如图 8-52、图 8-53 所示的图形及版面。

图 8-52　出口预告及出口方向图形示例

2）出口标志及下一出口预告标志

出口标志及出口地点方向标志用于告知沿当前道路继续行驶可到达的地点信息及沿出口驶离后可到达的地点信息，具有分别为直行的驾驶员和从匝道驶离的驾驶员提供确认信息的作用，如图 8-54 所示。

出口地点方向设置地名或路名的左半区或右半区，根据道路前进方向所达地点或道路选取信息。信息的选用依分流鼻端连接道路的性质有所区别，分别为设置在主线和匝道分流鼻端、设置在匝道和匝道分流鼻端两种。

出口地点方向标志中，主线前进方向地名和路名的确定应与主线上下游附近设置的地点距离标志相协调。

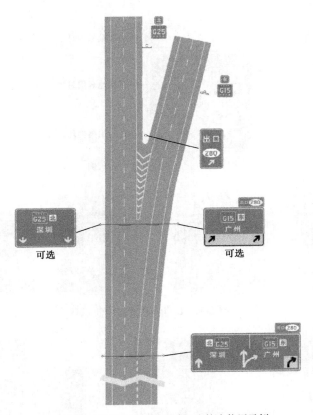

图 8-53 高速公路上方指路标志箭头使用示例

图 8-54 出口标志示例

当互通式立体交叉间距大于 8km 时,可设置下一出口预告标志,预告下一出口的信息和距离。如果设置该标志,应设在 500m 出口预告标志的下方。汉字字高可减小,数字字高宜不变,如图 8-55 所示。

4. 路径指引标志设置示例

以下以某一高速公路为例,给出入口指引标志、行车确认标志和出口指引标志的设置示例,如图 8-56 所示。

图 8-55　下一出口预告标志示例

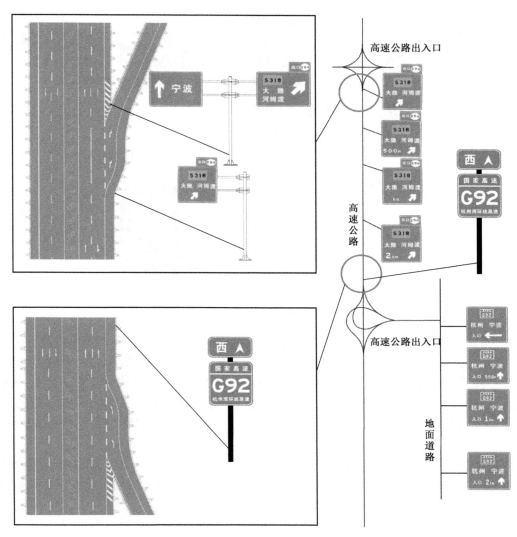

图 8-56　高速公路路径指引标志设置示例

## 第六节　旅游指引系统设计

如何设计旅游区指引标志

### 一、旅游指引标志的类型

随着国家全域旅游的开展，旅游交通相关要素的配置越来越受到关注，为了能够全面满足游客的体验需要，旅游指引标志的系统化建设也越来越标准化和规范化。国家标准中规定的旅游指引标志示例如图8-57所示。

图8-57　旅游区指引标志国家标准版面与信息对比

在《道路交通标志和标线》（GB 5768）中，旅游区指引标志有4种形式，分别以设置的点位进行区分：一是，设于路段处的旅游区指引标志，该类标志主要标明景点名称、距离，并配有景点图形符号；二是，设于交叉口处的旅游区指引标志，这类标志上主要设计了方向箭头，表示去往景点的方向；三是，设于减速车道起点的旅游区指引标志，方向箭头为斜向前方。四是，符号与名称组合标志，也是设于交叉口处，是一种将旅游符号与旅游区名称组合的标志，以指引旅游区内的旅游项目或设施方向。

而在《城市道路交通标志和标线设置规范》（GB 51038—2015）中，又增加了旅游景点距离方向组合标志的样式，以及多景点组合标志的模式。但国家标准中的这些标志模板相对比较宽泛，在实际工作中，一般仍需要进行细化设计。

根据国家标准要求，只有城市干路和支路沿线的3A级及以上旅游区或旅游点，才应该设置旅游区指引标志。快速路沿线的4A级及以上旅游区或旅游点，建议设置旅游区指引标志。更低级别景区不建议设置旅游指引标志。

旅游标志分为景点距离方向标志、景点方向标志和景点组合标志三种类型,如图8-58所示。

a)单个景点距离方向标志

b)单个景点方向标志

c)多景点组合标志

图8-58 旅游指引标志示例

各种类型的旅游指路标志如下。

(1)景点距离方向标志。

景点距离方向标志由旅游景点图形符号、中文、方向、距离组成,如图8-59所示。一般设置于距离旅游景点500m以外。

(2)景点方向标志。

景点方向标志由旅游景点图形符号、中文、方向组成,如图8-60所示。一般设置于距离旅游景点500m以内。

图8-59 景点距离方向标志

图8-60 景点方向标志

(3)景点组合标志。

当多个旅游景点在同一位置需要指引时,可采用组合标志。景点组合标志由多个旅游景点中文、方向、距离组成,但每个组合标志中的景点内容不得超过三项,如图8-61所示。

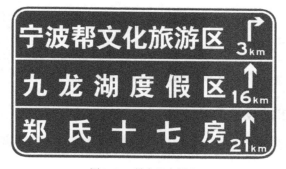

图8-61 景点组合标志

## 二、旅游指引标志设置的技术路线

根据相关研究成果及工程实践的实际经验,旅游指引标志的设置可以遵循如下的工作步骤。

1. 现状调查与分析

现状调查与分析主要调查现状主要的旅游景点、连接旅游景点的主要通道(包括高速公路和城市道路)、现状旅游指路标志的设置情况等内容。

2. 指引路径分析与设计

根据现状调查的内容,分析到达景区的主要客流发生源(包括高速公路出口和城市内外各区域),在此基础上,设计从各客流发生源到达景区的最优路径,并以此作为指路标志设置时的指引路径。

3. 指引标志设计

指引标志设计主要包括点位布置和版面设计两大内容,两者之间存在一定的先后关系,一般先根据各指路路径确定需要进行设置指引标志的点位,再综合各指路路径的设置要求,确定各设置点位的版面内容。

综合以上分析,旅游指引标志设置的技术路线可表述如图 8-62 所示。

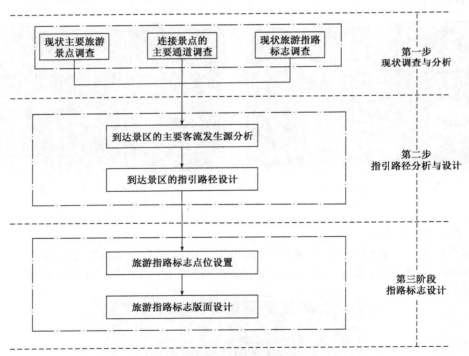

图 8-62 旅游指引标志设置技术路线图

## 三、旅游指引标志的设置方法

在旅游指引标志的具体设置中,可结合所在城市的交通格局及景点布局特征,按照如下的方法设置旅游指引标志:

（1）根据指引路径的设计，在进入城市的高速公路出口匝道、干线公路和主要城市道路的入口处设置主要景点的旅游指引标志。

（2）距离主要旅游景点500m范围以外的指引标志一般采用景点距离方向标志，距离主要旅游景点500m范围以内的旅游指路标志应采用景点方向标志，且所有引导线路上的交叉口均应设置景点方向标志。

（3）景点方向标志在第一次出现后，每个交叉口均应连续设置景点方向标志；景点距离方向标志在第一次出现后，为避免标志设置过多，一般在需转向或分岔时才设置景点距离方向标志或景点方向标志，某些情况下为使驾驶人有机会确认，在直行路段上适当间隔（3~5km）增设景点距离方向标志。

（4）主要旅游景点指引标志一般应单独设置，并与其他道路交通指引标志保持一定距离，确保所有标志的可视性。

### 四、案例分析

以下以宁波市镇海区主要旅游景点的旅游指引系统设计为例，对本书所提出的相关方法进行案例分析。

1. 现状主要景区分布

现状镇海区的4A级景区主要有招宝山风景旅游区、九龙湖旅游度假区、郑氏十七房、宁波帮文化旅游区和中国防空博览园等景区。

其中，招宝山风景旅游区和中国防空博览园位于镇海老城区的招宝山区域，九龙湖旅游度假区位于镇海西北部的九龙湖镇，郑氏十七房位于镇海北部的澥浦镇，宁波帮文化旅游区位于镇海区西南部的宁镇公路北侧。

2. 现状主要道路分布

现状镇海区范围内的高速公路主要为宁波市绕城高速东段，并设有九龙湖、沙河、蛟川和临江等出入口；在城市道路方面，主要为东外环路、北环东路和九龙大道等道路。

3. 旅游景点指引路径方案

根据镇海旅游景点路网结构、交通设施布局及车流特征，以下以九龙湖度假区为例，给出该景区的指引路径设计方案。

进入九龙湖度假区的指引路径主要为：

（1）高速公路九龙湖出口方向。

高速公路九龙湖出口方向在下高速公路匝道后，直接往北沿九龙大道便可直至九龙湖度假区。

（2）慈溪方向。

从慈溪方向由329国道→沿山公路→九龙大道北转，沿九龙大道直行约1.6km到九龙湖度假区。

（3）镇海老城方向。

从镇海老城方向由雄镇路→镇骆东路→汶骆路→九龙湖大道向北转，沿九龙大道直走大约11.3km到达九龙湖度假区。

（4）保国寺方向。

从保国寺方向沿荣吉西路→九龙大道向北转，沿九龙大道直走大约8.5km到达九龙湖度假区。

(5)宁波市区方向。

从宁波市区方向可以有两条指引路径,一是沿 329 国道→镇海大道→九龙湖大道交叉口向北转,沿九龙湖大道走约 8.5km 到达九龙湖度假区;二是沿育才路→北环西路→九龙湖大道,沿九龙湖大道走大约 9.0km 到达九龙湖度假区。

根据以上的景点指引路径,便可在各相关路口设置相应的旅游指引标志,并可根据路径的数量及名称选取指引标志的内容,设计标志的版面。

# 习 题

8-1　简述道路指路标志的分类。

8-2　试分析城市道路指路标志系统具有哪些功能。

8-3　试作图标注交叉口预告标志、告知标志和确认标志在交叉口的设置位置。

8-4　在城市道路指路标志中,路名的排列规则为:从上到下、从左到右按由近及远的顺序排列。请按以上规则,写出以下指路标志中的相关路名信息(图 8-63 中,粗线表示重要道路,细线表示一般道路)。

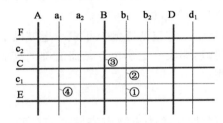

图 8-63　路网示意图

# 第九章
# 交通组织设计方案评价

【本章主要内容与学习目的】

本章主要内容包括交通组织设计方案评价的工作流程、交通组织设计方案的评价目标体系与评价指标、交通组织设计方案的综合评价方法等。学习本章的主要目的为了解评价工作的基本流程,掌握评价目标体系与评价指标和综合评价的基本方法,了解交通设计行业的道德准则和行业规范,能够对交通设计方案进行有效评价,可以对具体设计进行比选。

## 第一节  评价工作流程

交通组织设计方案评价是对设计的备选方案进行社会经济效益分析和综合评价,从而了解设计方案对于实现设计目标的可能性,给决策者选择最佳方案提供参考。在对设计方案进行评价的同时,也可能发现其存在的问题,给解决问题和方案重选提供了可能性。此外,对方案评价的过程,也是对交通组织设计目标本身的研究过程,可以从不同的角度,对目标有新的认识。因此,评价是交通组织设计工作中不可或缺的一个步骤,是进行科学决策的极其重要的环节。

如何进行交通组织设计方案的评价

评价不等于方案决策,而是辅助方案决策的一个必要手段。为了帮助方案的制定,评价工作应阐明所用的假设和前提,规定评价分析的范围和可信性。科学的评价分析不仅需要科学的评价方法和指标,更需要可信的数据资料,在明确了评价指标体系和评价方法以后,数据资料的收集工作应与之相对应。

对交通组织设计方案的评价主要有四个步骤:明确评价前提、制订评价指标体系、量化各项评价指标和得出综合评价结果。

### 一、明确评价前提

首先必须明确评价的立场和出发点。交通组织设计评价是为政府决策部门制定方案服务的,因此,评价必须是以社会经济综合效益的提升为根本出发点。其次要明确评价的对象,即评价工作涉及哪些内容。以交叉口交通组织设计为例,评价工作涉及交通畅通性、交通安全、用地和经济等方面的内容。

### 二、制订评价指标体系

评价指标体系通常具有多层次结构。首先要确定评价的综合目标(总目标),这是评价的依据。其次技术、经济、社会三种评价各为一个评价准则,分别含多项单因素为指标,评价指标可以说是总目标和准则的具体化。这样就形成了"总目标→准则→指标"的三层评价体系。

### 三、量化各项评价指标

要确定各项指标的量化方法,必须首先确定相应的量化标准。对于定量的指标,如经济指标、工程技术指标,可用货币、时间、几何参数等单位来度量它们;对于定性的指标,如社会、环境影响的指标,则首先做定性分析,然后人为确定量化标准。

### 四、得出综合评价结果

首先,须确定综合评价方法,即根据各项指标间的关系及其对总目标的贡献,确定下层各项指标的合并计算方法;然后,按选定的合并方法计算上层指标值。如果评价指标体系有多个层次,则逐层向上计算,直至得到备选方案关于第一层总目标的评价值为止,并据此排出各备选方案的优劣顺序。评价工作流程如图9-1所示。

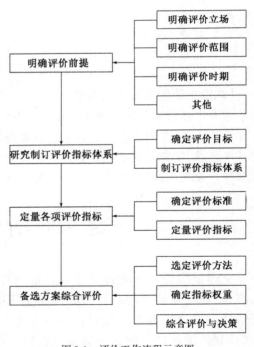

图9-1 评价工作流程示意图

## 第二节 评价重点

交通组织设计通过整合交通设施的时间和空间资源,梳理与优化其功能,以达到缓解阻塞、保障安全等基本目的,本质在于改善交通环境。交通组织设计方案的评价需要全面反映交通环境的改善,因此,可从交通效率、交通安全和社会环境影响等三个方面加以反映。

### 一、交通效率评价

交通效率最大化是交通组织设计的基本目标之一。以道路交通组织设计为例,目前相对成熟的交通效率评价指标大多采用通行能力、饱和度、延误、服务水平、行程时间、停车次数、停车率及排队长度等指标。以上交通效率评价指标之间并不独立,实际评价时,应结合交通组织设计所面对的问题与目的适当选取。

### 二、交通安全评价

改善交通的安全性是交通组织设计的主要目的之一,其评价即比较分析交通设计方案实施前后的交通安全状况。鉴于实际事故数据获取的困难性,因此实际评价中可基于交通组织设计对象的事故潜在性,也可以根据交通事故发生的总体情况进行评估,有时还需要对某项交通安全改善措施进行专项评价。在实际评价时,往往可以通过选取交通行驶特征、交通冲突特征、交通运行环境等指标进行评价。

### 三、社会环境影响评价

道路交通设施的建设和营运对城市和区域的社会经济、自然环境、生活系统等有着直接或间接的影响。有些影响,诸如大气质量、噪声水平、能量消耗的变化,以及征地拆迁等,是可以定量的,并且可以有效用于方案评价过程。

## 第三节 评价方法

交通组织设计方案评价一般包括技术评价、经济评价和环境评价三项内容,采用的评价方法涉及多项指标。为了能够全面系统地反映交通组织设计方案的总体性能,有必要建立一个科学的综合评价指标体系,开发相应的评价方法。目前常用的方法有:基本打分法、专家调查法、层次分析法、单纯矩阵法、主成分分析法、模糊(FUZZY)自评判法、模糊综合评判法和费歇尔综合评价方法。前两个方法比较简单并且粗糙,其余几种方法的特点见表9-1。

几种综合评价方法简介                                                表 9-1

| 评价方法 | 优 缺 点 | 适 用 性 |
|---|---|---|
| 层次分析法 | 概念简明,对于兼有定性和定量因素的系统问题能较简明地进行综合评价和最佳方案决策;未完全摆脱人的主观意识 | 适用于多因素、多层次、多方案的系统综合评价和决策 |
| 单纯矩阵法 | 能简化复杂问题,成果较为全面客观;未完全摆脱人为因素的影响 | 适用于多因素、多层次、多方案的系统综合评价和决策 |
| 主成分分析法 | 方法简单实用,化繁为简;定性指标量化较困难 | 适用于各单项指标均为定性指标或定量化方便的组织设计方案评价 |
| 模糊(FUZZY)自评判法 | 考虑到了客观事物内部关系的错综复杂性和价值系统的模糊性;利用评价对象的样本数据来确定隶属函数,使评价结果更接近客观事实,提高了效率 | 适用于统计资料较全、定性指标较多的单层次、多方案综合评价 |
| 模糊综合评判法 | 成果较为全面客观;过程烦琐 | 适用于指标定量化的多层次、多因素评价和决策 |
| 费歇尔综合评价方法 | 对评价对象进行分类;步骤较烦琐 | 适用于指标定量化的多层次、多因素评价和决策 |

# 参 考 文 献

[1] 杨晓光,白玉,马万经,等.交通设计[M].2版.北京:人民交通出版社股份有限公司,2020.
[2] 杨晓光,等.城市道路交通设计指南[M].北京:人民交通出版社,2003.
[3] 翟忠民.道路交通组织优化[M].北京:人民交通出版社,2004.
[4] 翟忠民,景东升,陆化普.道路交通实战案例[M].北京:人民交通出版社,2007.
[5] 隋亚刚,郭敏,吴建平.道路交通组织优化与仿真评价理论与方法[M].北京:人民交通出版社,2009.
[6] 王炜,陈峻,过秀成,等.交通工程学[M].3版.南京:东南大学出版社,2019.
[7] 王炜,陈学武.交通规划[M].2版.北京:人民交通出版社股份有限公司,2017.
[8] 梁国华,马荣国.交通工程设计理论与方法[M].2版.北京:人民交通出版社,2009.
[9] 王建军,马超群.交通调查与分析[M].3版.北京:人民交通出版社股份有限公司,2019.
[10] 唐琤琤,侯德藻,姜明,等.道路交通标志和标线手册[M].北京:人民交通出版社,2009.
[11] 公安部.城市道路交通组织设计规范:GB/T 36670—2018[S].北京:中国标准出版社,2018.
[12] 住房和城乡建设部.城市综合交通体系规划标准:GB/T 51328—2018[S].北京:中国建筑工业出版社,2019.
[13] 住房和城乡建设部.城市道路交通工程项目规范:GB 55011—2021[S].北京:中国建筑工业出版社,2021.
[14] 全国交通工程设施(公路)标准化技术委员会(SAC/TC 223).道路交通标志和标线 第1部分:总则:GB 5768.1—2009[S].北京:中国标准出版社,2009.
[15] 全国交通工程设施(公路)标准化技术委员会.道路交通标志和标线 第2部分:道路交通标志:GB 5768.2—2009[S].北京:中国标准出版社,2009.
[16] 全国交通工程设施(公路)标准化技术委员会.道路交通标志和标线 第3部分:道路交通标线:GB 5768.3—2009[S].北京:中国标准出版社,2009.
[17] 全国交通工程设施(公路)标准化技术委员会(SAC/TC 223).道路交通标志和标线 第4部分:作业区[S].北京:中国标准出版社,2017.
[18] 全国交通工程设施(公路)标准化技术委员会(SAC/TC 223).道路交通标志和标线 第5部分:限制速度:GB 5768.5—2017[S].北京:中国标准出版社,2017.
[19] 全国交通工程设施(公路)标准化技术委员会(SAC/TC 223).道路交通标志和标线 第6部分:铁路道口:GB 5768.6—2017[S].北京:中国标准出版社,2017.
[20] 公安部,住房和城乡建设部.城市道路交通标志和标线设置规范:GB 51038—2015[S].北京:中国计划出版社,2015.
[21] 住房和城乡建设部.城市道路交通设施设计规范:GB 50688—2011[S].北京:中国计划出版社,2012.
[22] 住房和城乡建设部.城市道路交叉口规划规范:GB 50647—2011[S].北京:中国计划出版社,2012.

[23] 全国交通工程设施(公路)标准化技术委员会(SAC/TC 223).公路路线标识规则和国道编号:GB/T 917—2017[S].北京:中国标准出版社,2017.
[24] 公安部道路交通管理标准化技术委员会.城市道路路内停车位设置规范:GA/T 850—2021[S].北京:中国标准出版社,2021.
[25] 公安部道路交通管理标准化技术委员会,公安部.城市道路单向交通组织原则:GA/T 486—2015[S].北京:中国标准出版社,2016.
[26] 公安部道路交通管理标准化技术委员会.城市道路路内停车管理设施应用指南:GA/T 1271—2015[S].北京:中国标准出版社,2016.
[27] 公安部道路交通管理标准化技术委员会.中小学与幼儿园校园周边道路交通设施设置规范:GA/T 1215—2014[S].北京:中国标准出版社,2015.
[28] 住房和城乡建设部.城市道路工程设计规范:CJJ 37—2012[S].北京:中国建筑工业出版社,2012.
[29] 住房和城乡建设部.城市道路交叉口设计规程:CJJ 152—2010[S].北京:中国建筑工业出版社,2011.
[30] 施斌峰,张水潮,宛岩,等.宁波市城市道路指路标志及车道行驶方向标志设置细则(试行)[R].宁波:宁波市公安局交通警察局,2016.
[31] 张水潮,杨仁法,宛岩,等.宁波市轨道交通3号线工程施工期间交通组织设计[R].宁波:宁波工程学院,2016.
[32] 张水潮,周明妮,贺康康,等.宁波市中心城区循环交通组织设计[R].宁波:宁波工程学院,2013.
[33] 张水潮,宛岩,等.宁海县中心城区交通组织优化设计[R].宁波:宁波工程学院,2012.
[34] 张水潮,宛岩,等.余姚市城市交通管理规划[R].宁波:宁波工程学院,2013.
[35] 张水潮,宛岩,等.宁波市镇海区交通管理规划[R].宁波:宁波工程学院,2012.
[36] 周蔚吾.道路交通标志标线设置技术手册[M].北京:知识产权出版社,2007.
[37] 周蔚吾.大都市高速公路网指路标志设置技术指南[M].北京:知识产权出版社,2010.
[38] 周蔚吾.公路和城市交通优化改造设计实例[M].北京:知识产权出版社,2008.
[39] 周蔚吾.城市道路与高速公路衔接指路标志设置指南[M].北京:人民交通出版社,2009.
[40] 周蔚吾.公路平面交叉优化设计[M].北京:知识产权出版社,2008.
[41] 周蔚吾.城市道路交通畅通化设计技术[M].北京:知识产权出版社,2013.
[42] 贺崇明,邓兴栋.城市道路语言——指路标志系统的研究与实践[M].北京:中国建筑工业出版社,2008.